Bernhard
Lenfers Grünenfelder

Im Herz der Liebe

Ritual der Wandlung – der Ablauf der katholischen Messe

Bernhard
Lenfers Grünenfelder

Im Herz der Liebe

Ritual der Wandlung – der Ablauf der katholischen Messe

echter

Bibliografische Information der Deutschen Nationalbibliothek

Die Deutsche Nationalbibliothek verzeichnet diese Publikation in der Deutschen Nationalbibliografie; detaillierte bibliografische Daten sind im Internet über http://dnb.d-nb.de abrufbar.

2. Auflage 2025

Echter Verlag | Dominikanerplatz 8 | 97070 Würzburg
Tel. 0931 66068-0 | info@echter.de | www.echter.de

Umschlag: Vogelsang Design, Jens Vogelsang, Aachen
Umschlagbild: shutterstock.com © Kristina Kuptsevich
Innengestaltung: Crossmediabureau
Druck und Bindung: Rudolph Druck GmbH & Co. KG, Schweinfurt

ISBN 978-3-429-05899-9

Inhalt

Einführung

Mit Freude, grundloser Freude beginnt es. Sie war da, wenn ich als Kind an Vaters Hand auf die offenen Kirchtüren zuging. Grundlose Freude stellt sich ein, wenn ich heute, mehr als fünfzig Jahre später einen Gottesdienst besuche oder der Messfeier priesterlich vorstehe. An freien Tagen, die mir mein Beruf als Seelsorger ließ, habe ich während fünf Jahren aufgeschrieben, was ich vermisste zu lesen: ein Buch über konkrete Erfahrungen mit dem Geheimnis Gottesdienst, mit der Messe. Ich hätte gern gelesen, wie jemand die Liturgie vor und hinter dem Altar erlebt und über sie denkt, wie jemand den großen Bogen vom Kirchgang – wie man früher sagte – bis zur Entlassung und zum Alltäglichen schlägt und empfindet. Ich habe mir immer ein Buch gewünscht, das die Notwendigkeit der Messe zum Ausdruck bringt. Nun habe ich selber geschrieben, was ich suchte, bevor viele Menschen meines Kulturkreises nicht mehr wissen, was eine Messe ist und wie gut es tut, sich ihr anzuvertrauen. Ich erlebe die Messe als ein Ritual der Verwandlung seit meiner Kindheit – Wandlungsweg Messe lautet deshalb der Untertitel dieses Buches. Dieser Weg schenkt eine Choreografie, die mein Innerstes nach außen kehrt oder kehren kann, die erlaubt, dass ich meinem Innersten und dem Innersten der Welt begegne und erfahre, es ist geborgen, aufgehoben in Christus, bildlich gesprochen im Herz der Liebe. Bevor sie in der Messe ausgeteilt wird, zeige ich sie, Christus in der Gestalt des Brotes, die Hostie, und sage:

> Wir werden in das verwandelt, was wir lieben,
> Leib Christi, Leben für diese Welt.

»Gott ist Liebe«, sagt der Johannesbrief (1 Joh 4,16). Im Idealfall hilft die Messe den Menschen, sich in dieser Liebe zu wandeln. Denn Liebe ist die Weise, wie Gott sich zeigt. Und immer bleibt Gott zugleich der oder die ganz andere.

> Gott kann nicht durch das Denken erfasst werden. Gott kann wohl geliebt werden, aber nicht gedacht werden. Von der Liebe lässt er sich umfassen und halten, vom Denken aber nicht.[1]

So unübertrefflich schlicht sagt es ein anonymer in mittelenglischer Volkssprache verfasster Text der Mystik aus dem 14. Jahrhundert.

Das Herz ist zentrales Organ des Körpers, lebendige, pulsierende Mitte, die alles belebt. Es steht zugleich für Emotionen, hier erfühlt und erkennt der Mensch sich selbst und die Welt. Das Herz ist schließlich in den Weisheitstraditionen von Judentum, Christentum und Islam das Organ für die spirituelle Wahrnehmung; es sendet und empfängt in Verbundenheit mit der göttlichen Wirklichkeit.[2] »Im Herz der Liebe«, die Metapher mit der dreifachen Bedeutung des Herzens möchte andeuten: Liebe hat ein vitales Zentrum. Liebe fließt erlebbar aus einer Mitte und dorthin zurück. Im Herz der Liebe schauen Menschen den Sinn und den Zusammenhang allen Lebens. Im Herz der Liebe. Wandlungsweg Messe – ja, dieses Buch fasst meine lebenslange Wertschätzung und Hingabe an den Wandlungsweg Messe in Worte. Gerne teile ich dabei meine Lebenserfahrungen, als Mensch, als Seelsorger, sie bilden den Boden, den Grund, für dieses Buch: »Geh in deinen eigenen Grund!«, so fordert Meister Eckhart. Zeugnisse aus Mystik und Poesie erschließen diesen Grund und schenken Sinnperspektiven, zusammen mit Gebeten und Texten des Messgeschehens. Und schließlich spiegelt dieses Buch theologisches Nachdenken

1 Wolke des Nichtwissens, 2016, S. 48.

2 Vgl. Bourgeault: Das Herz im Gebet der Sammlung, 2021, S. 65ff.

über und spirituelles Verständnis zu den einzelnen Teilen der Messe in einer Sprache, die ohne Floskeln auszukommen versucht und so die Leser*innen anregen möchte, ihren eigenen Grund zu finden im Herz der Liebe.

Die Messe ist ein Geschenk für die Welt und steht gratis allen Menschen zur Verfügung. Woher kommt dieses uralte Ritual? Messe, das geläufige Wort für den katholischen Gottesdienst, stammt aus der alten römischen Liturgie. Sie endete mit den Worten *Ite, missa est,* wörtlich etwa: »Geht, das ist die Entlassung«, oder: »Geht, (die Gabe) ist schon geschickt«. Weil *missa* aber kein Hauptwort ist, sondern eine Verbalform, und man in den Anfängen den Christinnen und Christen, die nicht mitfeiern konnten, Brot und Wein brachte, dürfte eher eine Aufforderung zum Teilen gemeint gewesen sein: ›Geht, (die Gabe) ist schon geschickt‹.

In der Messe wird am Schluss nicht mehr *Ite, missa est* gesungen. Das Wort Messe – Entlassung oder Sendung – ist geblieben und das Ereignis eines Gottesdienstes, der mich nährt und begeistert.

Am Anfang wurden in der Kirche Brot und Wein geteilt in Erinnerung an Jesus. Über die Jahrhunderte formten Erfahrungen und Erkenntnisse, aber auch Machtverhältnisse und soziale Zwänge gottesdienstliche Rituale. Es gab Auswüchse, und darum Reformen. So kam es, dass vor sechzig Jahren das Zweite Vatikanische Konzil eine Liturgie ins Leben rief, die heute überall auf der Welt in allen Sprachen gefeiert wird. Sie ist auch meine Messe. Überall kann ich einen Gottesdienst besuchen und bin daheim in diesem Ritual. Die Gemeinschaft der Christinnen und Christen durch die Geschichte bis heute hat sich selber und der Welt die Messe geschenkt, die ich liebe von Kindsbeinen an.

In einer veränderten, globalisierten Welt übe und bete ich täglich in Formen, die mich nähren, wachsen lassen und trösten. Ich übe christliche Kontemplation im Stil des Zazen, einer Form des Sitzens in Stille, die über den Buddhismus in den Westen gefunden hat; beim Morgengebet verwende ich ein Ritualelement, das ich Brahma Kumaris verdanke, der größten von Frauen geführten Religionsgemeinschaft der Welt. Die Messe nimmt einen besonderen Stellenwert ein. Sie ist ein Ritual der Wandlung, das Hunderte Millionen Menschen feiern in einer besonderen Kombination von feststehenden Elementen, die durch die Mitfeier lebendig, wirkmächtig werden. Im Herz der Liebe beschreibt diese Elemente, wie sie – eines nach dem anderen – den Wandlungsweg Messe prägen.

Menschen anderer Religionen gestalten und benennen verwandte Rituale anders, wenn sie über ihre Begegnungen mit dem Umfassendsten und Innersten sprechen. In meiner religiösen Heimat sagen wir: Christus ist Alpha und Omega, Anfang und Ende. »Durch Christus, mit ihm und in ihm ...« sind wir eins mit Gott und aller Wirklichkeit. Die Messe macht diese Einheit einzigartig erlebbar, lässt sie neu erfahren, hilft, diese Einheit zu erfassen, um aus dem Umfassendsten und Innersten zu leben.

So ist die katholische Messe ein ritueller Raum, in dem Menschen die Begegnung mit Gott angeboten wird, in dem sie seelisch, geistig und körperlich angesprochen werden. Die Messe ist eine Zeit der Begegnung mit Gott, sinnlich gestaltet und konkret erfahrbar. Wer sie besucht, riskiert etwas. Denn das Ritual kann wirken. Wirkliche Rituale befreien Kräfte, die Menschen verändern können – zum Guten wie zum Bösen. Gottesdienstliches Feiern wird auch als Liturgie bezeichnet, vom griechischen *leitourgia,* Leistung des Volkes und Tun für das Volk:

> Wer ›Liturgie‹ feiert, versteht sich als Teil einer Tradition, die Vergangenheit, Gegenwart und Zukunft umfasst. Liturgie bezieht sich auf ein gemeinsames, öffentliches Ziel ... In der Liturgie werden Wünsche Fleisch. Sie inkarnieren sich in der

Welt. Mit der klaren Ausrichtung auf das, was uns wichtig ist, gestalten wir im JETZT der Gegenwart die Zukunft.[3]

Darum ist eine Ethik des Gottesdienstes nötig. Religiöse Rituale können das Innerste und Umfassendste so lenken, dass manche sich gesandt fühlen, Menschen zu verachten, Gewalt auszuüben, in den Krieg zu ziehen. Auch mit Gottesdiensten hat man Menschen aufgepeitscht – nicht nur mit Nazi-Inszenierungen. Allerdings funktionieren Rituale nicht automatisch; manche Leute sind nüchtern geblieben. Auch in der Kirche wirken Rituale nicht automatisch befriedend und vor allem nicht für alle gleich. Ein Weihnachtsgottesdienst kann die eine Besucherin zutiefst bewegen, den anderen völlig unberührt lassen, die Dritte peinlich berühren und jemanden in Rage versetzen. Offenheit, Demut, Ehrfurcht und Respekt sind Grundhaltungen für alle Feiernden.

Wer Feiern leitet, braucht dazu noch Beziehungsfähigkeit und Selbstkritik, eigene Wandlungserfahrungen und Sachverstand, anders kann er nicht verantwortlich zur Messe einladen, sie feiern und reflektieren. Wer einem Gottesdienst vorsteht, stützt und strukturiert das Geschehen zusammen mit den Teilnehmenden, deren aktives Mitwirken – beispielsweise beim Singen – und Geschehen-Lassen in stillen Momenten sich abwechseln. So gebe ich in diesem Buch Einblick in das, was mit mir – in meiner Seele – während des Leitens und Mitfeierns einer Messe passiert. Ich gebe Einblick in meinen Seelenraum, und lade dich, liebe Leserin, lieber Leser ein, beim Lesen in Verbundenheit mit deinem Seelenraum dazu in Resonanz zu treten. Meine Worte sind Stellvertreter für eine Erfahrung, die Geheimnis bleibt. Dorothee Sölle zitiere vor bald fünfzig Jahren in ihrem Klassiker »Die Hinreise« den englischen Psychiater Ronald D. Laing. Er beschrieb dieses Geheimnis als Gemeinsamkeit in gegenseitiger Unsichtbarkeit:

---

3 Grünenfelder/Lenfers: Erde und Licht, 2004, S. 38.

> Ich kann deine Erfahrung nicht erfahren, du kannst meine Erfahrung nicht erfahren. Wir sind beide als Menschen unsichtbar ... Erfahrung ist die Unsichtbarkeit des Menschen für den Menschen. Erfahrung nannte man früher ›Seele‹.[4]

Menschen machen in der Messe Erfahrungen. Unsichtbare Seelenräume öffnen sich. Im Raum der Messe berühren sie sich in ihrer Unsichtbarkeit und das göttliche Mysterium. Im Ineinanderfließen der Erfahrungen geschieht Begegnung. So erfahre ich, manchmal mehr, manchmal weniger, je und je neu und anders: Wenn ich in meiner priesterlichen Aufgabe wach und präsent bin, verbunden mit der aktiven Teilnahme aller Anwesenden, bildet sich ein gemeinsamer, weiter Seelenraum: Leiter*innen der Gottesdienste, Teilnehmer*innen, Apostolinnen und Zeugen des Glaubens aller Zeiten finden sich im Herz der Liebe.

Unter dieser Voraussetzung hat die Messe eine wirksame, heilige und heilende Ordnung. Damit sie wirken kann, braucht auch der Ort Aufmerksamkeit, Sauberkeit, Ordnung. Im Raum geschieht etwas, auch der Raum wirkt mit. Meist ist es ein Kirchenraum mit seiner Ausgestaltung, Geschichte, Atmosphäre, Temperatur, seinem Geruch, den Lichtverhältnissen, Statuen, Kreuzen, Bildern, Blumen, Schriften, Bänken, Stufen, offen oder abgegrenzt. Ich schreibe dieses Buch aus der Raumerfahrung meiner modernen, fünfzig Jahre jungen Heimatkirche St. Johannes-Zug in der Schweiz und der barocken Wendelinskirche Greppen sowie der Jugendstilkirche St. Paul in Luzern, in denen ich von 1993 bis 2012 zuhause war. Als katholischer Gemeindeleiter der Pfarrei St. Johannes ist mir ihre Kirche aktuell am nächsten. In ihr bin ich schon seit mehr als zehn Jahren zuhause. Täglich bete ich dort, übe

4 Sölle: Die Hinreise, 1975, S. 45.

Kontemplation, feiere Gottesdienste und Messe oder bin einfach nur still.

Gottesdienste nähren, stärken, schenken Freude, wühlen auf und langweilen. Es kann emotional werden. Doch Gefühle und seelische Regungen sind nicht das eigentliche Ziel. Ich übe etwas im Gottesdienst, ich übe, in etwas Größerem zu sein, das mich umfasst und gut tut ohne zu unterhalten. Gottesdienst ist keine Unterhaltung, nichts soll mich unten halten. In der Begegnung mit Gott richte ich mich aus einer Unter-Haltung auf. Dazu Gedanken von Paulus (wie immer, wenn nicht anders vermerkt, stammen die Bibelzitate aus der Bibel in gerechter Sprache):

> Wenn ihr zusammenkommt, sollten alle etwas haben, einen Psalm, eine Lehre, eine Offenbarung, eine ekstatische Rede, eine Deutung. Alles soll dem Aufbau dienen. (1 Kor 14,26)

Noch mal zurück zu den Anfängen und seinen Weiterentwicklungen: Das Zusammenkommen und das Teilen von Brot, Wein, Texten, Offenbarungen, Deutungen aller in den frühen christlichen Gemeinden festigte sich im zweiten Jahrhundert zu einem liturgischen Ablauf. Daraus entwickelten sich Ämter, Trennungen, schließlich die Unterscheidung von Klerus und Gemeinde mit Folgen für die Form des Gottesdienstes und die Beheimatung der Menschen in der Liturgie. Das Wort Hokuspokus geht auf die nicht mehr verstandenen Wandlungsworte *hoc est enim corpus (meum)* (das ist mein Leib) zurück, darauf, dass die Teilnehmenden in den Messen nichts mitvollziehen konnten; dass es vielen Klerikern auch völlig egal war, wie es den Menschen ging; es wurde einfach gezaubert. Deshalb hob die Reformation die Trennung von Laien und Klerus auf, führte die Volkssprache im Gottesdienst ein und übersetzte die Bibel, sodass alle sich mit den christlichen Quellen befassen konnten. Erst das Zweite Vatikanische Konzil räumt den

Nicht-Klerikern in der katholischen Kirche wieder einen aktiven Platz im Gottesdienst ein. Dass sich vieles ändert, wenn eine Vielfalt von Menschen leitet, zusammen gestaltet, Verantwortung teilt und darüber nachdenkt, liegt auf der Hand.

Es gibt Anleitungen, Bücher, Impulse, die aufzeigen, was Messen und Wortgottesfeiern sind, die einladen oder vorschreiben, was wer darf und warum. Dieses Buch setzt sich nur am Rand damit auseinander. Ich möchte die Erfahrung von sechzig Jahren Gottesdienstpraxis und aktiver Beteiligung reflektieren. Es ist meine Liebesgeschichte mit der Messe, die ich aus unterschiedlichen Perspektiven ergründe: als gläubiger Mensch, der sich und die Welt immer wieder neu in der Messe findet. Als Seelsorger, der erlebt, dass hier ein heilsames Zuhause ist, gratis, offen für jedermann und jederfrau. Als priesterlicher Mensch, der erfährt, wie sich in diesem alten Ritual Himmel und Erde immer wieder neu verbinden.

Heute finden ständig weniger Menschen in meinem Umfeld den Weg in den Gottesdienst; er ist für viele kein Wandlungsweg mehr im Herz der Liebe, sondern wieder Hokuspokus. Mir leuchtet die Messe jedoch ein, sie hilft mir, gut zu leben. Warum ist das so?

Wandlungsrituale brauchen wie alles einen Anfang und ein Ende. Nur so kann dazwischen Bewegendes, Neues stattfinden und in das Alltagsleben hinein wirken. Der Gottesdienst braucht eine Hinführung, ich nenne sie: Eintreten und begrüßen. Sie bereitet das Verwandlungsgeschehen vor: Herausfordern und wandeln. Wer gut vorbereitet und gesichert ist, kann sich auf den »Ungrund« (Kurt Marti) Gott einlassen, kann sich erschüttern, auch sich fallen lassen. Schließlich braucht es Sammlung und Verabschiedung. Im dritten Teil des Buches geht es deshalb um: Feiern und neu beginnen.

Die einzelnen Kapitel dieses Buches folgen einfach den Elementen des Gottesdienstes. An den Anfang stelle ich ein Kapitel über die Stille, weil eine Messe, die nicht aus der Stille kommt, auch nicht wirkt. Einige Worte zum Schluss schließlich handeln von meinen Erfahrungen als Mensch, der zum Priester berufen ist, einer von vielen Frauen und Männern, deren Berufung zu prüfen die katholische Kirchenleitung sich bis heute weigert. Aber diese Berufung ist da. Aus ihr lebe ich. Sie stelle ich dem Gottes-Dienst, den Menschen und der Welt zur Verfügung.

Stille

Sich und alles ins Leben rufen

Ein paar Minuten vor Beginn der Messe. Jeden Sonntag haben wir als ganze Familie die Kirche betreten. Im Raum war es still.

Angelpunkt jeder Messe ist für mich die Stille. Meine Erfahrung ist, dass alles Leben aus der Stille kommt, Stille ist und zur Stille führt. Stille hütet das Leben. Stille ist wie ein Schutzmantel, der alles umgibt, alles Vergangene, Gegenwärtige und alles Zukünftige. Stille beschützt Verborgenes, Ersehntes oder Erhofftes, das Beste in uns. Stille ist in Gott.

Seit bald vierzig Jahren gehört das Üben der Stille zu meinem Tag. Ich beginne den Tag mit stiller Meditation und Gebet. Ich übe christliche Kontemplation und gehöre zur Kontemplationsschule *via integralis*. Dazu später mehr. Wir üben, um »... in einen Zustand zu kommen, den wir Reines Sitzen – Wache Präsenz nennen«[5]. Einfach da sein.

Ich liebe die Stille im Gottesdienst. Ebenso halte ich immer wieder inne während der Arbeit, um ganz wach da zu sein als Seelsorger und Gemeindeleiter. Ich brauche die Stille mitten in der Geschäftigkeit, im Trubel von Familie und Alltagspflichten. Stille muss und kann ich nicht machen. Sie ereignet sich, wenn ich mich widerstandslos auf die Wirklichkeit einlasse. Wenn ich mich mit höchster Neutralität und zugleich mit all meiner Kraft der Wirklichkeit hingebe.

Dietrich Bonhoeffer beschreibt solche Stille in seinem berühmten Silvestergedicht 1944 »Von guten Mächten wunderbar geborgen«:

5 Die Praxis des Zazen in der Kontemplation der via integralis: Flyer (copyright) via integralis. Vgl. www.viaintegralis.ch (23.10.2023)

Wenn sich die Stille nun tief um uns breitet,
so lass uns hören jenen vollen Klang
der Welt, die unsichtbar sich um uns weitet,
all deiner Kinder hohen Lobgesang.[6]

Solche Stille will geübt sein. Die katholische Messe mit ihrem gesetzten Ablauf ist für mich ein Übungsweg. Als Teilnehmer bin ich vertraut mit dem Geschehen. Ich weiß, was kommt. Ich muss mich nicht damit beschäftigen, was als Nächstes geschehen wird. Der Ablauf und meine eigenen Handlungen sind in vielen Teilen festgelegt. Dadurch öffnet sich ein geschützter Raum, der mir erlaubt, in die Tiefe des Lebens zu schauen.

Stille ereignet sich auch und besonders in Gemeinschaft. Sie breitet sich aus, wird wahrnehmbar durch gemeinsames wesentliches Tun, durch das gemeinsame Handeln und Lassen im Messgeschehen.

Bei den verschiedenen Aufgaben im gemeinsamen Gottesdienst helfen Äußerlichkeiten: Die Erwachsenen, die dem Gottesdienst vorstehen, tragen ebenso wie die Ministrantinnen und Ministranten weiße Gewänder, die an das Taufkleid erinnern.

> Ihr alle nämlich seid Gottes Kinder im Messias Jesus durch das Vertrauen. Denn alle, die ihr in den Messias hineingetauft seid, habt den Messias angezogen wie ein Kleid. Da ist nicht jüdisch noch griechisch, da ist nicht versklavt noch frei, da ist nicht männlich und weiblich: denn alle seid ihr einzig-einig im Messias Jesus. Wenn ihr aber dem Messias angehört, dann seid ihr folgerichtig auch Abrahams Samen, erbberechtigt aufgrund der Verheißung. (Gal 3,26–29)

Ferdinand Gehr hat die Signaturen der Heilsgeschichte – Werdewesen der Schöpfung, Christus, Sophia, Johannes den Täufer, Taube und Wolke – in unserer Johanneskirche alle als weiße Flächen gemalt.

---

6 Bonhoeffer: Widerstand und Ergebung, 1983, S. 204.

Im Weiß der Gewänder wird die Christus-Wirklichkeit im Gottesdienst sichtbar. Es umhüllt und schützt die Funktionsträger und -trägerinnen. Die Kleidung hilft ganz normalen Menschen, Kindern und Erwachsenen, Männern und Frauen, Christus zu repräsentieren, im Bewusstsein, dass sie dies nicht von den anderen abhebt, denn jede und jeder ist ja schon durch die Taufe Christusträger und Christusträgerin.

Im Kirchenraum ist es still. Es finden keine alltäglichen Unterhaltungen statt. In katholischen Kirchen ist es üblich, schweigend einzutreten und Platz zu nehmen. Gebete, Gesänge, Predigt werden nicht kommentiert, höchstens flüsternd, wenn sich jemand besonders ärgert, empört oder freut. In vielen katholischen Messfeiern – so auch bei uns in der Kirche im Hertiquartier von Zug – hat es sich eingebürgert, den Musikerinnen und Musikern am Schluss des Gottesdienstes durch einen herzlichen Applaus zu danken. Während der Feier hingegen wird nicht geklatscht, mag ein Orgelstück oder ein Gesang noch so gelungen sein. Der Verzicht auf unmittelbare, spontane Reaktionen ermöglicht ein stilles und inwendiges Nachklingen. Diese im eigenen Körper gefasste Stille erschließt tiefere Dimensionen. Sie legt im Verlauf des Gottesdienstes, Schicht um Schicht, sich selber frei.

In meiner ersten Meditationserfahrung als Student in einem Kurs »Stille und eutonische Leibübungen« bei Schwester Sebastia Engberding hat mich die Stille geradezu überwältigt. Nach einer Stunde Eutonie saß ich mit zwanzig anderen Menschen auf einem Meditationsbänkchen. Vor mir das geöffnete Fenster und der Nachthimmel voller Sterne. Der verebbende Ton der Klangschale führte in die Stille. Sie würde nach dem Vorbild des Zazen fünfundzwanzig Minuten dauern. Als es still war, hörte ich die Stille. Obwohl ich wie alle anderen Teilnehmenden vollkommen regungslos dasaß, nichts zu hören war, begann es zu klingen: in mir und um mich herum, ununterscheidbar war alles Klang.

Ich hatte etwas erfahren und konnte es nicht einordnen: Was ereignet sich da? Werde ich verrückt? Wer hört eigentlich und was? Diese Erfahrung prägte das erste Jahrzehnt meiner Stille-Praxis. Es war so seltsam, dass ich mich damals nicht traute, meine Erschütterung jemandem zu offenbaren.

Je stiller es wurde, um so gewaltiger nahm ich diesen Klang als auditives Phänomen wahr, vergleichbar einem Rauschen in meinen Ohrmuscheln. Erst zehn Jahre später vertraute ich mich auf einer langen Autofahrt von Boston nach New York meiner Meditationslehrerin an. Jane McLaughlins Gesicht – heute trägt sie als Zenmeisterin den Dharma-Namen Bon Yeon[7] – erhellte sich. Sie nickte fröhlich und sagte meiner Erinnerung nach: »Oh yes, das kenne ich. Das ist der Klang des Universums. Nothing special. Wunderschön, es gehört zur Wirklichkeit und passiert, wenn man sich auf die Stille einlässt«.

In der Stille klingt die Welt. Und wir können im vollen Klang der Wirklichkeit mitschwingen. Joachim-Ernst Berendt, Jazz- und Musikkenner, nennt es »Nada brahma – die Welt ist Klang«[8]. Er beschreibt unsere Existenz als pulsierende, in ewiger Bewegung schwingende Wirklichkeit.

In meinem Erleben erreicht mich diese Wirklichkeit über die Ohren und zentriert sich im Herzen.

Stille, wie ich sie vor und in der Messe, im Zazen der Kontemplation und manchmal auch mitten im Alltag erfahre, ist eine freie und klare Stille. Davon unterscheide ich das peinliche Schweigen, wenn etwas nicht gesagt oder über etwas nicht gelacht werden darf. Ebenso das Schweigen, das als Zwang oder Redeverbot auf Menschen lastet und sie unten hält. Das kann übrigens auch in Gottesdiensten geschehen, wenn etwas nicht in Ordnung ist. Wenn beispielsweise die Katechetin, die

7 Vgl. https://cambridgezen.org/teachers (25.10.2023)

8 Vgl. Berendt: Nada Brahma, 1986.

den Kindern die Eucharistie mit Begeisterung und Feingefühl erschlossen hat, bei der Erstkommunion irgendwo im Hintergrund verschwindet, und sich die Kinder fragen, was dieser Gottesdienst mit dem Geheimnis des Glaubens zu tun hat. Oder wenn bei der Papstmesse in Genf 2018 niemand von den Männern und Frauen sichtbar mitwirkt, die in der Schweiz das liturgische Leben hauptsächlich gestalten – wie auch anderswo seit langem, in Amazonien beispielsweise.

Ich habe dieses Buch zu schreiben begonnen, um mir selber über die Messe klar zu werden, die aus der Stille geboren zugleich viel zu oft unter Schweigen begraben wird. Im Gottesdienst erlebe ich vielfältige, lebendige Stille. Deshalb möchte ich Einblick geben in das, was die Stille nach meiner Erfahrung und Überzeugung für die Gemeinde enthält. Mit Rilkes Worten:

> Wenn es nur einmal so ganz stille wäre.
> Wenn das Zufällige und Ungefähre
> verstummte und das nachbarliche Lachen,
> wenn das Geräusch, das meine Sinne machen,
> mich nicht so sehr verhinderte am Wachen –:
>
> Dann könnte ich in einem tausendfachen
> Gedanken bis an deinen Rand dich denken
> und dich besitzen (nur ein Lächeln lang),
> um dich an alles Leben zu verschenken
> wie einen Dank.[9]

Das Gedicht spiegelt Stille wider und eröffnet eine Verheißung. Es lässt anklingen: In der Stille wird Gott Mensch – in einem dynamischen, wechselseitigen, multidimensionalen Prozess.

Stille ist zunächst eine Sehnsucht. Der Wunsch, dass das Zufällige und Ungefähre nicht mehr so laut in den Ohren dröh-

---

9 Rilke: Das Stunden-Buch, 1972, S. 13f.

nen. Stille geschieht, wenn die äußeren und die inneren Geräusche verstummen, wenn sie zumindest an Bedeutung verlieren, wenn der Mensch einfach da ist, wach ist. Stille breitet sich wie eine Welle aus, ein Gedanke, ein Geistesblitz, der bis zum Du, zu Gott reicht. In der Stille sein bedeutet etwas empfangen, Rilke benützt das Wort »besitzen«. Der Moment der Stille ist ein Moment der Freude, er dauert »nur ein Lächeln lang« und will sich »verschenken / wie einen Dank«.

Als Seelsorger erlebe ich im Gespräch mit Menschen, dass viele von ihnen die Stille schon einmal gekostet haben. Sie kennen solche Momente mitten im Leben, in einem Gespräch, bei einer Geburt oder an einem Sterbebett, beim Akt der Liebe oder beim Hören von Musik, im Gottesdienst, beim Sonnenuntergang oder wenn der Nebel aufreißt.

Wenn man diese Erfahrung anspricht, kommt Rilkes Lächeln automatisch. Unsere Erinnerung an die Stille können wir in jedem Augenblick aktualisieren, sie wieder hören, spüren, sehen, fühlen, riechen und schmecken.

In der Stille bin ich einfach. Ich bin mehr als mein Körper, mein Alter, meine Gesundheit und meine Krankheiten, mein Status, meine Sprache, mein Beruf, meine Beziehungen, meine Sorgen und anderen Besitztümer, meine Gedanken und Emotionen. Wenn ich all das wie in einen Korb lege, alles, was ich bin und was mich ausmacht, dann ist es still – auch wenn immer noch etwas bleibt, was auf diesen Korb schaut. Aber es ist still. Dorothee Sölle hat ihrem mystischen Alterswerk einen sprechenden Untertitel gegeben: »Du stilles Geschrei«. Für sie spricht das Schweigen von Gottes Gegenwart. Gott und die Menschen, die wir verloren haben, sind, um ein Wort aus der lateinamerikanischen Befreiungsliturgie zu verwenden, *presente*[10] im Schweigen.

---

10 Sölle: Mystik und Widerstand. »Du stilles Geschrei«, 1997, S. 107.

Stille verbindet die mystischen Traditionen aller Weltreligionen. Sie integriert, sie verbindet unterschiedliche Menschen und einzigartige Überzeugungen. Stille ist ein Weg zu Frieden, Glück, Liebe und Einheit *sunder warumbe* (ohne Warum) – ein Wort von Meister Eckhart, aus dem Konstantin Wecker einen Song gemacht hat.

Ohne Warum. Die Stille ist der Anfang. Viele Neugeborene strahlen sie aus. Die Stille ist das, was ich zuerst und zuinnerst bin. Ich falle nur immer wieder aus dem Stille-Sein heraus, verfange mich in Gedanken, Gefühlen, Unterscheidungen, werte und werte ab, gehe unter in Angst und Aggression. Stille ist wie ein Heimkommen. Wir machen uns hilflos. Alle haben wir zur Genüge erfahren, dass das nicht immer gut geht. Und genau darum muss der Gottesdienst wie jede Übung, die zur Stille hinführt, ein sicherer Ort sein.

Und Stille ist nicht gleich Stille. Ich erlebe sie in mindestens vier Qualitäten. Und mein Herz schlägt lauter, wenn ich daran denke, dass es nicht darum geht, diese verschiedenen Arten von Stille auszuprobieren, sondern einfach still zu werden.

Stille Sehnsucht

Schon als Kind habe ich stundenlang am Fenster gesessen und in die Ferne geschaut. So lernte ich die Sprache der Stille. Träumer nannte mich meine Mutter. Bis heute gibt es Augenblicke, wo ich einfach nur da bin mit allen Sinnen, sitze und höre – zugleich nach außen und nach innen.

Ich komme in Kontakt mit mir selbst, ahne, wer ich in Wahrheit, wohin ich unterwegs und was ich zutiefst bin. Ich warte auf Zeichen, die mich in dieser Ahnung bestärken, als Antrieb für mein tätiges Leben. Die stille Sehnsucht lässt mich aufstehen, wenn ich gefallen bin. Dieser Art der Stille begegne ich im Gottesdienst vor allem im Kyrie und im Schuldbekenntnis, überhaupt in den Übergängen der Liturgie, wenn ein Teil zu Ende gegangen ist und etwas Neues anfängt: Was wird jetzt kommen?, was sich zeigen?, was gilt? Jetzt? Neu? – Ich weiß es nicht; aber stilles, sehnsuchtsvolles, empfangsbereites, manchmal ungeduldiges Warten erfüllt mich.

Leere Stille

Die Mystiker*innen sprechen von der Leere, dem Nichts, dem *Nada* als Gotteserfahrung. Tatsächlich hat Gott ja niemand wie einen Besitz, sosehr ihn Rilke besitzen möchte. Wer sich bereit macht, erfährt aber: Je mehr er von seiner Sehnsucht, seinen Wünschen, seinem Vorwissen lässt, desto überraschender und näher kommt die göttliche Gegenwart.

Ich übe die Haltung der leeren Stille täglich auf dem Kissen in der Kontemplation, in der Form des Zazen, für mich nichts anderes als eine Vorbereitung auf die Körperhaltungen und Gesten der Liturgie. Auch bei der Kniebeuge vor Altar und Tabernakel, beim Öffnen der Arme zum Gebet und bei der Segensgeste versuche ich nichts zu wollen, nur ganz da zu sein; wenn ich mich vor den Kindern verneige, die das Evangeliar zum Ambo gebracht haben; wenn ich die Hostie vor der versammelten Gemeinde hochhalte, in den Raum halte. Leere Stille ist auch in den Begegnungen während des Gottesdienstes, vor allem beim Austeilen der Kommunion oder wenn ich einen individuellen Segen spende, etwa den Blasiussegen. Als Liturge will ich ganz präsent sein, wenn die Menschen sich so spürbar einbringen, nach vorne kommen mit allem, was sie sind.

Dafür übe ich jeden Morgen. Seit meinem Studium reflektiere ich meine Impulse, Begehren, Wünsche, Gedanken, Gefühle mit spirituellen Begleiter*innen, Therapeut*innen, Coaches und in der Intervision. Die Missbrauchskrise in der römisch-katholischen Kirche – in meiner Kirche – zeigt, wie wichtig es ist, hier genau zu sein, sich im eigenen Inneren auszukennen, damit Stille wirklich leer wird und nicht gefüllt mit irgend etwas, das verheerenden Schaden anrichtet. Ich sehe es als meine Aufgabe und Berufung an, mich für den Gottesdienst und als Seelsorger von den eigenen Absichten frei zu machen, die Stille von meinen Intentionen zu leeren. In dieser Geste, in dieser Haltung, in diesem Wort hat außer leerer Stille nichts Platz.

An Beerdigungen sage ich etwa:

> Ich bitte Sie, alle Bilder und Erfahrungen von Gottesdiensten, die Sie in Ihrem Leben gemacht haben, jetzt loszulassen. Sie dürfen einfach da sein, durchlässig sein. Das einzige, was es jetzt braucht, ist unser offenes Herz.

Schöpferische Stille

Schöpferisch wird die Stille, wenn es mir gelingt, im Gottesdienst frei zu beten. Es spricht in mir. Plötzlich erscheint, wie von selbst, ein Mensch, eine Sorge, ein Projekt, ein Anliegen in meinem Bewusstsein. Ich nehme an, was da erscheint, und auch das Gebet, das aufsteigt. Schöpferische Stille ist ohne Anstrengung, ich kann nichts wirklich beitragen, nichts falsch und richtig machen. Predigten, bei denen ich die vorgedachten, meist schriftlich auf Papier gebrachten Gedanken verlasse und mein Herz sprechen lasse, sie entstehen aus dieser schöpferischen Stille. Gerade bei Taufen oder Beerdigungen, unter Menschen, die mit den Ritualen der Liturgie nicht vertraut sind, fällt es unsereinem leichter, die Stille schöpferisch werden zu lassen: Es gibt nichts zu vergleichen und daher Raum für wirkliche Begegnung.

Seit einigen Jahren verbindet sich für mich mit dieser Stille ein inneres Bild: Der Vorhang im Tempel von Jerusalem, im Jahr 70 nach Christus von der römischen Besatzungsmacht für immer zerstört. Er verbirgt nach dem Zeugnis des ersten Testaments die Gegenwart JHWHs. Keine Statue, keine Reliquie. Im Allerheiligsten verstummen alle Worte, Begriffe und Bilder. Alle Sehnsucht ist gestillt.

Solche Stille passiert manchmal im Gottesdienst nach dem Kommunionempfang und vor dem Dankgebet. Sie kann aufblitzen im Staunen über die Schönheit eines Kirchenraums oder im Hören auf die Musik. Solche Stille berührt die Ewigkeit. Es ist der Vogel, der nicht mehr mit den Flügeln schlägt, der die Flügel ausspannt und sich nach Hause tragen lässt:

Und meine Seele spannte,
weit ihre Flügel aus,
flog durch die stillen Lande,
als flöge sie nach Haus.[11]

---

11 Aus dem Gedicht »Mondnacht« von Joseph Eichendorff.

Eintreten und begrüßen

Der erste Teil der Messe ist dazu da anzukommen und sich auf das Geschehen einzulassen: im Raum, bei sich selbst, in der Gemeinschaft, bei Gott. Es heißt loslassen, Platz schaffen für das Wirken göttlicher Gnade. Die erste Phase des Gottesdienstes umfasst das Geschehen vom Eintreten der Teilnehmenden bis zum Tagesgebet.

Eröffnung

Sich auf den Wandlungsweg einlassen

Selbst wenn wir die Kirche rechtzeitig betreten, hat der Gottesdienst immer schon begonnen. Gottesdienste helfen ja, dass uns bewusst wird: Alles ist schon da, wir sind Teil der Schöpfungswirklichkeit schon bevor wir uns entscheiden, das Innerste und Umfassendste, oder, mit dem Titel dieses Buches, das Herz der Liebe, wahrzunehmen. Das folgende Gedicht bringt dieses Anfangen zum Ausdruck – unser Morgengebet am Frühstückstisch, als die Kinder klein waren:

In Gott sei's begonnen,
der Monde und Sonnen
an blauen Gezelten,
des Himmels bewegt.
Gott, Vater und Mutter,
du rate,
lenke du und wende,
dir in die Hände
seien Anfang und Ende
und dieser Tag gelegt.[12]

12 Text angelehnt an Eduard Mörikes Gedicht »Zum neuen Jahr«.

In der Johanneskirche in Zug, wo ich die katholische Gemeinde und Gottesdienste leite, ist das Anfangen, das Eintreten in die umfassende Wirklichkeit der Schöpfung neben dem Haupteingang auf die rohe Betonwand gemalt. Ein quadratisches Wandbild zeigt einen roten Kreis von zwei Metern Durchmesser, umgeben von einem grünen Ring, und – die Fläche zum Quadrat ausfüllend – tiefes Blau. Der Künstler, der Schweizer Maler Ferdinand Gehr, gab ihm den Titel: »Gott-Vater und die Schöpfung«. Die rote Mitte, Gott. Von diesem Ursprung ausgehend, die grüne Schöpfung ins Blau des Wassers und des Äthers gesetzt: die Schöpfungsgeschichte zum Piktogramm verdichtet. Daneben ein Bild von gleicher Größe: Aus rotem Grund treten zwei weiße, amorphe Formen hervor. Sind es Zellen, Mikroben? Was auch immer: Da ist Individuelles im Werden. Gottes Wirklichkeit ist eine Werde-Wirklichkeit. Sie entsteht durch immer wieder neue Verbindungen. Zellen verbinden sich zu Zellverbänden, Zellverbände zu Pflanzen, zu Tieren bis hin zum Sozialwesen Mensch. Und Gottes Schöpfung ist nichts Abgeschlossenes. Darum sind auch Gottesdienste ein Werde-, ein Wandlungsgeschehen. Alles ist schon da: Wir sind geschaffen, geliebt, tragen einen Namen, bei dem wir gerufen werden – und bleiben zugleich zeitlebens Teil der werdenden Schöpfung. Nichts anderes wird den beim Gottesdienst Präsenten klar werden, nichts anderes feiern wir.

Das Kreuzzeichen

Ich liebe das Kreuzzeichen. Manche zeichnen es sich auf Stirn, Solarplexus und die beiden Schultern. Oder auf das Dritte Auge, die empfindsame Stelle zwischen den Augenbrauen. Sie zeichnen sich alles Leben, Himmel und Erde, ihren Alltag und das Zwischenmenschliche auf den Leib – im Namen des dreifaltigen, die ganze Schöpfungswirklichkeit tragenden Gottes.

In Zug-St. Johannes beginnen wir die monatlichen Kleinkinderfeiern mit dem dreifachen Kreuzzeichen. Ältere Vierjährige können das schon selber, den Jüngeren helfen Mami oder Papi, Oma oder Opa. Wir sprechen dazu gemeinsam

zum Kreuzeichen auf die Stirne:	Alles, was ich denke, ...
zum Kreuzzeichen auf den Mund:	alles, was ich sage, ...
zum Kreuzzeichen über dem Herzen:	alles, was ich spüre, segnest du, guter Gott

Im Kreuzeichen erfahre ich einmal: Hier, in dieser Feier geht es um jede*n Einzelne*n; und dann: Um den Menschen in seiner Einheit von Leib, Seele und Geist, schließlich um ein Werdewesen, beheimatet in Erde und Himmel, eingebunden in Zeit und Ewigkeit. Darauf lasse ich mich ein.

Das Kreuzzeichen ist ein guter Anfang an der Kirchentür, es passt beim liturgischen Eröffnungsgruß, beim Schuldbekenntnis und am Schluss der Messe. Es vergegenwärtigt, verleiblicht.

In meiner Kindheit kamen Vater oder Mutter jeden Abend an mein Bett, um mit mir zu beten. Der Tag wurde beendet und die Nachtruhe eröffnet mit dem Kreuzzeichen. Mit meinen eigenen Kindern habe ich dieses Ritual beibehalten. Und genau wie meine Mutter mir vor wichtigen Prüfungen das Kreuz auf die Stirn gezeichnet hat, mache ich es bei meinen Kindern. Manchmal ist wenig Zeit zwischen Aufstehen und Aufbruch, doch das Kreuzzeichen hat immer Platz.

Das Kreuzzeichen mit dem gesegneten Wasser markiert den Eintritt in den Kirchenraum. Lange standen die Weihwassergefässe wegen Covid leer: Wasser hat eine besondere Leitfähigkeit – es überträgt nicht nur Segen, sondern auch Viren. Aber auch ohne das erfrischende, belebende, heilige Wasser vergegenwärtigt das Kreuzzeichen an der Kirchentür die Verbundenheit mit dem Umfassendsten und Innersten. An der Schwelle zum Gottesdienstraum erinnern wir uns: Ich, Mensch, bin jetzt da, verbunden mit dem Urwasser, aus dem alles geworden ist, verbunden mit meinem eigenen Anfang im

Fruchtwasser, eingeführt durch die Taufe in die geistigen Realitäten. Ich schlage das Kreuz und trete ein in den Raum der werdenden Schöpfung.

Den eigenen Platz finden

Wenn ich zu einem Gottesdienst gehe als Teilnehmer wie alle, zeichne ich ein Kreuz auf meine Stirn, sehe die Piktogramme der Schöpfung und des Werdens und nehme Platz auf einem der Stühle. In der Johanneskirche sind sie von drei Seiten dem Altar zugeordnet. Jeder Platz ist auf das Zentrum ausgerichtet, auf den Altar, der in unserer Kirche am tiefsten Punkt des Raumes steht.

Wenn ich den Gottesdienst leite, verweile ich mit den Ministrierenden eine Minute still in der geöffneten Tür der Sakristei. Wir hören Menschen, die noch ihren Platz suchen, einander leise grüßen oder miteinander flüstern. Wir schweigen. Die Aufgaben sind verteilt. Jetzt gilt es nur noch, ganz für den Gottesdienst bereit zu sein. Wenn der Glockenschlag den Beginn des Gottesdienstes anzeigt, bete ich

> Unsere Hilfe ist im Namen Gottes, …

worauf die Ministrierenden den Satz vollenden:

> … der Himmel und Erde erschaffen hat. (Psalm 124,8)

Dann setzen wir uns in Bewegung. Wir haben nicht zuletzt uns selbst klar gemacht: In dieser Feier geht es nicht um unser Können und Wollen. Wir sind in Gottes Auftrag tätig. Das aber heißt: Dieser Welt soll Heil geschehen, Heilsames, ein Heil-Werden. Achtsam und aufmerksam betreten wir den Kirchenraum. Die Kerzen brennen. Musik empfängt uns. Die Sakristanin hat alles festlich vorbereitet. Langsam fährt das Licht hoch. Wenn wir im Altarraum ankommen, ist es hell. Wir grüßen den Altar und Christus in der Gestalt des Brotes im Tabernakel mit einer Kniebeuge. Wir legen das Evangelienbuch auf den Altar und gehen an unseren Platz. Wir bleiben stehen, den Menschen gegenüber, die sich bei unserem Einzug erhoben haben. Die Gottesdienstgemeinde ist ausgerichtet auf den Altarraum. Zwischen ihr und uns stehen die wenigen Gegenstände, die es für das heilige Geschehen braucht: der Altar, Tisch des Brotes, mit zwei Kerzen und Evangeliar; der Ambo, Tisch des Wortes; der Tabernakel mit dem verwandelten Leib Christi, und die Osterkerze und Gedenkkerzen.

Ankommen

Die Eröffnungsmusik der Orgel hilft beim Ankommen. Zunächst bei mir selbst. Dann nehme ich mir Zeit, die Menschen wahrzunehmen, sie für mich zu begrüßen. Innerlich verneige ich mich vor jeder und jedem Einzelnen. Wären sie nicht da, gäbe es keinen Gottesdienst. Das ist der Moment, wo mich manchmal für kurze Zeit ein verstörendes Erschrecken überfällt: So wenige Menschen haben heute, am Sonntag, den Weg in die Kirche gefunden! So viele Alte, kaum Jüngere! Ein Erschrecken, durch das ich hindurch muss: Es stehen die hier, die dem Ruf gefolgt sind. Gott ist mit ihnen zufrieden. So will auch ich es sein. Ich bin bereit, mit genau diesen Leuten zu feiern.

In den Neunzigerjahren des letzten Jahrhunderts, nach dem Bürgerkrieg, der zur Auflösung des blockfreien kommunistischen Jugoslawiens führte, war ich Pastoralassistent in Luzern-St. Paulus und zuständig für Jugendarbeit und Religionsunterricht auf der Oberstufe. Ich unterrichtete viele Jugendliche, die mit den Eltern aus ihrer Heimat geflüchtet waren.

Nach der Schule musste ich im Supermarkt noch schnell etwas einkaufen. Es war an einem hellen Sommertag, eine

Traube sechzehn- und siebzehnjähriger Burschen, voll im Saft, stand vor dem Eingang. Sie schrien herum, schubsten sich und pöbelten einander an. Kein erfreulicher Anblick. Einer der Schüler erblickt mich, zeigt auf einen anderen und ruft: »Hey, Herr Lenfers, den da, den müssen Sie kennenlernen. Das ist ein ganz Perverser.«

Ich kümmerte mich nicht um den provokativen Ruf, wollte schnell vor Ladenschluss meine Sachen besorgen und hoffte, dass sich nach dem Einkauf alle verzogen hätten. Irrtum: Als ich den Laden verließ, war die Truppe immer noch da. Jetzt merklich ruhiger, einige grinsten, als würden sie etwas im Schilde führen. Ich will an ihnen vorbeigehen, da löst sich der junge Mann, den mein Schüler als Perversen bezeichnet hatte, aus der Gruppe und versperrt mir den Weg: »Ich habe gehört, Sie sind Religionslehrer. Sie müssen mir eine Frage beantworten.« – »Ok, ich werde es versuchen, aber ich weiß nicht, ob ich das kann.«

Ich hatte ruhig gesprochen und mein Gegenüber gemustert, aber mir war mulmig zumute. Er war groß, durchtrainiert, ich hatte ihn noch nie gesehen. Lederjacke, und in der oberen Zahnreihe schon fehlende Zähne. Ich wusste nicht, wohin das Gespräch führen sollte. Wir schauten uns lange in die Augen. Abwartend. Was kommt nun? Vieles lag in der Luft, auch eine Schlägerei. Ja, ich rechnete mit einer verbalen oder körperlichen Tätlichkeit, wenn ich falsch reagieren würde. »Nein«, insistierte mein Gegenüber überlegen grinsend, »Sie müssen mir antworten. Wirklich und echt antworten.« Ich erwiderte, ich kenne seine Frage ja nicht und sei deshalb nicht sicher, ob ich sie beantworten könne. Ich dachte: Vielleicht fängt er eine Diskussion über perverse sexuelle Handlungen an. Oder will er mich einfach nur provozieren, damit er einen Vorwand hat zuzuschlagen?

Einen Moment lang war mein Gegenüber verärgert über mein scheinbares Ausweichen. Schließlich sagte er: »Sie müssen antworten. Hier ist meine Frage: Was ist der Sinn des Lebens?« – »Ich stehe hier und rede mit dir«, antwortete ich wie aus der Pistole geschossen. »Nein«, beharrte er: »Was ist der Sinn des Lebens?« Ich blieb ebenfalls hartnäckig und sagte: »Ich habe dir meine Antwort gegeben.« Enttäuscht und triumphierend zugleich wandte sich der junge Mann ab und wollte gehen. Seine Reaktion signalisierte: Euer Religionslehrer weiß es nicht, habe ich euch doch schon vorher gesagt. Und mit einer Provokation kann euer Lehrer erst recht nicht umgehen.

Meine Antwort stimmte, das spürte ich. Und zugleich wollte ich den jungen Mann so nicht gehen lassen und fügte hinzu: »Ich stehe hier und rede mit dir, das heißt für mich: Ich kann dir keine Antwort auf die Frage nach dem Sinn deines Lebens geben. Du musst ihn selber finden.« Plötzlich hatte ich die Aufmerksamkeit der Gruppe wieder. Ich schaute die jungen Kerle an, alle waren mit ihren Eltern dem Bürgerkrieg entkommen, einen nach dem anderen: »Was ist der Sinn deines Lebens, was denkst du?«, fragte ich den ersten: »Den Schweizer Pass bekommen.« Andere ergänzten: »Eine Lehrstelle«; »ein eigenes Haus bauen«; »einmal eine Familie gründen.« Ich nickte glücklich: »Ja, super, da habt ihr wirklich sinnvolle Antworten gegeben, alle. Und die Antworten zeigen, dass ihr schon auf dem Weg zum Sinn eures Lebens seid. Ihr könnt ihn selber finden. Und dafür müsst ihr, jeder, euren Weg gehen.« Mein Schüler grinste: »Das heißt, ich kann selber den Sinn meines Lebens bestimmen und tun, was ich will?«, fragte er zurück. »Ja, du findest ihn in dir. Aber –«, fuhr ich fort, »es ist nicht egal, ob du Drogen verkaufst oder nicht, um zum Sinn deines Lebens zu gelangen.« Er schüttelte entrüstet den Kopf: »Ich doch nicht.« Ich ergänzte: »Oder perverse Dinge tust. Frauen und Kinder vergewaltigst. Der Sinn deines Lebens darf anderes Leben nicht zerstören.«

In der Adventszeit, fast ein halbes Jahr später, eine überraschende Wiederbegegnung. Fast alle hatten sich zu einer

Nachtwallfahrt angemeldet. Auch der junge Bursche, ein Moslem, der durch seine mutige Frage ein eigenartig wunderbares Gespräch in Gang gebracht hatte.

Es ist ein Abenteuer, Menschen willkommen zu heißen. Am Anfang der Messe, vor dem liturgischen Gruß, gibt es einen Moment, wo scheinbar nichts passiert. Stille, die einlädt, Enttäuschungen, Ängste, Wertungen und Vermutungen wahrzunehmen und durch sie hindurchzugehen. Auch ein Training für den Alltag, wo uns Beziehungen fordern und oft keine Zeit bleibt, unser Inneres in aller Ruhe zu sortieren. Am Anfang des Gottesdienstes gilt es, nicht die üblichen Verdächtigen wahrzunehmen, die immer kommen: Es sind Menschen da, die ihr ganzes Leben mitbringen, in seiner Vielfalt, Bedeutung und Tiefe, die sie vielleicht selber kaum ahnen und ich erst recht nicht. So beginne ich seit vielen Jahren etwa mit »Guete Morge mitenand«, sehe die, die gekommen sind, grüße sie persönlich, so, wie wir uns daheim und auf der Straße grüßen. Mit dem Gruß sagen wir uns ja: Ich sehe dich; nicht eine Antwort auf meine Fragen, eine Enttäuschung, einen besetzten Platz – dich. Einen Menschen, jetzt, mein Du. Die Gemeindemitglieder schätzen das und antworten schmunzelnd: »Guete Morge«.

Nach seiner Wahl zum Papst trat Franziskus auf den Balkon von St. Peter und sagte als Erstes: »Bona sera«. Dann bat der neue Papst die Menschen um ihren Segen. Und dann segnete er auch sie. Gottesdienst heißt Gottes Dienst an den Menschen, an allen, ganz gleich, ob jemand ein ruhiges Leben führt oder gerade in den Trümmern einer gescheiterten Beziehung steht. Das freundliche Grüßen mündet in den liturgischen Gruß:

> Das Kreuz verbindet Himmel und Erde und uns Menschen untereinander:
> Im Namen des Vaters, des Sohnes und des heiligen Geistes. Amen.
> Die Gnade, die Freude und die Liebe Christi ist mit euch.

Und die Gemeinde antwortet:

Und mit deinem Geist.

Das ist eine nicht nur auf Deutsch merkwürdig klingende Antwort – Übersetzung des alten lateinischen *Et cum spiritu tuo*. Sie sollte wohl den Leiter ermutigen, sich in seinem Gottes-Dienst ganz vom Geist bestimmen zu lassen. Im Zuge der Erneuerung der Liturgie zog man in Betracht, schlicht zu antworten mit »Und mit dir«, wagte aber schließlich nicht, auf die altehrwürdige und bekannte Formel zu verzichten. Ich bin immer froh um dieses »und mit Deinem Geist«. Es erinnert und ermutigt mich: Vertraue im folgenden Ablauf der Messfeier der Führung Gottes.

Zusammen stehen

Wir stehen zur Eröffnung des Gottesdienstes vom Einzug über das Singen des Eröffnungsliedes, das Kyrie, Gloria bis zum Tagesgebet. Wir sind beisammen, aufrecht und wach. Gemeinsam übrigens auch mit allen im Rollstuhl oder anders Gehandicapten, die darum auf dem Stuhl oder der Bank sitzen bleiben. Wer stehen kann, steht auch stellvertretend für sie; wer sitzt, ist innerlich aufrecht. So beginnen wir, Auge in Auge, Herz zu Herz, unsere Feier mit einem personalen und geistigen Energieaustausch. Die Gnade Gottes, die Freude und Liebe Christi werden verschenkt. Ein priesterliches Geschehen, das Verbinden von Himmel und Erde und der Menschen untereinander.

Die Anfangssituation im Gottesdienst kann herausfordern – wie die Begegnung mit den jungen Burschen in Luzern. Gerade bei Beerdigungen werde ich mit schlimmen Schicksalen konfrontiert, sehe Verstörung, Leiden und Schmerz eingeschrieben in die Gesichter der Teilnehmenden. Ich nehme zerstörte

Beziehungen wahr, geschiedene Ehepartner, die sich beim Begräbnis von Angehörigen wiedersehen, spüre neben Sehnsucht und Liebe auch Feindseligkeit und Misstrauen gegenüber dem kirchlichen Raum. Bei so vielen disparaten Kräften frage ich Christus: Was braucht es, damit wir gut miteinander hier sein und anfangen können unter dem Schutz und der Gnade Gottes? Oft spüre ich, dass vor dem liturgischen Gruß noch Worte nötig sind – wie bei der Begegnung mit den jungen Burschen in Luzern: »Ich stehe hier und rede mit dir.« Fast immer fällt mir etwas ein, beispielsweise:

> Guten Tag. Die meisten von Ihnen sind schon in den Ferien in fremden Ländern gewesen. Da haben Sie Speisen zu sich genommen, die Sie nicht kennen. Viele von Ihnen haben vielleicht schon lange keinen Gottesdienst mehr besucht. Oder Sie haben keine religiöse Praxis. Ich bitte Sie nun, sozusagen auf Urlaubsmodus zu schalten und sich zu entspannen. Entspannt geht alles besser. Probieren Sie die verschiedenen Zeichen dieser Feier aus, wenn Sie möchten. Wenn nicht, ist es auch o. k., aber alle bitte ich jetzt um ein offenes Herz für den Abschied von unserem Verstorbenen. Denn für diesen Abschied sind Sie hierhergekommen. So möchte ich mit dem ersten Zeichen beginnen. Es ist das Kreuz, das Himmel und Erde und uns Menschen miteinander verbindet.

Vor einigen Jahren die Beerdigung eines Autohändlers. Sein Sterben war eine Erlösung nach längerer Krankheit und Dialyse. Die eigenen Kinder bezeichneten ihn als sehr gläubig und meinten zugleich, der Verstorbene habe ohne kirchliche Praxis gelebt. Diese seltsame Ambivalenz war spürbar am Anfang des Gottesdienstes im weiten Kirchenraum: Wärme, Hoffnung, Erwartungen, gleichzeitig Fremdheit und Unsicherheit, Glauben und Verwirrung. In der anfänglichen Stille kam mir die Frage: »Wer von den hier Anwesenden hat vom

Verstorbenen ein Auto gekauft?« Etwa ein Drittel zeigte auf. Und ich fuhr fort:

> Ich erinnere mich noch gut daran, wie mir mein Vater, als ich Kind war, unser neues Auto präsentierte. Mit Ehrfurcht habe ich auf dem Fahrersitz gesessen und das Holz des Armaturenbretts gestreichelt. Ein Auto bringt uns von A nach B. Wir sitzen alle in der gleichen Richtung und führen in der Regel Gespräche ohne uns anzuschauen. Ein Gottesdienst – dieser Gottesdienst zur Beerdigung von N. N. – ist wie eine Autofahrt mit Mercedes S-Klasse. Sein Ablauf ist erprobt. Er bringt unseren Körper, unsere Seelen und unseren Geist von A nach B, ohne dass wir das vielleicht groß spüren. Auto heißt übrigens Selbst. Selbst ist etwas anders als Ego, das eigenmächtige Ich. Selbst ist die Bezeichnung für das wahre Menschsein, das angeschlossen ist an den göttlichen Grund. Ich bitte Sie, auch diesem alten Auto, unserem Gottesdienst, über bald zwei Jahrtausende erprobt, zu trauen. Er führt Sie sicher durch alle Gefühle, allen Schmerz und verwandelt.

Wenn seelischer Schmerz und unerlöstes Leid im Gottesdienstraum zu spüren sind, gebe ich mir selber eine innere Erlaubnis: Das darf jetzt da sein. Es soll sogar da sein. Und ich vertraue darauf, dass es durch die Kraft Christi verwandelt wird.

Bei der Eröffnung des Gottesdienstes stehe ich und öffne mich für die Anwesenden, nehme mit Christi Hilfe alles Leben an, das mir da entgegenkommt. Ich weiß, beim Überschreiten von Schwellen muss man auf seine Schritte achten. Ich weiß auch, im Anfang ist das Ganze, das folgt, schon enthalten:

> Und jedem Anfang wohnt ein Zauber inne,
> der uns beschützt
> und der uns hilft zu leben.[13]

---

13 Aus dem Gedicht »Stufen« von Hermann Hesse.

Den Gottesdienst sorgsam beginnen – das schützt alle Beteiligten und ermöglicht ihnen, sich in einem Raum der Wandlung zurechtzufinden.

Schuldbekenntnis

Sich dem Riss stellen

Stehend oder innerlich aufgerichtet begrüßen wir Christus. Die Evangelien berichten, dass Jesus nicht hoch zu Ross kam, als er in Jerusalem einzog, sondern auf einem Esel; sie erzählen, welche Regeln, die im Reich Gottes gelten, Jesus aus seiner Bibel zitierte: Die Letzten sind die Ersten. Der gebeutelte Halm wird nicht geknickt. Das Sklavenkind steht im Zentrum. Im Licht dieser umfassenden Liebe, in das ich mich stelle, darf ich mein ganzes Potenzial und auch meine ganzen Verstrickungen sehen. Das ist eine Chance, die die Messe bietet: Wo sonst kann ich mit mir sein, mit meinem Lebensauftrag, meiner Berufung – und mit allen Abgründen und der tagtäglichen Kläglichkeit? Das Ritual, der Rahmen sozusagen, in dem Gewohntes, Begrenztes überstiegen und in dem Mauern, Schutz und Abwehr, durchlässig werden, macht es möglich.

Das Landschaftsbild meiner Heimat, der Schweiz, ist geprägt von vielen alten Scheunen. Sie gehören zur Wiese, zum Steilhang, zur Böschung am Bachufer … Aus der Ferne betrachtet scheint es oft, als würden sie jeden Moment zusammenbrechen. Die Scheunen sind aus Holz. Holz ist zäh. Es hat viele Winter und Sommer erlebt und sich mit den Jahren verzogen. Dennoch hält es die Scheunen zusammen.

Wenn ich bei einer Wanderung Schutz vor Unwetter in solch einer Scheune suche, müssen sich meine Augen erst an das Dämmerlicht gewöhnen. Beim Betreten fahre ich alle Sinne aus. Es riecht nach altem Heu. Der unebene Boden aus gestampfter Erde zwingt dazu, die Schritte vorsichtig zu setzen.

Spinnweben streifen mein Gesicht. Wenn sich meine Augen an das wenige Licht gewöhnt haben, fallen mir die Risse auf. Auf der Wetterseite gibt es mehr davon: Da haben Regen und Sonne, Frost und Wärme im Laufe der Jahrzehnte gearbeitet. Das Wetter erzeugte Spannungen. Ein Riss entstand und durch diesen Riss fällt nun Tageslicht in die Scheune hinein. Durch diesen Riss kann ich das Gewitter kommen sehen, den heftigen Regenguss, die Blitze. Und sehe, wie die Tropfen weniger werden, Wolken sich entfernen und die Sonne wieder hervorkommt.

There's a crack in everything. That's how the light gets in[14], singt der amerikanisch-jüdische Poet und Sänger Leonard Cohen. Frei übersetzt: »Es gibt einen Riss in allem. Genau dort kommt das Licht herein.« Das Schuldbekenntnis in der katholischen Messe lädt ein, sich dem Riss, den Rissen in der eigenen Existenz zuzuwenden.

Der Text des Schuldbekenntnisses wird von allen gemeinsam gesprochen:

> Ich bekenne allen Brüdern und Schwestern,
> dass ich Gutes unterlassen und Böses getan habe.
> Ich habe gesündigt in Gedanken, Worten und Werken.
> Durch meine Schuld, durch meine Schuld, durch meine große Schuld.
> Darum bitte ich die selige Jungfrau Maria, alle Engel und Heiligen
> und euch, Brüder und Schwestern, für mich zu beten bei Gott, unserm Herrn.

In der Messe wird das Schuldbekenntnis laut gesprochen. Schuld und Sünde müssen nicht konkret benannt werden. Ich muss nicht wissen, wie sich der Platznachbar oder die Leiterin

14 Aus dem Lied »Anthem« von Leonard Cohen.

des Gottesdienstes versündigt haben gegen den Traum Gottes von ihm und ihr:

> Du hast mich geträumt gott
> wie ich den aufrechten gang übe
> und niederknien lerne
> schöner als ich jetzt bin
> glücklicher als ich mich traue
> freier als bei uns erlaubt
>
> Hör nicht auf mich zu träumen gott ...[15]

Rabbi Sussja sprach:

> In der kommenden Welt wird man mich nicht fragen: »Warum bist du nicht Mose gewesen?« Man wird mich fragen: »Warum bist du nicht Sussja gewesen!?«[16]

Am Ende, so Rabbi Sussja, zählt, ob ich der einzigartige Mensch wurde, der ich von Anfang an bin. Schuld besteht darin, mein einzigartiges, geschenktes Leben nicht zu leben.

Ich höre von rechts und links, von hinten und vorne die Stimmen meiner Nachbarn und Mitbeterinnen. Ich lasse mich von ihrer Entschlossenheit tragen, mit der sie »Ich« sagen und sich zu ihrer Schuld und Sünde bekennen. Wer ist dieses Ich? Nicht das Ich des *cogito ergo sum,* des »Ich denke, also bin ich«, das Schuld aufzählen, benennen, analysieren kann. Das ist sicher auch wichtig. »Ich habe gesündigt« spricht eher das religiöse Ich, im Wissen unterwegs, dass es »mehr als alles« gibt, geben muss (Dorothee Sölle). Ein Ich, das die Differenz spürt und die Sehnsucht nach Wandlung zulässt, das ein »Selbst« werden will in der von Gott erträumten Schönheit.

Mein erster Urlaub in Griechenland. Ich war einundzwanzig Jahre alt. An- und Heimreise jeweils drei Tage. Seit ich

---

15 Sölle: Loben ohne Lügen, 2000, S. 12.

16 Buber: Die Erzählungen der Chassidim, 1990, S. 394.

meine damalige Freundin kennengelernt hatte, war genau ein halbes Jahr vergangen, unser Jubiläum fiel mitten in diese Ferien. In einer einsamen Bucht legte ich ein Mandala aus Muscheln. Ihr Name. Mein Name. Das Datum des Anfangs und das heutige Datum. Je mehr ich mich in das Legen von Muscheln, Holzstücken und Steinchen im heißen Sand vertiefte, desto näher kam ich dem ganzen Glück und ebenso dem Schmerz unserer Freundschaft. Ich realisierte, wie gern ich meine Freundin hatte, und ich spürte, wie viel ich vermisste. Ich fühlte das Potenzial unserer Liebe, und mich überfiel der Schmerz über das Unvermögen, einander unverstellt zu begegnen. Ich freute mich über die Schönheit, Anmut und Kraft meiner Freundin, über ihre Begabungen und Stärken. Ich spürte meine eigene Lebendigkeit und Freude, meine Zuneigung zu ihr – und fragte mich, warum wir einander nicht mehr geben konnten. Ich spürte die Sehnsucht nach Nähe in mir und merkte zugleich, dass mich etwas zurückhielt. Ich sehnte mich nach mehr. Nach mehr Liebe. Nach mehr Vertrauen und Angenommensein. Nach viel mehr fließenden, heiteren Begegnungen. In diesen Stunden am Meer war mehr da als das Glück und der Schmerz von zwei jungen Menschen. Nämlich so etwas wie die Erfahrung, dass ich, obwohl ganz allein am einsamen Strand in Nordgriechenland, mit allem verbunden war. Die Wellen gingen vor und zurück. Sie umspülten meine Füße. Der seelische Schmerz, das Vermissen öffnete mein Herz. Alle Sehnsucht nach Liebe machte sich breit. Und damit verbunden die Ahnung: Es gibt noch mehr als das, was ich gerade erlebe, ein Mehr, das größer ist als alles, was ich mir vorstellen, was ich je verstehen kann.

Als ich mit einundzwanzig Jahren an diesem heiteren Sonnentag begann, an meinem Mandala der Beziehung zu arbeiten, erfuhr ich einen Mangel und eine Ahnung des »Mehr«. An diesem Tag spürte ich mein Potenzial, den göttlichen Traum von mir. Und das, was noch nicht ist, was vielleicht nie sein wird.

Die Geschichte vom Sündenfall des ersten Menschenpaares, Adam und Eva. Im Christentum hat sich daraus die Lehre von der Erbsünde entwickelt. Erbsünde meint die Verstrickung in eine kollektive, strukturelle Schuldgeschichte, in Zwänge, die ökonomisch, materiell, psychosozial und auch spirituell wirken. Sie bestimmen unser Leben, blockieren uns in Paarbeziehungen, lassen uns schuldig werden am Elend der Geschwister, die in Bangladesh unter unglaublichen Bedingungen Kleider für uns Schweizer nähen, oder aus dem amazonischen Regenwald vertrieben werden, weil Holz nur als Handelsware gesehen wird und brasilianisches Fleisch auf Europas Tellern billiger ist. Wir sind verstrickt und werden darum auch schuldig an Geschöpfen, die in Tierfabriken vegetieren, mit Schuld, wenn Böden unter Düngestress ihre Lebendigkeit verlieren.

Ich lebe mit einem Mehr an Potenzial, aber auch mit einem Mehr an Schuld. Mit den vielen Geflüchteten, die in Europa Schutz und gutes Leben suchen. Diese ihre Suche nach neuer Heimat hängt mit der Schuld meines Kontinents zusammen, mit der Geschichte des Kolonialismus und der gnadenlosen Ausbeutung der vergangenen Jahrhunderte. Ich habe deutsche Vorfahren und lebe mit dem Leid, das sie in zwei Weltkriegen verursacht und erfahren haben. Auch das ist Schuld, »große Schuld«, sagt das Schuldbekenntnis.

Es sprengt Kleingeisterei und Verdrängung. Durch diesen Riss fällt Licht in das Leben, ich erkenne, dass mich, das Menschenkind, ein Netz von Abhängigkeiten trägt, aber auch, dass ich darin verstrickt bin. Das Licht tut weh, es weckt mich auf. Es lässt mich die Wahrheit meines Lebens sehen – in der Verbundenheit und Verstrickung mit allem Leben. Der Hinduismus kennt die Metapher von Indras Netz, das aus unzähligen Knoten geknüpft ist. In jedem Knoten steckt ein Edelstein. Jeder einzelne Edelstein spiegelt alle anderen. Jedes Juwel steht für individuelles Leben im Koordinatensystem von Zeit und

Raum und mit allem verbunden. Aussteigen geht nicht, von der Empfängnis bis zu unserem Tod.

Schuldig werde ich laut Schuldbekenntnis zuerst in Gedanken: 60.000 Gedanken sind es den Neurologen zufolge pro Tag – wie viele davon Energie- und Zeitverschwendung, absolut unnötig? 90 % oder mehr? Niemand kann etwas dafür; auch wenn er sich noch so sehr bemüht, keine oder reine Gedanken zu haben, das System ›Mensch‹ produziert Gedanken. »Du sollst dir kein Bildnis machen«, nicht von Gott und nicht von deinen Nächsten – aber ohne Bilder und Vorstellungen können wir nicht leben. Das biblische Bilderverbot ist deshalb vielleicht genauer zu übersetzen mit »Du sollst dir nicht nur ein Bildnis machen«, du sollst weder Gott noch dich selber noch andere Menschen festlegen, vereinnahmen, auf deine Festplatte brennen.

So sagt Jesus mit Bezug auf die Grundkraft Sexualität gemäß Matthäusevangelium:

> Ich lege euch das heute so aus: Wenn jemand eine Frau durch seinen begehrlichen Blick erniedrigt, hat er in seinem Herzen mit ihr schon die Ehe gebrochen. (Mt 5,28)

Wieviele Gedanken von Menschen aller Geschlechter kreisen um Sex, um Fantasien, um ungelebtes, unrealistisches Begehren? Heiße Luft, die sinnlos verpufft. Oder: Wie sehr hemmen Sorgen um Aussehen, Status, Machtposition in Beziehungen und im Beruf ein frohes, tätiges Leben? Wieviel sinnloses Sehnen nach einem anderen Leben? Das war schon vor zweitausend Jahren so! Daher der berühmte Rat im Matthäusevangelium, hier wieder in der Übersetzung der ›Bibel in gerechter Sprache‹ (6,26–34):

> Seht euch die Vögel des Himmels an: Sie säen nicht und ernten nicht, sammeln auch keine Vorräte in Scheunen – und Gott, Vater und Mutter für euch im Himmel, ernährt sie. Sollte es bei euch so viel anders sein? Könnt ihr euren Lebensweg auch nur um eine kurze Strecke verlängern, in-

dem ihr euch Sorgen macht? Und was sorgt ihr euch um Kleidung? Betrachtet die Blumen auf den Feldern, wie sie sich im Wachsen entfalten: Sie mühen sich nicht ab und sie spinnen nicht. Doch ich sage euch: Nicht einmal Salomo in all seinem Glanz war schöner gekleidet als eine dieser Feldblumen. Wenn aber Gott selbst die Gräser auf dem Feld so kleidet, die heute da sind und morgen in den Ofen geworfen werden – warum fehlt euch dann das Vertrauen, dass Gott umso mehr für eure Kleidung sorgt? So hört nun auf, euch zu sorgen und zu fragen: Was sollen wir essen? Oder: Was sollen wir trinken? Oder: Womit sollen wir uns kleiden? Auf all dies richten die Menschen der Völker ihren Sinn. Gott, Vater und Mutter für euch im Himmel, weiß ja, dass ihr dies alles braucht. Sucht hingegen zuerst die gerechte Welt Gottes, und dies alles wird euch geschenkt werden. Sorgt euch deshalb nicht um morgen, denn der morgige Tag wird für sich selbst sorgen. Es reicht, wenn jeder Tag seine eigene Belastung hat.

Aus Gedanken werden Worte. Im Schuldbekenntnis fällt Licht auf das, was nur so dahergesagt, aus Feigheit der Mehrheit einfach nachgeplappert wird, was nicht von Herzen kommt; auf die feinen Sticheleien, die kleinen Verletzungen, die man einander im Familien- und Eheleben zufügt. Licht fällt durch den Riss: Es könnte anders sein, es kann HEUTE anders werden.

Aus Worten werden Werke. Goethe lässt Dr. Faust auf der Suche nach dem, was die Welt im Innersten zusammenhält, den Anfang des Johannesevangeliums schließlich so übersetzen: »Am Anfang war die Tat!«. Ausgerechnet der Denker Faust sagt das in seiner Studierstube – das Ende ist bekanntlich eine Tragödie. Auch ich kenne das: Die Tat ohne zu denken, kein gutes Wort im Sinn.

Das Schuldbekenntnis ist eine Kulturleistung. Es lässt das eigene Tun bei Licht betrachten, das oft unendlich verstrickt, unüberlegt, aus schleierhaften und auch bösen Motiven Schaden anrichtet. Unangenehmen Begegnungen ausweichen; selbstschädigend essen; billiger kaufen, auch wenn die Ware unfair produziert wurde. Es muss in diesem Moment im Gottesdienst keine Lösung her. Aber ich nehme geschützt im Kirchenraum, geborgen in der Gemeinschaft, mehr ahnend als bewusst wissend, die Verbundenheit allen Lebens in meinen Gedanken, Worten und Werken wahr. So ist mein Leben. Ja, ich sehne mich danach, dass es anders ist. Meine Bereitschaft, mit allen Schwestern und Brüdern in der Messe zu meiner Schuld zu stehen, ermöglicht Veränderung. Im Schuldbekenntnis bete ich nicht allein. Ich bete verbunden mit meinen Brüdern und Schwestern und mit den geistigen Mächten. Ich bitte um Hilfe. Ich verbinde mich mit Maria, mit allen Engeln und Heiligen und den Brüdern und Schwestern. Ich bitte sie alle um ihre Hilfe, um ihr Gebet bei Gott. Ein großer Chor verstärkt meine Bitte um das ›Mehr‹, um mehr Glück, als ich mich zu erbitten traue.

Das Schuldbekenntnis ist wie das Schutzsuchen vor dem Unwetter in der alten Scheune: Ich sehe durch die rissige Wand nach draußen. Ich sehe die Naturgewalten kommen, Regen, Hagel, Wind, Sturm, und nehme wahr, was sie anrichten. Ich werde geblendet von der nachfolgenden Helligkeit der Sonne. Je mehr ich mich dem Riss nähere, desto deutlicher zeigt sich das Leben dahinter.

Wenn ich das Schuldbekenntnis spreche, realisiere ich Schmerz und Leiden, aber auch neu die Möglichkeit von Freude und Glück. Ich muss nichts tun. Nur Licht einfallen lassen. Durch den Riss.

Manchmal besteht das Schuldbekenntnis nur aus drei Atemzügen. Nur wahrnehmen: Ich – jetzt – hier. Manchmal reicht das, jedenfalls braucht es diesen Moment der Besinnung vor dem Kyrie, in dem wir Christus begrüßen. Diese Vorbereitung ist wie die Vorbereitung auf Besuch. Manchmal erlebe ich das bei Hausbesuchen: Ich werde hereingebeten, aber nicht richtig begrüßt, und die Begegnung geht unter in Zerstreuung und Scham. Umgekehrt machen die Begegnungen Freude, wo sich eine Erwartung aufbauen kann, ein Interesse kundtut an der Person, die da kommt.

Kyrie

Sich fragen lassen: Wer bist du?

In vielen Messen mit Musik ist der Chor beim Kyrie zum ersten Mal zu hören.

Kyrie eleison: Uralter gemeinschaftlicher Ruf, mit dem Gottheiten angerufen und Herrschende begrüßt wurden (was in der Antike oft ein und dasselbe war): Herr, erbarme dich! Die jüdische Gemeinschaft übersetzte den hebräischen Gottesnamen JHWH mit dem griechischen *Kyrios* (Herr). Im frühen Christentum wurde Kyrios zum Namen auch für Jesus Christus.

Wir haben uns Schuld eingestanden, sind da, wie wir sind, das konkrete Leben ist da. Jetzt begegnet uns Christus.

Als zehnjähriger Knabe verbrachte ich die Sommerferien 1972 im Allgäu, nahe der weltberühmten, barocken Wieskirche. Zusammen mit meinen Eltern, Geschwistern und vielen Familien vom Bund »Neu-Deutschland«, einer katholischen Bewegung, nicht zu verwechseln mit der DDR-Zeitung, füllten wir ein bayrisches Bildungshaus. Ich spielte, erlebte Abenteuer im nahen Wald, liebte das Schwimmen im Moorsee und vor allem die Gemeinschaft mit den anderen Kindern – bis ich krank wurde. Allein lag ich im Kinderschlafsaal und fühlte mich elend. Zur körperlichen Schwäche kam seelische Not. Ich spürte eine Einsamkeit, die ich noch nie vorher wahrgenommen hatte, war von allen guten Geistern verlassen und dämmerte im Fieber vor mich hin.

Dann ging einmal, es war am Nachmittag, die Tür auf. Jemand trat ein – die Mutter der beiden Buben, die neben mir nächtigten, trat an mein Bett. Die Frau, Ärztin, tat nicht viel. Sie schaute mich nur an, lange. Und dann sagte sie einen einzigen Satz: »So, du bist krank, das tut mir leid.« In diesem Moment wandelte sich meine Not. Tränen füllten meine Augen und Liebe erfüllte mein Herz. Alles war nicht mehr so schlimm. Obwohl die Frau nur die Wahrheit ausgesprochen hatte, war alles wie verwandelt. Ich fühlte mich getröstet, wieder ganz bei mir.

Der Benediktiner David Steindl-Rast veröffentlichte kürzlich ein Buch zu den neunundneunzig Namen Gottes. Das ist die Zahl der schönsten Namen Allahs, die im Koran vorkommen. Allahs erster und damit wichtigster Name ist Erbarmer[17], ar-Rahman. Kyrie eleison: Die Barmherzigkeit ist das Erste, alles Leben Geschenk. Der Erbarmer, der Barmherzige findet nichts ›erbärmlich‹. Die Wurzel von *rahman* bedeutet in den semitischen Sprachen auch Mutterschoß, Gebärmutter. Gott ist auch Mutter. Sie, JHWH, hat eine Gebärmutter. Ihre – Gottes – Barmherzigkeit ist in den fünf Büchern Mose die Antwort auf Trübungen, auf menschliches Scheitern, auf Angst und Schmerz, auf das Zerbrechen von Beziehungen. Deshalb beginnt das jüdische Totengebet wie das Kyrie mit dem Ruf: »Gott voller Erbarmen«.

Von Anfang an sind wir auf andere angewiesen.

Mit Ina Praetorius gesprochen: Jeder Mensch ist Fürsorgeabhängig.[18] Ich komme als hilfloser Säugling zur Welt. Ich wachse in einer Umgebung von Menschen, Häusern, Umweltbedingungen auf, die ich nicht selbst geschaffen, die sich

17 Steindl-Rast: 99 Namen Gottes, 2019, S. 8f.

18 Z. B. Praetorius: Einander sola gratia sein. Oder: wir sind alle frei in Fürsorgeabhängigkeit, 2017.

vielleicht meine Vorfahren schon nicht selbst ausgesucht hatten. Ich werde krank. Ich führe mein Leben in der Mitte von Europa, gut versorgt, während zwei Flugstunden entfernt Geflüchtete im Mittelmeer ertrinken; während Menschen verhungern, während bei uns die Hälfte der Nahrung weggeworfen wird.

Viele Jahre habe ich den Kyrie-Ruf als versuchte Tilgung eines Defizites gesehen: Der Mensch kommt mit Verstrickung, Schuld und Versagen in den Gottesdienst. Gott nimmt das weg, und alles ist gut.

Heute denke ich anders, erlebe grundlegend anderes: Schon bevor ich mich auf den Weg machen kann, kommt mir Christus entgegen. Von Anfang an bin ich gehalten, gesehen, gemeint als dieser eine, unverwechselbare und abhängige Mensch. Es ist das Entgegenkommen, das ich im Alltag leicht vergesse. In jeder Messe werde ich daran erinnert: Wer immer du auch bist und wo immer du auch stehst, Bernhard, ich sehe dich. Dein Leben geht mir zu Herzen. Dein Leiden an der Zerstörung der Umwelt, an Krieg und selbstherrlicher Egozentrik, an deinen eigenen Unzulänglichkeiten berührt mich. Genauso wie dein Glück mich freut, mich lächeln lässt. In all dem, was das Leben dir zumutet und schenkt, Bernhard, bist du gehalten!

Von Jahr zu Jahr mehr, je älter ich werde, so scheint es, nimmt das Tempo des Lebens zu, und damit die Fremdbestimmung. So erlebe ich es als Individuum, so erlebe ich es im Kollektiv der westlichen Welt. Die Leistungsgesellschaft erhöht Rhythmus und Spannung: Menschen sind nur wert, was sie leisten.

Kyrie eleison hält dagegen. Im Schuldbekenntnis sind die Masken gefallen; jetzt gibt es eine unverstellte Begegnung. Jesus Christus will dem Bernhard einfach begegnen, wie er ist. Und genau danach sehnt sich auch der Bernhard. In den ersten Minuten des Gottesdienstes erneuert sich der Taufbund, wenn ich da bin, so, wie ich bin, so, wie Gott mich träumt.

Das versuche ich in der Hinführung zum Kyrie zum Ausdruck zu bringen. Gottes Barmherzigkeit kommt uns entgegen, sage ich, und sehe mit den inneren Augen, wie sich der Kirchenraum füllt mit Barmherzigkeit. Ich lade die Teilnehmenden zu drei tiefen Atemzügen ein und bitte sie, sich auf die Gegenwart Gottes auszurichten.

In der Regel entsteht jetzt eine andächtige, ja liebevolle Stille: Drei Atemzüge sind noch ohne Husten, Zerstreuung und Ablenkung auszuhalten. Drei tiefe Atemzüge wirken jedoch schon entlastend, befreiend. Sie entschleunigen. Wenn ich spüre, dass die Teilnehmenden bereit sind, ergänze ich: »Sie dürfen Gott ihr Leben anvertrauen … Danken und Bitten in der Stille des Herzens.« Danach sprechen wir im Wechsel das dreiteilige Kyrie-Gebet:

Herr, erbarme dich.
Herr, erbarme dich.
Christus, erbarme dich
Christus, erbarme dich.
Herr, erbarme dich.
Herr, erbarme dich.

Als Jugendlicher haben mich diese Wiederholungen geärgert. Ich fand, einmal »Herr, erbarme dich« ist genug! Gott weiß doch ohnehin Bescheid! Das Gebet kam mir vor wie ein leeres Geplapper. Heute spüre ich: Es braucht diese Wiederholung, wie die drei Atemzüge. Es löst. Die Feierlichkeit hilft, beim Erbarmen Gottes anzukommen.

Freilich, viele Spannungen lassen sich nicht wegatmen und wegbeten. Die Maske klebt am Gesicht. Im Alltag ist es notwendig und wichtig, die eigene Person unterschiedlichen äußeren Gegebenheiten anzupassen, auch wenn ich innerlich die Diskrepanz als schmerzlich empfinde. Ich bin Vater, Vorgesetzter, Teil einer Band – da ist zu Recht nicht immer der ganze Bernhard gefragt. Person jedoch kommt von *per-sonare*, hindurchklingen. Der Mensch hat den tiefen Wunsch, dass das Innerste nach außen dringt. Das geschieht, das wird eingeübt bei der Eröffnung jedes Gottesdienstes – eine Übung, die vielleicht die Rollen erst bewusst macht, die wir im Alltag spielen und die Sehnsucht weckt, durchlässiger zu werden, mehr Per-Son.

Dietrich Bonhoeffer erlebt diesen Zwiespalt zwischen Rolle und innerstem Empfinden im NS-Kerker und schreibt wenige Monate vor seiner Ermordung dieses Gebet:

> Wer bin ich? Sie sagen mir oft,
> ich träte aus meiner Zelle
> gelassen und heiter und fest
> wie ein Gutsherr aus seinem Schloss.
>
> Wer bin ich? Sie sagen mir oft,
> ich spräche mit meinen Bewachern
> frei und freundlich und klar,
> als hätte ich zu gebieten.
>
> Wer bin ich? Sie sagen mir auch,
> ich trüge die Tage des Unglücks
> gleichmütig, lächelnd und stolz,
> wie einer, der Siegen gewohnt ist.
>
> Bin ich das wirklich, was andere von mir sagen?
> Oder bin ich nur das, was ich selbst von mir weiß?
> Unruhig, sehnsüchtig, krank, wie ein Vogel im Käfig,
> ringend nach Lebensatem, als würgte mir einer die Kehle,
> hungernd nach Farben, nach Blumen, nach Vogelstimmen,
> dürstend nach guten Worten, nach menschlicher Nähe,
> zitternd vor Zorn über Willkür und kleinlichste Kränkung,
> umgetrieben vom Warten auf große Dinge,
> ohnmächtig bangend um Freunde in endloser Ferne,
> müde und leer zum Beten, zum Denken, zum Schaffen,
> matt und bereit, von allem Abschied zu nehmen?

Wer bin ich? Der oder jener?
Bin ich denn heute dieser und morgen ein andrer?
Bin ich beides zugleich? Vor Menschen ein Heuchler
und vor mir selbst ein verächtlich wehleidiger Schwächling?
Oder gleicht, was in mir noch ist, dem geschlagenen Heer,
das in Unordnung weicht vor schon gewonnenem Sieg?

Wer bin ich? Einsames Fragen treibt mit mir Spott.
Wer ich auch bin, Du kennst mich, Dein bin ich, o Gott![19]

»Einsames Fragen treibt seinen Spott«: Vor allem junge Leute, Männer und Frauen, leiden an der »Maske«: Nach außen hin ist alles klar. Alles haben sie im Griff. Dahinter bohren existenzielle Fragen und treiben sie – häufig unbewusst – durch schlaflose Nächte. Die letzte Zeile in Bonhoeffers Gebet löst die Spannung durch die Kapitulation vor dem Innersten auf: »Dein bin ich«.

Liebe ist Kraft – ich bleibe hinter meinen Möglichkeiten
zurück.
Herr, erbarme dich.
Liebe tut weh – manchmal verletze ich andere,
weil ich dem Schmerz ausweichen will.
Christus, erbarme dich.
Liebe macht glücklich – manchmal ist alles gut,
ich lebe im Einklang mit mir und den anderen.
Herr, erbarme dich.

Die undurchlässige Maske begegnet mir manchmal bei Krankenbesuchen oder am Bett von Sterbenden. Dort bemühe ich mich, die Haltung einzunehmen, die mir als zehnjähriges Kind so gutgetan hat: »So, du bist krank, das tut mir leid.«

Als junger Seelsorger wurde ich zu einem alten Bauern gerufen, der im Sterben lag. Der Krebs hatte seine Organe zer-

---

19 Bonhoeffer a. a. O., S. 179.

fressen. Der Arzt hatte seinen Tod schon lange angekündigt. Doch es war anscheinend noch nicht Zeit. Der Sterbende war nicht mehr ansprechbar. Und so blieb mir und den Angehörigen nichts anderes übrig, als mehrere Tage lang neben seinem Bett zu sitzen und mit ihm zu atmen, zu beten, die körperlichen Schmerzen zu lindern.

Die Angehörigen erzählten, dass der Sterbende ein harter, störrischer Mann gewesen war. Er hatte als Fremder in jungen Jahren den Hof erworben, musste sich gegen die Einheimischen durchsetzen. Er erarbeitete sich den Respekt und den Wohlstand mit Ellbogenmentalität, rauer Ausdrucksweise und starrem Eigensinn. Ja, er hatte sich Feinde gemacht und vielen gehörig auf die Füße getreten. Mich – den jungen Theologen aus dem Ausland – wollte er übers Ohr hauen, schon bei der ersten Begegnung. Der Sterbende selber hatte kaum Barmherzigkeit erfahren. Das Leben hatte ihm nichts geschenkt und so war sein Alltag ein stetiger Kampf gewesen. Es schien, als hätte er nicht nur gegen andere wenig Erbarmen gekannt, sondern auch gegenüber sich selbst. Von der Kirche hielt er nicht viel. Er blieb zwar Mitglied, verbrachte aber den Sonntagmorgen am Stammtisch. Sein Leben spiegelte sich in seinem Sterben. Alle Anwesenden, auch die Familienmitglieder, spürten: Er war nicht mit sich im Reinen. Etwas fehlte, um loszulassen. Wenn die Wirkung der schmerzstillenden Mittel nachließ, versuchte er sich aufzurichten, unter Ächzen. Und zwischen den Schmerzwellen murmelte er dumpfe Stoßgebete, würgte sie hervor, einen einzigen Satz: Herr Jesus, erbarm dich meiner. Sein Todeskampf war ein Ringen um Barmherzigkeit. Weil er sich ohne fremde Hilfe nicht auf den Beinen halten konnte, halfen wir ihm beim Aufstehen. Er zog sich stöhnend am Kleiderschrank hoch und streckte sich im Aufrichten einem unsichtbaren Licht entgegen. Wieder und wieder brach es aus ihm hervor: Herr Jesus erbarme dich meiner! Viele Male hat sich der Sterbende so aufgerichtet. Mit Geduld halfen wir ihm, seine Familie und ich, begleiteten ihn, hofften für ihn, dass er in das göttliche Erbarmen hineinfinde. Ganz am Ende, unmittelbar vor den letzten Atemzügen, konnte er dann loslassen. Und ist in Frieden gestorben.

Die Lossprechung von Sünden nach dem Kyrie ist in der katholischen Liturgie Amtspriestern vorbehalten. Ich übersetze die priesterliche Geste in eine innere Wandlung:

> Der gute Gott erbarme sich unser, er nehme von uns, was uns von seiner Liebe trennt, damit wir als freie und aufrechte Menschen diesen Gottesdienst feiern können

und besiegle sie mit dem Kreuzzeichen. Jede und jeder bezeichnet sich mit diesem Zeichen und zeigt damit auf sich selber: Wir haben uns gefunden, Gott und ich. Im Kyrie finden sich Mensch und Gott. In der Paradieserzählung sagt Adam, als Gott ihn nach dem Sündenfall sucht:

> Hier bin ich. (Gen 3,7–10)

Das Kyrie eleison als rituelle Übung im Umgang mit der eigenen Abhängigkeit ist für Männer eine Herausforderung. Männer wiegen sich meinem Gefühl nach gern in der Illusion ihrer Unabhängigkeit, Freiheit und Unverwundbarkeit. Deshalb greifen sie öfter gedanken-, gefühl- und sinnlos auf die drei Grundkräfte des Lebens zu: Sexualität, Besitz und Macht. Wohlstands- und Leistungsgesellschaft suggerieren: Alles, was ich bekommen kann, nehme ich mir, und zwar so viel davon wie möglich. Das Getöse der vermeintlichen Selbstverwirklichung übertönt das Innere.

Aber auch Männer haben – wie Frauen und wie Gott – *rachamim*, Gebärmütterlichkeit. Wenn sie die ebenso starke wie unbewusste Sehnsucht nach diesem Innersten verdrängen, geraten sie nicht selten immer tiefer in den Irrglauben, ihre Sehnsucht könne von außen gestillt werden.

Das Matthäusevangelium erzählt dazu eine Initiationsgeschichte. Jesus fastet vierzig Tage lang und bereitet sich in der Wüste auf seine Sendung vor. Er schaltet alle Außenreize ab. In der Wüste, wo nichts passiert außer dem Gang der Sonne, wo nichts lebendig scheint, wo tote Hose ist, begegnet Jesus Gottes Widersacher, dem Teufel. Dieser versucht ihn dreimal bei den menschlichen Allmachts- und Unabhängigkeitsfantasien, beim Ego zu erwischen, indem er ihm ein grenzenloses Potenzial verspricht (Mt 4,1–11) – in allem, was den Körper betrifft: Wenn du Gottes Sohn bist, dann kannst du aus diesen Steinen Brot machen; in puncto All-Macht: Wenn du Gottes Sohn bist, so stürze dich von der höchsten Zinne des Tempels in Jerusalem. Gottes Engel werden dich retten; und in puncto Besitz: Ich werde dir alle Reichtümer der Welt geben, wenn du dich vor mir niederwirfst und mich anbetest.

Der junge Mann beißt nicht an. Obwohl sein Körper nach Nahrung schreit, will er kein Brot zaubern – die Brotvermehrung später im Evangelium ist im direkten Kontrast zum Angebot des Teufels ein Beziehungswunder. Jesus verzichtet auch auf den Kick, sich von der hohen Zinne zu stürzen; ebenso wenig will er alles haben. Die teuflischen Versuche sind zeitlos, zerstörerisch und absurd. Sie beruhen auf der Verleugnung der Abhängigkeit des Menschen von Fürsorge. Erstaunlich, wie klar solche patriarchale Haltung schon vor zweitausend Jahren dargestellt und kritisiert wurde!

Ein weiterer Gegenspieler Jesu, König Herodes, scheitert daran, wie er mit den drei Grundkräften des Lebens umgeht: Aus Angst vor Machtverlust befiehlt er, Kinder zu töten; man hasst ihn, weil er das Brot des Landes verschwendet; seine sexuelle Abhängigkeit macht ihn erpressbar, sodass er den Täufer Johannes enthaupten lässt (Mk 6,14–28 und Mt 14,3–12).

Mit dem Kyrie eröffnet sich ein Raum der Begegnung, in dem Fürsorgeabhängigkeit sein darf. Hier wird eine Ordnung für die Triebkräfte des Lebens spürbar, ein Weg gewiesen: Gehen wir der Gebärmütterlichkeit Gottes entgegen!

Manchmal lade ich die Gemeindemitglieder ein, ihre ganze Existenz, ihr Staunen, ihre Freude, ihre Fragen, ihre Schatten, Trauer und Begehren Gott in den Buchstaben O zu legen und ihn als Laut zu singen oder zu summen: Ooo! Ich stimme an, sie halten den Ton, und dann singe ich dazu die Kyrie-Rufe nach einer einfachen griechischen Melodie. Ihr letzter Ton verschmilzt jeweils mit dem Ton der Gemeinde: Ein intensives, staunendes Aufeinanderhören; im Kirchenraum klingt Barmherzigkeit.

Gloria

Sich dem Lobpreis überlassen

Einige Monate nach der Geburt unseres ersten Kindes schenkte mir meine Frau einen freien Tag. Ich nahm dieses Geschenk – vierundzwanzig Stunden zu meiner Verfügung – dankbar an. Mit zwei Diplomarbeiten von Studierenden machte ich mich auf den Weg zum Schiff und verbrachte den Tag lesend auf dem Vierwaldstättersee. Die Arbeit ging schneller von der Hand als gedacht, und so verließ ich in Weggis das Schiff, um ein Stück Weg zu Fuß zu gehen. Ich kam durch ein kleines Dorf, das ich noch nie bewusst wahrgenommen hatte. Vor der Kirche floss Wasser in einen steinernen Brunnentrog. Ich setzte mich an den Rand des Brunnens und trank, das Gehen hatte mich durstig gemacht. Es zog mich in die Kirche. Dort war es kühl. Und still. Bis sich in mir eine Stimme meldete in Verbindung mit – es hört sich vielleicht esoterisch an – einem hellen, zarten, transparenten Licht, das sowohl mich als auch den Kirchenraum strahlen ließ. Ich hörte: »Hier wirst du einmal arbeiten.« Am nächsten Tag rief ich den Personalverantwortlichen des Bistums an und fragte ihn, ob in der kleinen Pfarrei mit dem Brunnen vor der Kirche unweit von Weggis eine Stelle frei sei. Regionaldekan Max Hofer antworte umgehend und fragte, wie ich auf diese Frage komme, der Pfarrer der Wendelinspfarrei Greppen habe ihm erst am Vortag seine Demission mitgeteilt, es handle sich übrigens nur um eine halbe Stelle ... Das passte genau zu unserem Familienmodell!

Und es wurden zehn wunderbare Jahre, in denen unsere Familie im kleinen Rigidörfchen heimisch wurde, die Kinder aufwuchsen und ich mit viel Freude wirken konnte. In den ersten Jahren kam wie von selbst immer wieder das Lied über die Lippen:

Ich möchte singen vor lauter Freude,
ich will dir danken, weil du mich liebst,
für deine Freundschaft und deine Güte,
und weiterschenken, was du mir gibst.

Es war auch das Lieblingslied der Kinder im Religionsunterricht. Es hat mich geprägt. Es füllte mich aus – Tag und Nacht.

Gloria heißt Gott loben. Das lateinische Anfangswort der Gloria-Hymne bedeutet Ruhm, Ehre. In der Messfeier kommt es zu einem ersten freudigen Höhepunkt. Wir sind in der Kirche angekommen, haben die Schutzpanzer abgelegt und Christus begrüßt. Charismatiker unter meinen Kollegen sehen im Lobpreis den Kern und das Wesen des Gottesdienstes. Ich gestehe, dass ich damit manchmal Mühe habe. Es gibt ein abgehobenes Singen von Gott, das leichtfüßig über die Wunden, Narben und Konflikte hinweggeht. Darum bin ich froh, dass die Messe zuerst das Leben einsammelt, uns erdet, bevor der Lobpreis auf Gott erklingt, und dass es nach dem Gloria nicht aus ist.

Dennoch: Es gibt nichts Schöneres, als im Lichtglanz Gottes mitzuschwingen. An dieser Stelle der Messe ist ein Lied vorgesehen, das Gloria ruft nach Klängen. Im *Magnifikat* singt die junge Frau Maria nach der Ankündigung ihrer Schwangerschaft (Lk 1,46–55) – ich verwende wie meistens die Übersetzung der Bibel in gerechter Sprache:

> Meine Seele lobt die Lebendige, und mein Geist jubelt
> über Gott, die mich rettet ...

Im Gloria, wo der Anfang gesetzt und der Gottesdienst noch jung ist, werden Schönheit, Gnade und Kraft Gottes gefeiert:

> Gloria sei dir gesungen
> Mit Menschen und mit Engelszungen.
> Mit Harfen und mit Zimbeln schön.
> Wach auf, der Bräut'gam kommt.
> ...
> Halleluja
> Macht euch bereit
> zu der Hochzeit.
> Wir wollen ihm entgegen gehn.[20]

Manchmal überfällt mich ausgerechnet beim Gloria abgrundtiefe Traurigkeit. Nämlich dann, wenn ich spüre, dass das religiöse Empfinden von Teilnehmenden abgestumpft ist. Ihre Seele kann sich nicht erheben, nicht staunen, sie bleibt wie gepanzert und die ganze Vorbereitung hat nicht vermocht, etwas Licht durch die Ritzen zu lassen. »Geh aus, mein Herz und suche Freud«, beginnt ein geistliches Sommerlied von Paul Gerhardt, das 1653 erstmals in einem Liederbuch erschien. Ihr Herz hat verlernt auszugehen und etwas anderes als sich selber zu erwarten. Manche bleiben einfach bei sich selber hocken,

---

20 Lied von Philipp Nicolai (1599). Katholisches Gesangbuch der deutschsprachigen Schweiz, 1998, S. 266f.

wie Konsumtierchen, die nichts von sich erwarten, schon gar nichts Geist-Volles, und noch weniger von anderen.

Einmal habe ich das Gloria deswegen weggelassen und mich nachher dafür geschämt. Im Gespräch mit der Trauerfamilie war kein Interesse an einer Deutung des zu Ende gegangenen Lebens, an einer Einordnung in einen größeren Zusammenhang spürbar gewesen. Um den Gottesdienst so kurz wie gewünscht zu halten, hatte ich das Gloria eingespart und die Kürzung vor mir selber arrogant und verärgert gerechtfertigt: Mit solchen Angehörigen das Gloria zu singen hieße Perlen vor die Säue werfen. Nach dem Gottesdienst sprach mich eine Teilnehmerin an, eine entfernte Verwandte. Sie bedankte sich herzlich für die schöne Feier, schade nur, dass ich das Gloria weggelassen habe. Es sei ein so wichtiger Moment im Gottesdienst, weil es die Kräfte der Menschen auf etwas Größeres ausrichte. Ich werde das Gloria nie wieder weglassen. Loben und Ehren gehört zum großen Bogen der Messe. Deshalb ermutige ich die Menschen, es sogar in Abschiedsfeiern zu singen.

Loben wir die Barmherzigkeit Gottes stellvertretend auch für die, die nicht mitschwingen können!

Im Religionsunterricht habe ich über all die Jahre erfahren, wie wichtig das Loben ist. Loben macht glücklich. Es fördert das Selbstbewusstsein und stärkt die Motivation der Schüler und Schülerinnen. Es lässt sie über sich hinauswachsen und kann ungeahnte Kräfte wecken. Als Lehrer, Gemeindeleiter und heute Chef eines mittelgroßen Pfarreiteams übe ich mich in der Haltung des Lobens. Ich achte auf die Bemühungen meiner Schüler und Mitarbeiterinnen und bemühe mich, die Einzigartigkeit ihrer Beiträge zu sehen, zu schätzen und dafür einen Ausdruck zu finden, weit genug, um dem ganzen Menschen gerecht zu werden. Im Anerkennen und der Freude über das Werk dieses besonderen Menschen lobe ich Gottes Kraft, die sie ermöglicht. Und das tut auch mir gut.

Im Gloria ehren, loben, rühmen, preisen wir Gott, Schöpfer und Schöpferin allen Lebens. Unsere Menschenzungen singen zusammen mit den Engelszungen. Die Bibel erzählt davon, dass es die vornehmste Aufgabe der Engel ist, Gott zuzujubeln. Engel – diese Verbindungswesen zwischen Himmel und Erde – bringen die Fülle der Schöpfung zum Klingen. Engel sind es, die die Geburt Christi singend verkünden: »Ehre sei Gott in der Höhe und Friede den Menschen auf Erden.« (Lk 2,14)

In den großen Lobgesang der Engel und der ganzen Schöpfung stimmen wir im Gottesdienst ein. Wer schon im Chor gesungen hat, weiß, was für eine Freude und Befriedigung es bedeutet, gemeinsam zu klingen, gemeinsam Ton und Lied zu sein. Auch wir sind Gottes Preislied.

Der *Cántico Cósmico*[21] des nicaraguanischen Politikers, Priesters und Dichters Ernesto Cardenal übersetzt das Gloria in eine Liebeserklärung an die Schöpfung. Zusammen mit den alten Harfen und Zimbeln stimmen moderne Musikinstrumente in den Lobgesang ein. Zum Brabbeln der Säuglinge (Ps 8), zu den Tierstimmen und den Schwingungen der Engel, Sterne, Galaxien gesellen sich bei Cardenal auch die Entdeckungen der Naturwissenschaft und die lauten Errungenschaften der Technik, etwa dröhnende Flugzeugmotoren.

Gloria ist Ton, Schwingung, Dynamik zwischen Himmel und Erde. Eines der beschwingtesten Kirchenlieder, Auszüge aus dem Text sind bereits weiter oben zitiert, stammt von Peter Nicolai (1599). Es knüpft an Jesaja-Worte (Jes 52,8) und das Gleichnis von den klugen und törichten jungen Frauen (Mt 25) an und beginnt mit dem Weckruf: »Wachet auf!« Auf ganz eigenen Ton-Leitern steigen danach die Worte hoch und nieder.

Wie das Kreuzzeichen verbindet auch das Gloria Erde und Himmel. Stimmen, Instrumente, Geräusche tragen das Lob in den Himmel, in dem Gott »thront auf dem Lobpreis Israels«

21 Erschienen 1989. Deutsch: Cardenal: Gesänge des Universums, 1995.

(Ps 22,4). Gott braucht das Lob, denn das Gotteslob baut die Verbindung zum Göttlichen auf. Wenn schon nicht als Gefühl, dann ist das Gloria im Gottesdienst wichtig als Platzhalter. So erhält die Transzendenz einen Sitz und das Göttliche wird auf der Erde nicht heimatlos.

Im biblischen Bild steigen die Engel auf der Jakobsleiter (Gen 28,11ff) auf und ab. Die irdische und die geistige Schöpfung bauen gemeinsam die Tonleiter zwischen Himmel und Erde. Alle brauchen einander: Gott die Menschen, Menschen die Engel, Engel die Menschen. Auch Engel freuen sich, wenn Menschen sich ihnen zuwenden und sie zur Unterstützung einladen, auch sie suchen Beziehung. Im Gloria realisieren wir diese schlichte Wahrheit.

Ob Gott auch singt? Davon schreibt die Bibel nichts. Mir scheint jedenfalls, dass schöpferische Worte gesungene Worte sind.

Beim Gloria erlebe ich, dass wir als Gottesdienstgemeinde nicht allein sind. Die himmlischen Mächte, die Engel – wie sie die Bibel mit großer Selbstverständlchkeit nennt, ohne in die ›Boten (Gottes)‹ etwas hineinzugeheimnissen – mit ihren Tonleitern füllen die Johanneskirche weit stärker, als die Gemeinde es könnte. Sie erfüllen die Gemeinde als ganze und die Personen, jede*n Einzelne*n. Wolfram Helke, mein alter Lehrer in personaler, initiatischer Leib-Arbeit, beschreibt dieses Erlebnis als räumliches:

> Der hohe Raum einer Kirche richtet auf, richtet aus. Er lässt den Atem frei, trägt die Stimme und ihr Echo. Die Gewölbe und Bögen sammeln die Klänge, ordnen irdische und geistig-seelische Schwingungen von Mensch und Raum. Daraus ergibt sich Beschwingtsein, Erhobensein und Heiterkeit der Seele. Gefasster Raum – Architektur wie Seelenraum – vermittelt von seinem Zentrum aus die Resonanz geistigen Geschehens. Der Geist wird erlebbar im bewussten Köperin-

nenraum desjenigen Menschen, der seine Seelenkräfte in sich bündelt. Bewusstwerden der Seele benötigt Zeit. Bewusstwerden im Geist geschieht im Raum.[22]

Der absolute Hit der Erstkommunionkinder in Zug-St. Johannes ist – jedes Jahr aufs Neue – das »Gloria« des Schweizer Liedermachers Andrew Bond. Alle Themen der Jakobsleiter werden – allein schon durch den Text – angedeutet. Die ganze Schöpfung ist »Gloria«. Hier eine Strophe seines Lieds, übersetzt aus dem schweizerdeutschen Dialekt:

Du bist da Gott – Gloria.
Überall Gott – Gloria.
Über All-Gott – Gloria
Du bist da Gott – Gloria.

Du bist höher als der höchste Himmel,
tiefer als der tiefste Ozean,
gestern, heut' und immer
stärker als der stärkste Vulkan.[23]

Die Stimme in der Grepper Kirche hat mich geweckt. Im hohen Raum der barocken Dorfkirche habe ich geheimnisvolle Führung erfahren. Erfahrungen wie diese werden schier unerträglich, wenn man an gewalttätige Ereignisse denkt, die sich gleichzeitig zutragen. Und doch gibt es sie, und sie haben ihre eigene Wahrheit: Im Kirchenraum werde ich durchlässig für den Geist, der meine Seele erreicht. Der Raum wird zum Ort der Kommunikation zwischen Himmel und Erde – und ich dankbar, dass ich in Gemeinschaft feiern und Christus begegnen kann.

22 Helke: Körper – Seele – Geist wahrnehmen, 2001, S. 50.
23 Bond: Rägebogeziit (Mundartlieder für Chinderchile), 2012. https://andrewbond.ch (25.10.2023).

Tagesgebet

Sich kehren in das Allerinnerste

Der Anfang der Messe – Kreuzzeichen, Schuldbekenntnis, Kyrie-Dialog und Gloriagesang – hat Körper, Seele und Geist einbezogen und ankommen lassen. Mit dem Tagesgebet kehrt Ruhe ein. Die Gemeinde hört zu, bekräftigt nur am Schluss mit *Amen:* So soll es sein. Wer kann, steht immer noch. Manche Teilnehmende sind froh, dass sie nun sitzen dürfen.

In den Messformularen gibt es für jeden Tag des Jahres vorformulierte Tagesgebete. Viele Gottesdienstleiter*innen formulieren das Tagesgebet jedoch selber, im Anklang an diese Vorschläge oder als Resonanz auf die biblischen Lesungen, auf das Gemeindeleben oder auf aktuelle Herausforderungen, lokal oder global. Manchmal entsteht ein Tagesgebet auch unmittelbar aus dem Augenblick, im Hören auf den heiligen Geist.

Das Tagesgebet enthält verschiedene Elemente: Ich spreche Gott direkt an und stelle ihm sozusagen die Feiergemeinde vor; das Thema des Gottesdienstes schwingt mit, ebenso die Dankbarkeit für das Geschenk des Lebens, für Gottes Liebe, für sein Wirken in den Menschen; auch die Bitte um das Geschenk der Verwandlung und das Vertrauen in Gottes Gegenwart.

Das Tagesgebet bündelt den Anfang des Gottesdienstes, die ganze kirchliche Tradition, das Leben in seiner ganzen Vielfalt und Abhängigkeit – hier und jetzt. Ich lasse mich dabei auch von Gebeten der Heiligen inspirieren und will offen bleiben für das, was sich durch mich bündeln lässt und sprechen will.

1997 lebte ich sieben Monate im Cambridge Zen-Center in Boston/MA an der Ostküste der USA mit dreißig Menschen – Studentinnen, Bedienstete im öffentlichen Verkehr, Handwerkerinnen, Akademiker, ein in die Jahre gekommener Hippie, ein pensionierter Vietnamsoldat, eine vietnamesische Flüchtlingsfrau ... – eine multikulturelle Gemeinschaft saß am Morgen nebeneinander auf dem Kissen und übte Zazen, Sitzen in Stille. Nichts für Morgenmuffel: Um 5.15 Uhr begann der Tag im Dharma-Room und am Abend, nach der Erwerbsarbeit, ging es für mindestens eine Stunde weiter. Verbindlich für das Zusammenleben war neben dem täglichen Üben der Verzicht auf Drogen, Fleisch und Waffen: *No drugs, no meat, no fireweapons*[24]: Das Haus war drogenfrei, Alkohol wurde nicht konsumiert, Zigaretten allenfalls vor dem Gebäude auf der Straße geraucht; man lebte vegetarisch und – für Amerika untypisch – ohne Handfeuerwaffen. Diese drei No-Gos verhalfen zu mehr Aufrichtigkeit, zu weniger Selbsttäuschung und Gewalt. Zwar wollten alle, die im Haus wohnten, intensiv üben, aber die Verschiedenheit der Persönlichkeiten war nicht immer leicht auszuhalten. Und doch brauchte es die Gemeinschaft, und zwar dringend, und der dreifache Verzicht erleichterte das Zusammenleben wesentlich. Einer der Zen-Lehrer gebrauchte folgendes Bild: Wer viele Kartoffeln putzt für ein großes Mahl verschwendet sehr viel Zeit und Energie, wenn er jede Kartoffel einzeln wäscht. Es geht viel schneller, wenn er die Knollen in einen großen Eimer zusammenkippt, so reiben sie sich gegenseitig die Erde von den Schalen. Die Nähe der anderen hilft den Einzelnen, sich von Täuschungen, Gedanken, Illusionen zu lösen. Wir beten, sitzen, üben nie nur für uns selber. Sondern immer für die anderen und dank anderer. »Why do we sit, Bernhard?«, fragte einmal eine andere Lehrerin, und gab gleich die Antwort: »For you!« Warum meditieren wir? Ja, genau, für dich!

Natürlich bereite ich mich auf das Tagesgebet vor, aber wohlgesetzte Worte muss man auch loslassen können, wenn es nötig ist. Im Tagesgebet tönt meine Stimme allein durch den Kirchenraum und ich höre, wie fest oder brüchig, traurig oder freudig, belegt oder frei sie gerade jetzt klingt. Die-

---

24 Vgl. https://cambridgezen.org (25.10.2023).

ser Versuch der Bündelung, das ist das, was ich in diesem Augenblick zur Verfügung stellen kann, das ist meine Wahrheit. Ein Wagnis, von dem der deutsche Mystiker des 14. Jahrhunderts Johannes Tauler spricht:

> Der Mensch soll seinen Grund wahrnehmen und sich kehren in das Allerinnerste seines Herzens, das ist in das Allerinnerste seines Grundes. Man soll die Bilder fahren lassen und hindurchdringen in den allerinnersten Menschen. Der innerste Mensch kennt kein Wirken mehr; denn das Wirken in ihm liegt allein bei Gott. Er hält sich untätig und lässt Gott wirken.[25]

Wenn es gelingt, erschrecke ich: Was spricht da eigentlich? Wessen Stimme ist das? Woher kommen diese Worte? Wem stelle ich da gerade meine Stimme zur Verfügung? Keine Ahnung – es gibt keine Sicherung und kein Fangnetz. Das ist anziehend, fesselnd und bedrohlich zugleich. Wenn ich öffentlich bete, kann ich mich nicht mehr verstecken.

Wenn es nicht gelingt, reagiert die Gemeinde sofort mit Räuspern oder Husten. Hände fahren über das Gesicht oder in die Haare oder man schlägt schon einmal das nächste Lied auf. In den vielen Jahren gottesdienstlicher Präsenz habe ich gelernt, solche Signale als Hilfe anzunehmen: Lass dieses Bild, diese Erwartung, diese Angst bleiben! Das Rutschen auf den Bänken und das Blättern im Gesangbuch ruft mich in meinen Auftrag und fordert mich in meine Aufgabe hinein. Ich bete nicht irgend etwas, weil es eben mein Job ist und so vorgeschrieben, sondern damit jetzt die vielgestaltige, hier präsente Wirklichkeit vor Gott zur Sprache kommt.

Wenn ich mich an Gebeten von Heiligen wie beispielsweise Hildegard von Bingen orientiere, muss ich sie übrigens nicht in ihrer ganzen Tiefe erfasst haben. Sie helfen mir vielmehr dabei, da zu sein, zum Abschluss des ersten Teils dieses Got-

25 Vgl. https://de.wikipedia.org/wiki/Johannes Tauler (25.10.2023).

tesdiensts, ich vertraue mich ihnen an und stütze mich auf sie und ihren Glauben. Also doch eine Sicherheit – die Ahnen und Ahninnen, auf deren Schultern ich stehe.

Feiere ich mit und stehe nicht am Altar, habe ich dieselbe Aufgabe, wenn auch eine andere Perspektive, und will ganz Resonanz sein, ganz Zusammenfassung, nicht blättern, sondern innerlich mit Niklaus von Flüe sagen:

Du, mein Gott, nimm alles von mir,
was mich hindert zu dir.
Du, mein Gott, gib alles mir,
was mich führet zu dir.
Du, mein Gott, nimm mich mir
und gib mich ganz zu eigen dir.[26]

Das Tagesgebet ist auch Teil des Rituals, wenn ich alten oder kranken Menschen die Kommunion bringe. Dort bete ich immer frei. Es finden sich Worte, wie …

Gott, du bist da.
Jesus, du hast gesagt,
wo zwei oder drei in meinem Namen versammelt sind,
da bist du mitten unter ihnen.
So bist du jetzt in unserer Gemeinschaft.
Dafür danke ich dir.
Ich danke dir, dass du uns so annimmst, wie wir sind.
Ich danke dir für die Gemeinschaft, die wir jetzt erleben dürfen.
Und ich bitte dich besonders um deinen befreienden Geist für N.N.
Stärke sie in ihrer Krankheit.
Lass deine Schutzengel immer an ihrer Seite sein.
Und lass deinen Geist und deine Liebe wirksam sein in allen,

26 Der Weg der Meister, 1988, S. 30.

die in diesem Zimmer ein- und ausgehen.
Gott, du bist da,
du lebst,
wir sind dein,
jetzt und alle Tage,
durch Jesus Christus und im heiligen Geist.
Amen.

Das Tagesgebet fasst zusammen, was das Leben in den Gottesdienstraum hineingespült hat. Auch wenn es jemand allein spricht und vielleicht nicht alles trifft, was gesagt sein sollte, ist es ein gemeinsames Gebet. Es zielt ins Herz der Liebe, in Demut gesprochen durch die Person eines einzigartigen Betenden, sich ausbreitend durch die Resonanz der mitfeiernden Gemeinschaft. Amen.

Herausfordern und wandeln

Angekommen? Die Konzentration auf nur eine Stimme im Tagesgebet bereitet das Hören auf die biblischen Lesungen vor. Diese eröffnen den Hauptteil des Gottesdienstes: Wir sind angekommen, mit allem, was wir sind, wir haben Christus begrüßt, die Freude geweckt, und jetzt ist es Zeit, sich auf diesen Christus einzulassen, auf Herausforderung und Wandlung. In der Messe darf und soll etwas geschehen mit uns. Das Individuum und die Gemeinschaft sehen sich konfrontiert mit Reflexionen des Glaubens aus der Bibel.

Folgende Elemente der Feier fordern zum Sich-Wandeln heraus: Biblische Lesungen, Evangelium, Predigt, Glaubensbekenntnis, Fürbittgebet, Totengedenken, Kollekte, eucharistisches Hochgebet oder Christusgebet.

Der Mittelteil der Messe ist ein Wechselspiel zwischen Chaos und Ordnung. In den Bibelabschnitten, in Predigt und Fürbitten spiegelt sich die Unberechenbarkeit des Lebens wider – ebenso wie die wunderbaren Möglichkeiten, die sich auftun, wenn man seinem Herzen folgt. Die entscheidenden Fragen werden hier gestellt: Wer bin ich? Wer will ich – um Gottes Willen – werden? Christusgebet beziehungsweise eucharistisches Hochgebet laden ein, sein Leben durch, in und mit Christus verwandeln zu lassen:

So
soll es sein
wie es nie
war
wie es
nie
werden wird.
– in den Worten von Rose Ausländer.[27]

27 Ausländer: Und preise die kühlende Liebe der Luft, 1988, S. 154.

Es gibt eine lange, intensive theologische Auseinandersetzung darüber, ob und wie Gott durch biblische Texte hörbar wird. Ich teile das Verständnis, dass die Bibel Gottes Wort als Menschenwort vermittelt. Ja, es gibt auch unmittelbare Gotteserfahrungen, davon geben die Mystiker*innen aller Religionen Zeugnis. Doch auch sie sind genau genommen vermittelt – über die Sinne, als Berührung oder Licht oder vernommenes Wort: Gott ist in den Erscheinungen des Lebens präsent und durch die Sinne der Menschen erfahrbar – wenn sie sich dem Leben stellen, es deuten und reflektieren.

Die Geschichten, Gebete, Gebote, Gedanken der Bibel passieren immer Menschen. Der Mensch ist Gottes Medium. Wo aber Menschen Zeugnis geben von ihrem Glauben und ihrem Weg, da menschelt es, da geht es um Reibungen, Häutungen, Grenzerfahrungen und in Bezug auf Gott bis hin zum Propheten, der Gott selbst sagen hört: »Ich habe dich, Mensch, bei deinem Namen gerufen« (Jer 43,1) und zu Jesu Gewissheit: »Ehe Abraham war, bin ich.« (Joh 8,58)

Vorbereitet und geschützt, in der Mitte des Gottesdienstes, kann man so ein verrücktes Angebot überhaupt erst in Betracht ziehen. Wahrhaftig: Wandlungsbereitschaft verlangt einigen Mut. Sollte gar etwas so Altes, so Rituelles wie die Messe dazu führen, dass ich der werde, der ich in Gottes Augen bin, immer schon bin, auch jetzt schon bin!?! Nochmals mit Dorothee Sölle: Wie mich Gott geträumt hat. Ich ahne ja kaum, wer ich in den Augen Gottes bin, und die Messe macht deutlich, dass »noch nicht erschienen ist, wer wir sein werden« (1 Joh 3,2). Den Nichtwissenden zeigt sie nun Möglichkeiten auf – ohne konkrete Umgebung, Wirklichkeit und Geschichte zu vergessen; das alles haben sie mit in die Feier gebracht, und die Gemeinschaft und der lebendige Gott haben es angenommen, auch Zweifel, Irrwege, Sackgassen, Verfehlungen, Schuld, Verwirrung; auch Freuden, Gipfelerlebnisse, Wünsche und Träume.

Gut, dass ich diesen Weg der Menschwerdung nicht allein gehe, sondern verbunden mit anderen Suchenden und Findenden, meinen Schwestern und Brüdern, mit mir unterwegs. Die Lesungen geben Zeugnis vom Glauben meiner Vorfahren und Ahninnen, in der Bibel gesammelt. Nun werden sie zu Gehör gebracht. Sie zeigen mir, wie Jesus den Weg der Menschwerdung radikal gegangen ist und wie er im Volk Israel gelernt hat, ihn zu gehen. Sowohl der Weg der Hingabe Gottes in der Schöpfung als auch der Weg der Inkarnation Gottes im Menschen wird im Gottesdienst ein gemeinsamer Weg von Gott und Menschen.

Die Glaubenstradition sagt: Jesus ist ganz Mensch und ganz Gott. Eine solche Formulierung sprengt menschliches Verstehen – solange es sich im mentalen Bereich bewegt, in der Begrenzung des Entweder-oder. Doch Menschen können mehr als linear und polar denken. Sie sind durch symbolische, rituelle, mythische und archaische Dimensionen mit dem Umgreifenden verbunden.

Im Gottesdienst ist deshalb das Sowohl-als-auch zentral. Ich bin ganz Mensch und – mit Christus – auch von Gottes Art. Ich komme nicht um meine eigene Inkarnation herum: Das Göttliche ist von Anfang an auch in mir, kommt in mein menschliches Leben, breitet sich aus, nährt mich, wärmt mich, fordert mich, lässt mich wachsen, teilt mich aus. Eine existenzielle Um-Wandlung, gleichzeitig essentiell für den Glauben:

Wär' Jesus tausendmal
in Bethlehem geboren
und nicht in dir –
du wärest ewiglich verloren.[28]

Das heißt zweierlei: Die Zeugnisse der Vorfahren im Glauben fordern dazu auf, die Geschichte Gottes nicht bei mir enden

28 Silesius, Cherubinischer Wandersmann, I/61.

zu lassen. Und ich lerne annehmen, dass mein Leben – wie ihres – noch nicht abgeschlossen, fertig ist, dass in allen Zumutungen und Wendungen des Lebens Gott sein Bild von mir im Auge hat. In der Messe prägt sich das ein; nach der Entlassung soll es mein Denken und Handeln prägen: Was ich sein werde, ist noch nicht offenbar geworden.

Die Lesungen

Sich im Wort des lebendigen Gottes spiegeln

Beim Einzug der Vorsitzenden hat sich die Gemeinde erhoben, nach dem Tagesgebet setzt sie sich. Nun spricht jemand anderer. Jemand aus der Mitte der Gemeinde kommt nach vorne und tritt an den Tisch des Wortes, an den Ambo, das Rednerpult. Der Lektor oder die Lektorin lesen aus der Bibel vor. Zunächst einen Abschnitt aus einem der zweiundvierzig Bücher der hebräischen Bibel[29] des Ersten oder Alten Testaments. Nach einer Stille – manchmal auch in Form meditativer Psalmverse – folgt eine Lesung aus den letzten Büchern des Neuen Testaments (Briefe, Apostelgeschichte oder Offenbarung des Johannes).

Das wertvolle, aufwändig gestaltete Lektionar symbolisiert die Wertschätzung für das geschriebene Wort. Das Christentum ist eine Buchreligion. Buch heißt auf Griechisch *biblos*, die Bibel ist das Buch der Bücher. Manchmal verwenden wir in unserer Gemeinde besondere Übersetzungen, die ›Bibel in gerechter Sprache‹, das Erste Testament in der Übertragung von Martin Buber und Franz Rosenzweig oder das Neue Testament in der von Fridolin Stier. Auch dann legen wir die Bibeltexte in das Lektionar und bringen nicht einfach ein Blatt

29 Das Alte Testament der evangelischen und reformierten Kirchen umfasst 39, das katholische 42 und das orthodoxe bis zu 51 Bücher.

in Kopie mit oder irgendeine Studienausgabe – um den Texten die gebührende Ehre zu erweisen. Auf den Dienst des Vorlesens bereiten sich die damit betrauten Lektorinnen und Lektoren in einer Schulung vor. Sie lernen die Grundstruktur der Bibel kennen, üben den mündlichen Vortrag und erhalten eine bischöfliche Beauftragung.

Noch sehr gut erinnere ich mich an meinen ersten Lektorendienst zu Beginn meines Theologiestudiums. Die Petri-Kirche, Heimat der Studierendengemeinde, war mit 500 Personen voll besetzt. Nervös war ich nicht, hatte ich doch schon seit dem vierzehnten Lebensjahr viele Male als Gitarrist in verschiedenen Bands in Jugendgottesdiensten vor riesigem Publikum gespielt. Ich freute mich auf das Vortragen und trat selbstbewusst an den Ambo. Was dann genau passierte, kann ich schwer beschreiben: Die Aufmerksamkeit der versammelten Gemeinde schlug mir wie eine Welle entgegen und schoss in meinen Körper. Ich musste mich am Pult festhalten. Schon bei den einleitenden Worten »Lesung aus dem Buch Genesis« begannen meine Beine zu zittern. Als ob die Kniescheiben in der Luft hingen und zwischen Schien- und Wadenbein hin und her schlügen. Die körperliche Reaktion steigerte sich während des Vorlesens der Bibelworte. Erlöst schloss ich mit der bekräftigenden Formel: »Wort des lebendigen Gottes«. Worauf die Gemeinde zu meiner Erleichterung antwortete: »Dank sei Gott« – ungerührt vom Drama, das sich vorn am Ambo – in mir – abgespielt hatte. Nie sonst habe ich so eindringlich erfahren, dass Aufmerksamkeit und Vorlesen, Erzählen und Zuhören, etwas von sich Geben und etwas Annehmen hochenergetische spirituelle Kommunikationsprozesse sind.

Das Vortragen und Hören der Heiligen Texte vermittelt Informationen und darüber hinaus aber auch Energie, im Idealfall vergleichbar vielleicht mit einer packenden Theateraufführung. Ein Drama spielt sich ab. Die körperliche Reaktion bei meinem ersten Lektorendienst in der Münsteraner Petri-

Kirche machte mir mit einem Schlag die Kraft der heiligen Worte im Gottesdienst klar.

Vortragende und Hörende brauchen einander. Es ist eine Freude, wenn sich Frauen und Männer trauen, diese aufregende Aufgabe zu übernehmen und aus der Gemeinde heraustreten, um die Lesung vorzutragen. Sie bringen mit ihrer Stimme aus dem Volk die Glaubensbotschaft der Ahnen und Ahninnen zu den Versammelten. Nicht nur der Bischof, auch die gespannte Erwartung der Hörenden verleiht den Vortragenden die Autorität, das Wort Gottes zu vermitteln. Sie reden nicht über das Wetter und die Gesundheit, wie sonst, wenn sie jemanden aus dem Quartier treffen, sie bringen Gottes Wort in die Gemeinde.

Das Wort des lebendigen Gottes wirkt. Eine alte Legende erzählt, Maria habe Jesus durch das Ohr empfangen. Anders als Augen und Mund lässt sich das menschliche Ohr nicht aktiv schließen. Es hört immer, bei Tag und Nacht. Schon im fünften Schwangerschaftsmonat vernimmt das Kind im Mutterleib die akustischen Signale seiner Umwelt, macht sich vertraut mit den Geräuschen und Stimmen seiner Umgebung. In den ersten Lebensjahren werden Kinder von Eltern oder anderen Bezugspersonen in den Schlaf gesungen. Und später hören viele Kinder eine Gutenachtgeschichte. In meiner Familie las sie meist der Vater vor dem Nachtgebet vor. Im Vortragen und Zuhören geschieht mehr als das Vermitteln der Inhalte. In der Stimme des Vortragenden spürt man, ob ihn die Geschichte bewegt. Mimik und Gestik der zuhörenden Kinder, staunende Augen und offene Münder spornen umgekehrt die Erzählenden an. Genau so trägt die Gemeinde mit ihrer Aufmerksamkeit und Erwartung die Präsenz, die Energie der Vortragenden.

Es braucht nicht immer Filme, um biblische Geschichten lebendig werden zu lassen. Im Religionsunterricht erzähle ich gern, und die Kinder hören gerade bei Episoden aus dem Ersten Testament oder bei Jesusgleichnissen gebannt zu. Die Davidsgeschichte beispielsweise wurde von Werner Laubi[30] narrativ so gut aufbereitet, dass sie Schülerinnen und Schüler bis heute fesselt. Durch Energieaustausch im Erzählen und Zuhören kann es durchaus eine halbe Stunde lang Aufmerksamkeit für das Wort des lebendigen Gottes geben.

Bei Taufgesprächen frage ich die Eltern des Täuflings, warum sie ihn taufen lassen. Häufig beginnen die Eltern dann: »Sie wissen ja, wir sind gar keine fleißigen Gottesdienstbesucher …« Frage ich nach und will wissen, warum, sagen viele ehrlich: »Uns ist langweilig. Immer die gleichen alten Texte und Geschichten.«

So ist es in der Tat. Die Bibel – eigentlich eine ganze Bibliothek – ist ein abgeschlossener Kanon. Nichts Neues! Dazu hat die katholische Leseordnung Bibelabschnitte ausgewählt – portioniert – und zwar so, dass neuen Kirchgängerinnen und Gottesdienstbesuchern innerhalb von drei Jahren diese verordnete Auswahl zu Ohren kommt. Kleine Kinder möchten oft die gleichen Geschichten immer wieder gleich erzählt haben, sich an den gleichen Stellen fürchten und bei anderen Passagen kaputtlachen. Erwachsene sind da anders – oder doch nicht? Auch sie wiederholen sich gerne, beispielsweise bei einem guten Glas Wein oder bei den Geschichten, die sich Liebende nicht oft genug erzählen können: Weißt du noch …? Solche Geschichten dürfen ruhig immer gleich sein.

Was ist das Langweilige an den biblischen Lesungen? Es sind weder eingängige Sinnsprüche, die für sich sprechen, wie auf frommen Kalendern, und oft auch keine packenden Geschichten. Manchmal ist es wirklich ausgesprochen langweilig, etwa wenn es sich Matthäus erlaubt, mit einem trockenen Stammbaum zu beginnen, einer Namensliste, die Martin Luther schon als »vergeblich schrifft« bezeichnet hat. Der

---

30 Vgl. Laubi: Geschichten zur Bibel – Saul, David, Salomo, 1995.

Dichter Friedrich von Sallet (1812–1843) drückt die Enttäuschung über diesen hölzernen Anfang des Neuen Testaments in seinem Gedicht »Die Geschlechtsregister« so aus:

> Der war ein Sohn, der war ein Sohn, der war ein Sohn –
> Der zeugte den, der zeugte den, der zeugte den –
> So schleppt sich's fort in trägem Leierton,
> Bis tote Namen wirr im Hirn sich dreh'n.[31]

Die Bibel ist tatsächlich kein Buch, das sich einfach erschließt. Es ist schwer zu deuten, an manchen Stellen brutal ungerecht, vor allem gegenüber Frauen und fremden Völkern, voller Widersprüche und nicht selten anfällig für Fehlinterpretationen.

Im Buch Numeri (Num 11,6) zum Beispiel wird der Hase als Wiederkäuer bezeichnet – er hat zwar ein besonderes Essverhalten, indem er ausgeschiedene Nahrung wieder aufnimmt und ein zweites Mal verdaut. Doch er gehört deshalb nicht zur Kategorie der Wiederkäuer wie das im selben Vers genannte Kamel und der Klippdachs.

In der Bibel steht mühsam zu Lesendes, Interessantes, Lustiges, Erotisches, Poetisches neben Berichten und Gesetzestexten, die langweilen, ja abstoßen oder brennend aktuell überraschen: So wird Gott u.a. beschrieben als Adlermutter und als stillende Frau. Der ach so sanfte Jesus schmeißt Händlertische um; am meisten lernt er von fremden Frauen. Die Bibel enthält das gesamte Leben, kein Schönwetterprogramm, keine Schonkost in Tablettenform. Was das Leben braucht, sind Auseinandersetzungen an öffentlichen Orten. Ein solcher öffentlicher Ort soll die Messe sein, und die Bibel ein Brennglas, um Leben zu erschließen, zu beleuchten, zu deuten, zu feiern, zu vertiefen, ja, in Brand zu setzen.

---

31 Friedrich von Sallet: Sämtliche Schriften. Bd. 1: Laien-Evangelium, Breslau 1845, S. 9.

Regelmäßige Gottesdienstbesuchende entwickeln ein Geschick im Umgang mit dem Brennglas. Sie sind im inneren Gespräch mit biblischen Texten, die sie angeboten bekommen, sie hören sie jedesmal anders. Wenn sie die Lesung selber vortragen, schwingt diese Vertrautheit mit. Der Busfahrer, die Familienfrau, die Person, mit der wir sonst auf der Straße über das Wetter reden, vermittelt die Bibel! Wenn er oder sie den Abschnitt soweit gekaut und verdaut hat, dass er für ihn oder sie persönlich Sinn ergibt, dann hört man das. Deshalb ist es wichtig für Lektorinnen und Lektoren, dass sie ihren Text rechtzeitig zur Hand haben und sich mit ihm beschäftigen. Sie müssen ihn nicht verstanden haben, fertig sein mit ihm. Auch staunend oder mit einer Frage auf dem Herzen lassen sich Bibeltexte so vortragen, dass sie für die Zuhörenden lebendig werden.

Ich höre die Lesung und lehne mich als Hörender an die Gotteserfahrung eines anderen Menschen, anderer Menschen, anderer Zeiten an. Ich bekomme Einblick in das, was sie – oft vor mehreren tausend Jahren – mit ihrem Gott erlebt haben. Die Geschichten sparen nichts aus: Es geht um die Entstehung des Kosmos und des Lebens, um Verrat, Schuld, Glück, Exil, Heimatlosigkeit, um Hungerjahre und Zeiten des Überflusses. Es geht um die Entstehung von Moral und Geboten, um das, was die Identität eines Volkes ausmacht. Es geht um gefallene Könige, um Kriege und mutige Frauensolidarität. Die Bibel erzählt, was es heißt, Mensch zu sein und Gott zu suchen. In all diesen Geschichten spiegelt sich – immer anders – mein Leben. Und niemand hört eine Geschichte, ohne sie auf sich zu beziehen, in welcher Form immer. Im sogenannten Wortgottesdienst, dem Zentralteil der Messe, werde ich herausgefordert, mein Leben durch den Bibeltext in Bewegung zu bringen. Auch mein Leben wird durch Gott verwandelt.

Langweilig, ja, aber nicht nur. Wie angekündigt, möchte ich auf das Brennglas zurückkommen, anhand einer meiner Lieblingslesungen, der Geschichte des Propheten Elija im 19. Kapitel des ersten Buchs der Könige.

Vorgeschichte: Elija verzehrt sich vor Eifer für Gott. Er fordert die damaligen Natur- und Fruchtbarkeitsreligionen heraus, deren oberste Götter Aschera und Baal heißen. Elija ist Anhänger des Unaussprechlichen, Einen, JHWHs. Und Elija glaubt sich im Recht, wenn er im Namen seines Gottes die Altäre seiner Konkurrenten zerstört. Er gerät in einen Blutrausch und schlachtet je 450 Prophetinnen und Propheten der anderen Kulte ab. Erst eine Frau, die Königin Isebel, tritt Elijas Größenwahnsinn entgegen, sie zwingt ihn zur Selbstbesinnung. Elija realisiert, was er getan hat, dass er eine Grenze als begrenzter Mensch überschritten hat. Er flieht in die Wüste, gerät in eine tiefe Depression und gibt sein Leben auf. Suizidale Gedanken quälen ihn. Die bittere, aber heilsame Selbsterkenntnis an diesem tiefsten Punkt seiner Biografie lautet: »Mein Gott, ich bin auch nicht besser als meine Väter«. Erst mit dieser Einsicht kann Elija umkehren; erst jetzt kann sein »lebendiger Gott« eingreifen. JHWH schickt einen Engel, der Elija mit einem Krug Wasser und einem selbstgebackenen Brot stärkt: »Steh auf und iss, Elija, sonst ist der Weg zu weit«. Elija bricht auf, vierzig Tage und vierzig Nächte wandert er durch bis zum Gottesberg Horeb. Vierzig ist die Zahl der Läuterung, viel Zeit, Zeit zum Nachdenken. Am Horeb zieht der Prophet sich in eine Höhle zurück. Er hadert mit Gott und seinem Auftrag. Er ist allein, ganz allein. Gewitter und Sturm, Erdbeben und Feuer ziehen vor Elijas Höhle vorbei. Doch in all den tobenden Naturgewalten will oder kann Elija JHWH nicht mehr erkennen – bis er zuletzt ein sanftes, leises Säuseln vernimmt. Die Züricher Bibelübersetzung übersetzt: das »Flüstern eines leisen Wehens«, und der jüdische Sprach-Denker Martin Buber noch vorsichtiger: die »Stimme verschwebenden Schweigens«. Sie ist es, die den Propheten erreicht.

Elija hält den Atem an. Alles Laute, Grausame, Schreiende und Tobende in seinem Leben wird still. Gott ist da. Der Mann verhüllt sein Angesicht und tritt vor die Höhle. Die Bibel will nicht sagen, dass Gott stets im Flüstern, in dieser »Stimme verschwebenden Schweigens ist«. Der Windhauch, das Säuseln beschreibt den Bewusstseinszustand, in dem Elija Gott begegnen kann. Alles, was dieser Große in Israel über sich und Gott gedacht hat und wusste, hat sich erübrigt. Elija ist bereit. Ein neuer Elija ist geboren.

Was das Leben ausmacht: Begeisterung, Eifer, Hingabe, Verletzung, Kampf, Erschöpfung, Todesfantasien, Selbstmordgedanken und unerwartete Hilfe, Zeiten der Läuterung … alles ist in dieser Geschichte enthalten.

Langweilig? Eine alte Geschichte, hundertmal gehört? Mir mit meinen Lebensplänen und Erfahrungen, dem begeisterten wie dem verzweifelten Bernhard, der auch »nicht besser ist als seine Väter«, mir, dem sich trotzdem Gott, der Lebendige, nicht entzieht, hält diese Geschichte einen Spiegel vor mit jedesmal neuen Perspektiven und Fragen. Nie wird mir die Elija-Geschichte Langweile machen.

Zur Matura bekam ich von der Großmutter ein überraschendes Geschenk. Sie war eine einfache Frau, hatte nur sechs Jahre zur Schule gehen dürfen. Großmutter lebte allein in einem Haus ohne warmes Wasser, Telefon und Zentralheizung. Urlaubsreisen hat sie nie unternommen. Persönliche Geschenke waren nicht ihr Ding, allenfalls gab es einen kleinen Geldbetrag zum Geburtstag oder an Weihnachten. Nach dem bestandenen Abitur überreichte sie mir ein schweres Päckchen. Es enthielt meine erste vollständige Bibel. Das größte Geschenk jedoch war ihre persönliche Widmung, die sie mit ihrem Füllfederhalter in altdeutscher Schrift auf die erste Seite geschrieben hatte. Sie lautet: »Du bist die Bibel, in der die Menschen lesen.« Nachdem diese Maturabibel aus Altersschwäche gut dreißig Jahre später buchstäblich auseinandergefallen war, habe ich ihren Spruch ausgeschnitten und in meine nächste Bibel geklebt.

Der Spruch meiner Großmutter schlägt eine Brücke von alten zu heutigen Glaubenserfahrungen. Biblische Geschichten sind gegenwärtige Geschichten. Unser Leben macht deutlich, was wir glauben und hoffen, was wir hören und aufnehmen. Denn unsere Überzeugungen und Wünsche, was wahr ist und gut, lesen wir Menschen einander von den Gesichtern und Taten ab. So lässt Silja Walter die »Tänzerin« sagen:

Der Tanz ist aus. Mein Herz ist süß wie Nüsse,
Und was ich denke, blüht mir aus der Haut.
Wenn ich jetzt sacht mir in die Knöchel bisse,
Sie röchen süßer als der Sud Melisse,
Der rot und klingend in der Kachel braut.

Sprich nicht von Tanz und nicht von Mond und Baum.
Und ja nicht von der Seele, sprich jetzt nicht.
Mein Kleid hat einen riesenbreiten Saum,
Damit bedeck ich Füße und Gesicht
Und alles, was in diesem Abend kauert,
Aus jedem Flur herankriecht und mich misst
Mit grauem Blick sich duckt und mich belauert
Mich gellend anfällt und mein Antlitz küsst.
Sprich nicht von Tanz und nicht von Stern und Traum
Und ja nicht von der Seele, lass uns schweigen.
Mein Kleid hat einen riesenbreiten Saum,
Drin ruht verwahrt der Dinge Sinn und Reigen.[32]

Unsere Hoffnungen und unser Glaube stehen uns ins Gesicht geschrieben, und man kann sie an unseren Taten ablesen. Und diese wieder sind eingewoben in Gene, in Herkunft, Schicksal:

32 Walter: Gedichte, 1950, S. 33.

> Wir fangen etwas an, wir schlagen unseren Faden in ein Netz der Beziehungen[33],

sagt Hannah Arendt.

Wir hören die Bibel – ist an uns auch etwas Inspirierendes, Verheißungsvolles, Tröstliches?

In Stille, mit Musik, variiert durch die uralte Poesie – kondensierte Lebenserfahrung – von Psalmversen klingt die Lesung nach. Aber es geht weiter. Elija ist nicht am Ende seines Weges.

Evangelium

Sich dem Blick Jesu aussetzen

In jeder Messe wird ein Abschnitt aus einem Evangelium vorgelesen nach einer Leseordnung, die sich wie erwähnt an den Sonn- und Festtagen über drei Jahre erstreckt. Jeder der drei Zyklen stellt jeweils ein synoptisches (aus vergleichbarer Perspektive geschriebenes) Evangelium in den Mittelpunkt, im Lesejahr A Matthäus, im Lesejahr B Markus und im Lesejahr C Lukas. Abschnitte aus dem Johannesevangelium hören wir immer besonders zu den festlichen, besonderen Zeiten (Advent – Weihnachten, Fastenzeit – Ostern).

Euangelion bedeutet übersetzt frohe Botschaft, gute Nachricht. Die vier Evangelien erzählen von den Ursprüngen Jesu und seinem öffentlichen Leben unter verschiedenen Gesichtspunkten. Seit dem 4. Jahrhundert werden dafür Symbole verwendet; sie stammen aus einer der Propheten-Visionen (Ez 1,10), ihre Zuordnung zum Christus-Bild (schon in der Offenbarung des Johannes, Apk 4,6f.) unterstreicht die Verbindung zwischen Gott und Jesus.

---

33 In: Gaus, Günter: Zur Person. Portraits in Frage und Antwort, Bd. 1, München 1964, S. 32.

Eine Menschengestalt steht meist für Matthäus, für Markus der Löwe, der Stier für das Lukas- und der Adler für das Johannesevangelium. Matthäus verkörpert eine menschlich-praktische Perspektive, der Stammbaum Josefs steht am Anfang; in einer eindrucksvollen Rede über die letzten Dinge macht Matthäus klar, worauf es ankommt im Menschenleben:

> Wenn aber der Mensch in seinem göttlichen Glanz kommt und alle Engel mit ihm, dann wird er sich auf seinen himmlischen Richterstuhl setzen. Und alle Völker werden sich versammeln und sich seinem Gericht stellen. Er wird die Menschen voneinander scheiden, wie ein Hirte die Schafe von den Böckchen trennt. Er wird die Schafe zu seiner Rechten aufstellen und die Böckchen zu seiner Linken. Dann wird die königliche Person denen zur Rechten sagen: »Kommt heran, ihr Gesegneten Gottes, Vater und Mutter für mich; ihr werdet in der Welt Gottes leben, die von Anfang der Welt an für euch geschaffen wurde. Ich war hungrig, ihr gabt mir zu essen; ich war durstig, ihr gabt mir Wasser; ich war fremd, und ihr habt mich aufgenommen. Ich war nackt, ihr habt mich gekleidet; ich war krank, ihr habt mich gepflegt; ich war im Gefängnis, und ihr seid zu mir gekommen.« Dann werden ihm die Gerechten antworten: »Herr, wann haben wir dich hungern sehen und dir zu essen gegeben, oder durstig, und gaben dir Wasser? Wann haben wir dich in der Fremde gesehen, und haben dich aufgenommen, oder nackt und haben dich gekleidet? Wann haben wir dich krank oder im Gefängnis gesehen und sind zu dir gekommen?« Und die königliche Person wird ihnen antworten: »Wahrhaftig, ich sage euch, alles, was ihr für eines dieser meiner geringsten Geschwister getan habt, habt ihr für mich getan«. (Mt 25,31–41)

Der Autor (bzw. die möglicherweise zahlreichen Autor*innen) des Markusevangeliums sieht in Jesus vor allem den Unverstandenen, dessen Bedeutung, Auftrag und Sendung trotz aller Wunder im Verborgenen bleibt (z. B. Mk 5,43) – selbst am Ende (Mk 16,8). Das dritte Evangelium, dem Apostel Lukas zugeschrieben, stellt den Heiler Jesus in den Mittelpunkt, der Menschen an Leib und Seele gesund macht. Im jüngsten, dem Johannesevangelium, werden ganz eigene Schwerpunkte gesetzt; dem Autor liegt die universelle Weisheit Gottes am Herzen.

Mehrstimmig geben die vier Evangelien Einblick in die Herkunft Jesu, in Empfängnis, Geburt, Heranwachsen, in die Klärung der Berufung, in sein öffentliches Auftreten als jemand, der Gemeinschaft sucht und bildet, als Heiler, Prediger und Weisheitslehrer, darüber hinaus als Beter und Mystiker und nicht zuletzt als Freund der Armen, der Frauen und überhaupt der unterdrückten Menschen. Alle vier Evangelien berichten hauptsächlich Geschichten aus den beiden letzten Lebensjahren Jesu. Und alle erzählen von seinen Auseinandersetzungen mit den römischen Machthabern und jüdischen Gesetzeslehrern, von seinem gewaltsamen Tod am Kreuz und der Auferstehung. Die Evangelien fanden ihre Gestalt in den Jahren 55–90 n. Chr. Sie folgen verschiedenen ursprünglich mündlichen Quellen. Zusammen mit einer vermuteten Sammlung von Gleichnissen bildet das Markusevangelium die Grundlage des Matthäus- und des Lukasevangeliums. Das Johannesevangelium entstand in einem eigenen Kontext und benutzt auch Quellen, die die drei Synoptiker nicht kennen. Die Namen sagen nicht unbedingt etwas über den Autor; es ist anzunehmen, dass am Aufschreiben Glaubensgemeinschaften beteiligt waren, die den Schatz der Jesuserinnerung bewahren wollten. Schon die Unterschiede zwischen den Evangelien zeigen, dass diese Schriften keine Polizeiprotokolle waren. Ihre Wahrheit liegt in anderen Qualitäten.

Mit dem Eintritt in die vierte Klasse bekam ich als deutscher Primarschüler eine Buchfassung des Evangeliums für den Religionsunterricht: Die gute Nachricht. Sie enthielt die wichtigsten Geschichten der vier Evangelien und zentrale Abschnitte der apostolischen Briefe. Schon vorher hatte ich als Kind die ganze Kinderbibel mehrmals gelesen. Wenn ich ehrlich bin, interessierten mich zum damaligen Zeitpunkt die alttestamentlichen Geschichten weit mehr: Der Sündenfall des Urmenschenpaares, die dramatischen Geschehnisse um den Geschwisterstreit von Kain und Abel, die Errettung und der Neubeginn der Menschen- und Tierwelt mit der Arche Noah, das spannende Leben des Königs David; in den Prophetenbüchern packten mich die Berufungsgeschichten: Das lesende Kind wurde in die Tradition richtig hineingesogen. Häufig hielt ich mit pochendem Herzen inne; mein Bewusstsein und noch mehr mein Unbewusstes arbeiteten an den Grundfragen der Menschheit: Anfang der Welt, Schuld und Vergebung, Königsein, Schuldigwerden, erwählt werden und den Ruf Gottes hören. Bis zur vierten Klasse hatte ich die Evangelien in der Kinderbibel eher nebenbei mitgelesen, der Vollständigkeit halber. Sie gehörten zum langweiligen hinteren Teil meiner Kinderbibel. Dann, wie gesagt in der vierten Klasse, las der Vikar mit uns Jesus-Geschichten, stellte Fragen zu den Texten und ermutigte uns, die eigene Meinung und unser Verständnis zu äußern. In einer solchen Stunde, beim Lesen einer Heilungsgeschichte, schlug bei mir, dem neunjährigen Bub, buchstäblich ein Geistes-Blitz ein: Es war ein Aha-Erlebnis des JETZT-VERSTEHE-ICH verbunden mit einer inneren Lichterfahrung, die mich körperlich, seelisch und geistig durchflutete. Augenblicklich verstand ich: Jesus ist der Christus, der nicht nur früher einmal gelebt hat, sondern mich auch jetzt ganz und gar erfüllt. Es war, als ginge mir die letzte Wirklichkeit Gottes auf. Meine Seele fühlte Glück, Frieden, Liebe, Schönheit. Noch heute sehe ich das Klassenzimmer vor mir, das Pult im hinteren Teil des Raums, wie Tageslicht von außen hereinfällt. Ich wollte von dieser Christus-Begegnung – ja, es war eine! – erzählen! Bei der nächsten Frage des Vikars zeigte ich auf und berichtete von meiner Erleuchtung, drückte meine Begeisterung für Jesus Christus aus, der mir zum Licht geworden war. Ich hatte doch gerade erlebt, dass Jesus da ist! Auch die Reaktionen sind mir noch präsent: Es war sehr still in der Klasse. Der Vikar sah mich sprachlos an – und setzte kommentarlos den Unterricht fort. Keine Resonanz für das Kind, das ich war, keine Rückfrage, keine Ermutigung; ich fühlte mich allein gelassen und beschämt. Ich hatte etwas erfahren und ins Leere geredet. Es sollten zwanzig Jahre vergehen, bis ich im Rahmen meiner spirituellen Ausbildung wieder über dieses Erlebnis sprach – und Resonanz fand.

Ich freue mich immer wie ein Kind auf diesen Moment des Gottesdienstes, auf das Evangelium. Ein Energiefeld baut sich da auf im gemeinsamen Hören; durch Klänge, Rituale und Gesten wird es verstärkt. Die begleitenden Handlungen beim Präsentieren und Vorlesen des Evangeliums weisen auf Christus, auf seine Kraft hin. Jesus Christus wird in Geschichten und Worten lebendig, selbst wenn die Perikope, der vorgetragene Abschnitt, nur wenige Verse umfasst.

Es beginnt mit dem Klang. Bevor das prachtvolle Evangeliar vom Altar zum Ambo getragen wird, ertönt das Halleluja. Das Halleluja ist ein Freudengesang. Es setzt sich zusammen aus dem hebräischen Stamm für »loben«, *HLL: hallel* oder *hillel,* und der Kurzform des Gottesnamens JHWH: *Jah.* Als Gottesdienstleiter stimme ich es in der Regel selbst an, ohne Begleitung durch die Orgel. Ich stehe auf, atme dreimal still ein und aus und singe: Halleluja, Halleluja, Halleluja. Die Silben hallen im weiten Kirchenraum, auch ohne Mikrofon. Zu den Tönen erhebt sich die Gemeinde und antwortet: Halleluja, Halleluja, Halleluja. Der Gesang bringt die Menschen auf die Füße, sie richten sich auf, stehen, folgen dem Klang.

Das Halleluja verbreitet Freude. Ein Mehr an Energie wird fühlbar im Kirchenraum, so kommt es mir oft vor. Begeisterung über Gottes Gegenwart breitet sich aus, wird zum Lied;

mit dem Antwortgesang der Gemeinde setzt sich die kleine Prozession im Chorraum in Gang, holt das Evangeliar mit Goldschnitt am Altar ab und bringt es zum Ambo. In Zug-St. Johannes gehen zwei, manchmal vier Ministrantinnen und Ministranten mit, sie halten »Tortschen«, Stabkerzenleuchten, deren Licht auf das Buch fällt, das ich auf Kopfhöhe vor mir hertrage: Das Evangelium in meinen Händen ist in Licht getaucht – ein bewegtes Bild für das innere Licht, das mit ihm aufgeht.

Bei Beerdigungsgottesdiensten brennt die Osterkerze im Altarraum. Meist hat die Trauergemeinde den Nekrolog, den Lebenslauf des oder der Verstorbenen, bereits gehört.

Ich spreche vor dem Halleluja – schon, damit dieses nicht unpassend erscheint im Angesicht des Todes – über die Gegenwärtigkeit Christi, über seine Kraft und Anwesenheit, damit der Verstand das Erleben unterstützen kann, trete zur Osterkerze und nehme mit Augen und Herz Kontakt besonders zu den nächsten Angehörigen auf. Meine Hand liegt auf der Kerze, ich spüre das Wachs und damit die Bienen, die Natur, Mutter Erde, die Menschenhände, die diese Kerze gezogen haben. Die Osternacht ist nahe, das Geheimnis der Auferstehung. Nun trägt das Headset frei gesprochene Worte bis in die hinterste Reihe, etwa folgende:

> In jedem Beerdigungsgottesdienst geht der Blick zurück in das Leben der Person, von der wir heute Abschied nehmen. Jeder Beerdigungsgottesdienst öffnet ebenso den Blick nach vorne, auf das, was vor uns liegt: Auferstehen mit Christus. Das Symbol dafür ist die brennende Osterkerze, die in der Osternacht in das Dunkel der Kirche getragen wird. Der Sound dazu ist das Halleluja, der Jubel über die Gegenwart dessen, der in Gottes Kraft aus dem Tod aufgestanden ist und mitten unter uns und in uns lebt. Und das Wort dazu ist das Evangelium, die Frohbotschaft Jesu Christi.

Ich werde jetzt das Halleluja, diesen Auferstehungsruf, anstimmen für N.N. (hier spreche ich immer den Namen der oder des Verstorbenen aus.). Ich bitte Sie, mit dem gleichen Ruf zu antworten. Wenn es Ihnen möglich ist, bitte ich Sie dazu aufzustehen und stehend das Evangelium zu hören.

Die Ministrantinnen und Ministranten stellen sich mit ihren Kerzen links und rechts neben den Tisch des Wortes, ich schlage das Evangelienbuch auf. Was im Halleluja klingt und im Kerzenlicht leuchtet, darf ich jetzt sagen: »Christus ist mit euch.« Die Gemeinde antwortet mit der Formel »Und mit deinem Geiste«, sie spricht mir Geisteskraft zu und damit das Vertrauen aus. Eine wichtige gegenseitige Verständigung. Die Beteiligten, Hörer und Leser, vergewissern sich ihrer Präsenz.

Das Evangelium ist ein Präsent an alle, ein Geschenk. Lateinamerikanische Gemeinden sagen »presente«, wenn sie namentlich der Menschen gedenken, die wegen ihres Einsatzes für Gerechtigkeit ermordet wurden: Sie sind da, jetzt! Religiöse Sprache relativiert Raum und Zeit. Wenn am jüdischen Pessachfest der Befreiung des Volkes Israel aus der Sklaverei gedacht wird (Ex 12), so gewiss nicht als an ein einmaliges, historisches, vergangenes Ereignis. Wer Pessach feiert, freut sich, dass Gott uns HEUTE in die Freiheit führt. – Halleluja! – Presente.

An manchen Hochfesten wird das Evangeliar inzensiert. Das Wort kommt vom lateinischen *incendere* (anzünden, verbrennen). Inzens oder Weihrauch besteht aus Harztropfen mit einem hohen Gehalt an ätherischen Ölen. Beim Verbrennen entwickeln sich aromatische, desinfizierende und entzündungshemmende Düfte. Riechen ist die unmittelbarste Sinneswahrnehmung, Räuchern gehört deshalb in vielen Religionen zur Kommunikation zwischen Menschen und Gott. Duftender Rauch senkt sich über das Buch. Er steigt auf und breitet sich in der Kirche aus, wird ein- und ausgeatmet. Und innerhalb eines halben Jahres werden sich die Weihrauchmoleküle rund um den ganzen Erdball verteilen.

Es folgt die Ankündigung, aus welchem Evangelium vorgelesen wird. Auf die Information »Aus dem heiligen Evangelium nach ...« antworten alle: »Ehre sei dir, oh Herr.« Es folgt das Kreuzzeichen auf der aufgeschlagenen Evangelienseite und auf Stirn, Mund und Herz – die meisten Hörenden halten es ebenso: Christus präsent im Geist, Christus präsent in meinem Sprechen, Christus präsent in meinem Herzen.

Im Bistum Basel werden Theologinnen und Theologen in einem Nachdiplomstudium auf die Seelsorgearbeit in den Gemeinden vorbereitet. Am Ende meines Pastoralkurses, wie das damals hieß, waren für uns 32 junge Theologen und Theologinnen Exerzitien nach Ignatius von Loyola (1491–1556) vorgesehen. (Der Gründer des Jesuitenordens machte seine eigenen inneren Erfahrungen in ›Einkehrtagen‹ zugänglich und gab Anleitungen zu Meditation, Schriftbetrachtung und Selbstbefragung, der sogenannten ›Unterscheidung der Geister‹).

Unsere Exerzitien dauerten fünf Tage. Im geistigen Leben erfahrene Frauen und Männer hielten Vorträge, die wir in Meditation und Gebet vertieften. Jeden Tag erhielten wir einen Text aus den Evangelien, den wir in den fünf, von Ignatius entwickelten Schritten erleben sollten. Am ersten Tag war es eine Berufungsgeschichte: Jesus sieht Matthäus am Zoll und lädt den Zöllner ein, ihm nachzufolgen; und tatsächlich: Matthäus verlässt seinen lukrativen Platz und folgt ihm (Mt 9,19). Wir zogen uns mit dieser Bibelstelle auf die Zimmer zurück. Der erste Schritt war das Hören des Textes gewesen. Der zweite Schritt bestand darin, sich diese Szene so lebendig und konkret wie möglich vorzustellen. Ich versetzte mich in die Person des Zöllners Matthäus und richtete meinen Blick auf Jesus – und da traf mich der seine, mit einer solchen Intensität, dass ich vor Liebe, Licht und Freude nicht aus und ein wusste, ich kann es nicht anders sagen. Es war wie einst als Viertklässler, ich erfuhr: Die Geschichte ist JETZT. Eine ganze Stunde lang verweilte ich in dieser Begegnung: Ignatius nennt das ›Verkosten‹. Anders als der Vikar dem Volksschüler half mir meine Exerzitienbegleiterin, diese geistliche Erfahrung anzunehmen und zu vertiefen. Während die anderen Teilnehmenden andere Evangelientexte meditierten, durfte ich mich während der ganzen Exerzitien, von ihr geführt, auf nichts anderes einlassen als auf die Begegnung mit Jesus. Ich war mit Körper, Seele und Geist beteiligt, die Schriftstelle wurde in und an mir lebendig. Auch dreißig Jahre später bin ich augenblicklich in dieser liebevollen Beziehung, erlebe die Freude und das Licht gegenwärtig. Der Blick Jesu wirkt bis heute, auch heute bin ich noch nicht damit fertig. Was in den fünf Tagen damals geschah, geht weiter, vertieft sich – auch in der Messe. Wie dankbar bin ich dafür!

Beim Vortragen des Evangeliums hilft auch meine jahrzehntelange Koan-Praxis. Koans, eine buddhistische Tradition, sind kurze provokative Sätze oder Texte oder Geschichten – im Sinne von Rätseln –, die zur Erfahrung der Wirklichkeit herausfordern. Koans werden von den Meditierenden verinnerlicht, indem sie zu Beginn des Sitzens in Stille kurz im Geist vergegenwärtigt werden. Die Übenden wissen: Koans sind nicht durch Denken und Verstand zu beantworten. Es geht um ein Eintauchen, ein Sich-hinein-versenken, ja, ein Eins-werden. Übende setzen sich dieser existenziellen Provokation aus, lassen sich von ihr durchdringen. Durch Denkkonzepte, Vorurteile und Stimmungen hindurch zeigt sich ihnen die Lösung intuitiv. Im Dokusan, im Einzelgespräch, zeigen die Übenden ihr Verständnis dem Lehrer. Die Antwort geschieht authentisch im Hier und Jetzt, sie bezieht sich immer konkret auf die Koans. Die Antwort zeigt der Lehrerin, was der oder die Übende durch diese Verinnerlichung erfahren hat. Manchmal ringen die Übenden über einen längeren Zeitraum, Wochen, Monate mit einem Koan.

Bis es sich endlich löst: Die ganze Wirklichkeit des Lebens zeigt sich im Koan.

Auch viele Stellen in den Evangelien, biblische Geschichten und mystische Texte haben diese Koan-Qualität: Die Frage des Nikodemus, wie das denn gehen soll, »neu geboren werden« (s.u.), oder ein Satz wie »Ehe Abraham war, bin ich« (Joh 8,58), oder die Zusage »Alles, was ihr für eines dieser meiner geringsten Geschwister getan habt, habt ihr für mich getan« (Mt 25,40). Solche herausfordernden Sätze nicht mit konkretem Leben zu erfüllen, heißt sie entwerten, unverbindlich und leer machen.[34]

Die Koanpraxis und ihre Adaption in den christlichen Kontext als Schlüsselworte helfen mir beim Vortragen des Evangeliums. Ich bin bereit, mich von der Wahrheit und Lebendigkeit des Evangeliums durchdringen zu lassen, es hier an diesem Ambo zu verkörpern und zu beseelen, Theologen sagen dazu inkarnieren. Das Vortragen des Evangeliums – ein Moment der Wahrheit, ein Moment voller Glück, Würde und Ehrfurcht, ein Geschenk.

Das Evangelium ist Anruf Jesu. Hat daneben noch etwas anderes Platz? Jesus ruft die Gemeinde, ihm zu folgen. Das ganze Ritual – der Klang, das Aufstehen, die Prozession, der Duft – bereitet auf diese Begegnung vor. So wie Verneigungen in der Koan-Schulung oder andere Riten in Tempeln, Synagogen, Meditationszentren. Für die Begegnung mit Jesus spielt es keine Rolle, ob jemand mit den Evangelien vertraut ist oder unbekannte Geschichten hört. Selbst wenn jemand einen anderen Glauben hat oder keine persönliche Gottesbeziehung, kann der Gottesdienst den Menschen ansprechen und hineinführen in die Begegnung mit der letzten Wirklichkeit. Zum Beispiel bei Beerdigungsfeiern: Geflüchtete Muslime oder Hindus mit einem großen Bedürfnis nach Trost erleben christ-

---

34 Vgl. Schmittfull: Ehe Abraham wurde, bin ich, 2022.

liche Gottesdienste als Segen. Prüfstein ist freilich immer der Alltag. Im Handeln zeigt sich, ob der Anruf des Evangeliums verstanden wurde.

Mit siebzehn/achtzehn Jahren machte ich eine Glaubenskrise durch. Von heute auf morgen, buchstäblich aus heiterem Himmel, verlor ich meinen Gottesglauben. Ich las die Existenzialisten, Sartre, Camus und glaubte an die unbegrenzte Freiheit des Individuums, überzeugt davon, dass ich letztlich nur mir selber verantwortlich sei. Ich verließ die christliche Band und die vertraute Runde der Freiwilligen und gab die kirchliche Jugendarbeit auf. Nach wilden Partys fand ich mich jeweils in den Armen eines Mädchens wieder. Wir organisierten uns; im Verein mit Gleichgesinnten wollte ich etwas für junge Menschen am Rand der Gesellschaft tun. Mit Unterstützung linker Kreise und eines erfahrenen Psychologen mieteten wir eine verlassene Villa und stellten dort autonom täglich von Montag bis Sonntag, Woche für Woche, ein Programm auf die Beine: Teestube, Basteln, Hausaufgabenhilfe, Diskutieren – alles ohne angestellte Sozial- oder Jugendarbeiter. Höhepunkte waren die Diskotheken am Wochenende.

An einem Samstag hatte ich meinen Thekendienst hinter mir und mischte mich in die Menge. Ich geriet ins Gespräch mit einem Zwanzigjährigen, und er erzählte mir sein Leben. Abgebrochene Lehre, Alkoholismus, enttäuschende Liebesgeschichten – obwohl ich eigentlich vor hatte zu feiern und abzutanzen, hörte ich zu. Stundenlang. Am Ende fragte mich der junge Mann, warum ich ihm denn zuhöre – er sei doch ein hoffnungsloser Fall. Diese Frage überrumpelte mich, traf mich mitten ins Herz. Und dann hörte ich mich im Lärm der lauten Diskomusik sprechen, Worte, die mein Verstand nicht gemacht hatte. Sie klangen merkwürdig in meinem Mund, wie fremd und doch zutiefst wahr. Ich erlaubte den Worten gesagt zu werden, selbst auf die Gefahr hin, mich lächerlich zu machen, und sagte zu meinem Gegenüber: ›Ich glaube daran, dass das Evangelium, die frohe

Botschaft Gottes, mit dir weitergeschrieben wird. Ich glaube daran, dass du in Gottes Augen eine Aufgabe und Perspektive hast. Du bist wichtig für Gott. Du hast eine Zukunft, die anders, besser, schöner aussieht als dein gegenwärtiges Leben‹. Seltsamerweise erreichten diese Worte mein Gegenüber. An diesem Abend begann mein Abschied vom Nihilismus. Christus hatte mich erreicht in der Gestalt eines Mannes, der sich selbst abschrieb und den die anderen abschrieben. Der Ruf des Evangeliums hatte in der Disco eine Antwort gefunden.

Das Evangelium ist Begegnung mit Jesus Christus; jedes Mal ein Geschenk, immer anders, immer persönlich. Denke ich daran, bin ich verbunden mit dem neunjährigen Bernhard, der etwas von Christi Wirklichkeit im Religionsunterricht erfahren hat. Diese Begegnung ist intim und offen zugleich. Auch Fremdheit gehört dazu. Was ich als Mensch tun kann: Die Geschichten von Jesus immer neu hören, mich ihnen aussetzen, sie je und je mein Leben bestimmen lassen. Christus blickt mich an. Er will in meinem Geist, in meinen Worten und in meinem Herzen Gestalt annehmen, hier, heute, neu! Die Scham von damals ist überwunden.

Nachdem das Evangelium gesprochen ist, hebe ich das Buch in die Höhe und zeige das schöne Evangeliar mit seinen vier Kilo Gewicht der ganzen Versammlung. Und ich sage, was es enthält für alle, für jetzt: »Evangelium, Froh-Botschaft Jesu Christi.« Die schöne alte rituelle Antwort der Gemeinde lautet: »Lob sei dir, Christus.« Das Licht der Kerzen begleitet das Evangeliar zurück zum Altar, wo es bis zum Schluss des Gottesdienstes bleibt.

Predigt

Sich für das Heute empfänglich machen

Braucht es da noch Worte?

> Einerseits können wir von Gott nicht sprechen. Andererseits: Wehe uns, wenn wir schweigen! Gottesrede und Gottesdienst sind ein Ringen, ein Suchen, ein stammelnder Austausch von Erfahrungen, ein staunendes Herantasten![35]

Die Herausforderung beim Predigen besteht darin, einen Impuls zu geben und gleichzeitig ganz der persönlichen Begegnung zwischen Evangelium und Hörenden zu vertrauen. Es geht nicht um mich und meine klugen Worte.

Die Gemeinde setzt sich, rutscht und ruckelt sich zurecht. Sie erwartet eine Deutung. *Aggiornamento,* Verheutigung, Übersetzung in die heutige Lebenswelt nannte der Initiator des Zweiten Vatikanischen Konzils, Johannes XXIII., diese Notwendigkeit, mit der er 1962 das Zweite Vatikanische Konzil ankündigte. Gefragt, warum er ein Konzil wolle, soll er an ein Fenster getreten sein und es geöffnet haben. Auch die Predigt soll ein Fenster öffnen, damit zwischen Innen und Außen Luft zirkulieren kann.

Ich war junger Seelsorger, Gemeindeleiter einer kleinen Dorfpfarrei im Kanton Luzern. Ein junger Mann, zwanzig Jahre alt, ruft an und kommt gleich zur Sache: Er sei an Leukämie erkrankt, alle medizinischen Therapieversuche seien erfolglos, keiner hatte geholfen. Nun bereite er sich auf den Tod vor und wolle mit mir seine Beerdigung planen. Er möchte genau wissen, was da passieren würde. So besuchte ich ihn mehrmals in seinen letzten Lebenswochen. Jean (Name geändert) stellte von Anfang an klar, dass er nicht an Gott glaube, aber er sei ja Mitglied der katholischen Kirche, seine Familie sei traditionell religiös wie das ganze Dorf, und so würde er gerne in dieser Tradition beerdigt werden. Bei den folgenden Besuchen sprachen wir kaum über seine Krankheit, gar nicht über seinen Unglauben, aber umso mehr in allen Einzelheiten über die Bedeutung der Bestattungsriten und des anschlie-

35 Werlen: Raus aus dem Schneckenhaus, 2020, S. 66.

ßenden Gottesdienstes. Tief beeindruckt lernte ich von Jean, dass man dem Tod ganz bewusst ins Auge sehen konnte ohne Glauben an Gott oder ein Jenseits. Als Nebeneffekt lernte ich, was ein Gameboy ist und wie man mit einer Playstation umgeht. Gerne hätte ich mit Jean auch gebetet. Doch auf diese Dimension der geistigen Wirklichkeit wollte er sich nicht einlassen. Beim letzten Gespräch war Jean schon sehr schwach. Ich hatte das Gefühl, ihm nun das letzte Mal zu begegnen. Ich fragte ihn, ob ich ihn zum Abschied segnen dürfe. Jean, der mir bis dahin immer direkt in die Augen geschaut hatte, hielt einen Moment inne, schloss die Augen, dachte nach und blickte mich dann wieder an: »Nein, das möchte ich nicht. Das würde meinem Glauben nicht entsprechen.« Mit dieser Antwort hatte ich nicht gerechnet, sie tat mir weh. Doch aus seiner Sicht war sie richtig und ganz und gar wahrhaftig. Auch wenn es mir schwerfiel, ich musste Jeans Absage akzeptieren. So verabschiedeten wir uns mit Handschlag und ich sagte: »Alles Gute, adieu«.

Wenige Tage später riefen mich Jeans Eltern an und berichteten von seinem Sterben. Die Schmerzen seien stärker geworden. Das medizinische Personal habe die Dosis Morphium schrittweise erhöht und Jean mitgeteilt, dass eine weitere Gabe direkt tödlich wirken könnte. Die Schmerzen wurden unerträglich, Jean bat um eine höhere Dosierung und verabschiedete sich von seinen Eltern und Geschwistern. Er nahm das Schmerzmittel und verlor das Bewusstsein. Zehn, zwanzig, dreißig Minuten vergingen. Die Eltern hatten das Gefühl, dass sein Sterben unmittelbar bevorstand. Völlig überraschend und unvermittelt schlug Jean die Augen auf, schaute seine Angehörigen an und sagte deutlich: »Bin ich jetzt neu geboren? Wie heiße ich?« So starb er.

Die Beerdigung hatte Jean mit mir vorbereitet. Junge Menschen füllten die Dorfkirche, viele weinten. Über den Beamer wurden Fotos und Videosequenzen aus seinem Leben gezeigt. Danach las ich das Evangelium vor – naheliegenderweise die Nikodemusgeschichte (Joh 3,1–21): Jesus und der weise Schriftgelehrte treffen sich nachts, um zu reden. Denn Nikodemus treibt eine Frage um. Er hat durch das Tun Jesu erfahren, dass das Göttliche Wunder im und am Menschen wirkt – nun will er darüber reden. Jesus verwendet das Bild der Geburt. Nikodemus: Noch einmal in den Mutterleib zurück, das geht ja nicht! Jesus spricht von einer anderen Neugeburt:

> »Wundere dich nicht, dass ich dir gesagt habe: »Ihr müsst neu geboren werden.« Die Geistkraft weht, wo sie will, und du hörst ihre Stimme, aber du weißt nicht, woher sie kommt und wohin sie geht: So sind alle, die aus der Geistkraft geboren sind«. (Joh 3,7–8)

Anschließend an das Evangelium erzählte ich meine Geschichte mit Jean auf der letzten Wegetappe, als Ergänzung zu den Fotos und Videos, bis zu seinen Worten: »Bin ich jetzt neugeboren? Wie heiße ich?« Und ich brauchte nur noch die Verbindung zum Evangelium herzustellen, eine einfache Deutung, auf Erfahrung und Überzeugung gegründet: »Jean ist mit diesen Worten in eine neue Wirklichkeit hineingeboren.«

Religion stellt die Verbindung zum Ausgangspunkt her. Das Wort *religio* bedeutet Rückbindung. Die christliche Predigt verbindet die Gegenwart mit der Schrift und inspiriert umgekehrt dazu, den Ursprung neu zu erleben. Woher komme ich? Wer bin ich? Wohin gehe ich? Urfragen der Menschheit, die durch die Bibel klingen und auch heute zu beantworten sind.

Es gibt eine Distanz zu den alten Texten, wir können, ja müssen ihnen mit heutigen Erkenntnissen und Erfahrungen begegnen. Beispielsweise wird im Ersten wie im Neuen Testament von der Sklaverei als Realität ausgegangen (Ex 21,2–6; Eph 6,5–9 und viele andere Stellen). Trotzdem sind wir gerade als Christinnen und Christen aufgerufen, uns heute gegen neue Formen von Sklaverei einzusetzen. Allein schon die berühmte Goldene Regel verlangt es: »Alles nun, das ihr wollt, das euch die Leute tun, tut es ihnen ebenso. Das sagen die *Tora* und die prophetischen Schriften«. (Mt 7,12) Die Bibel berichtet von Erfahrungen mit Gott, ist Ausdruck des Glaubens in konkreten Situationen, Gespräch mit Gott und untereinander. So haben Leiden, Machtkämpfe und offene Fragen sichtbare Spuren hinterlassen. Dieses innerbiblische Gespräch setzt die Predigt fort bis ins Heute: Das Wort Gottes nützt nichts, wenn es Geschichte bleibt, es soll einzigartige Menschen, eine konkrete gottesdienstliche Versammlung an einem bestimmten Sonntag, bei Regen oder Schnee, im Kontext politischer Ereignisse oder einer Pandemie erreichen.

Die Predigt unterstreicht die Distanz zum Text – damit ermöglicht sie auch eine kritische Distanz zu sich selber. So wird das Geheimnis des eigenen Lebens wahrnehmbar, ist die Lebensfreude und -dankbarkeit wieder zu spüren, statt des unklaren Unbehagens, das im Alltag untergründig an der Freude nagt. Anhand der alten Texte kann ich die Beklemmung über das Schindluder, das mit Natur und Menschen getrieben wird, die Sorge wegen nationalistischer Enge und Ausgrenzung, die Angst vor der Klimakatastrophe zur Sprache bringen und neu erfahren: Das alles hat mit mir selber zu tun. Das Leben, alle Wirklichkeit, ist auch heute mit und in Gott verbunden – aus dieser Botschaft der Botschaften, neu buchstabiert in der Predigt, kann liebevolle Solidarität erwachsen. Unzählige Menschen überall auf der Welt leben buchstäblich aus dem Gegenüber und Miteinander von Bibel und heutiger Existenz. Sie predigen dann mit ihrem Wort und Zeugnis, ihrer Hand, ihrem Tun, ihrem ganzen Sein. Diese Menschen bilden in Wahrheit die in meiner Kirche so hochgehaltene Tradition. *traditio* bedeutet ursprünglich die Übergabe eines Gegenstandes durch Vererbung oder Verkauf. In der katholischen Tradition sind es Heilige, die den Ursprung besonders deutlich vergegenwärtigen und ihn weitergegeben. Das ist aber nicht exklusiv zu verstehen, als Ausrede, im Gegenteil: Alle Getauften können das Fenster öffnen, können das Heilsame im JETZT aufleuchten lassen.

Erfahrungen speisen meine Predigten. Stille, Empathie und Handwerk kommen in der Vorbereitung zusammen. Ein Gewebe aus feministischen, befreiungstheologischen, spirituellen, psychologischen Studien und Vorbildern trägt sie. Doch am Anfang stehen zwischenmenschliche Begegnungen: Ich bin gerne mit Menschen im Gespräch, höre gern zu. Seelsorger sein, mit allem, was dazu gehört, ist für mich der schönste Beruf der Welt. Täglich habe ich die ganze Palette des menschlichen Lebens von der Geburt bis zum Tod vor Augen. Diese Begegnungen und Erlebnisse prägen mich und beeinflussen mein Predigen.

Ein erster Schritt der Vorbereitung der Sonntagspredigt besteht immer darin, dass ich mich seelisch-geistig mit der Gemeinde verbinde. Ich lasse die Begegnungen der letzten Woche vor meinem inneren Auge Revue passieren und frage, was mich berührt hat. Die Rückschau weitet sich aus auf gesellschaftspolitische Fragen, auf Ereignisse, die alle angehen.

Ich nehme gerne die laut Leseordnung vorgesehenen Bibeltexte als Grundlage. Das sind meist nicht meine Lieblingstexte, in denen ich mich widerspiegle, es sind Herausforderungen. Wir begegnen uns auf Augenhöhe, als Fremde, die Texte und ich. Meistens lese ich sie zuerst mehrmals laut und versuche innerlich offen und leer zu sein, um sie neu zu hören – besonders wenn ich sie schon x-mal gehört habe. Danach trete ich in Resonanz. Obwohl ich nun schon seit zwanzig Jahren fast jede Woche eine Predigt vorbereite, geschehen – Gott sei Dank – immer wieder Wunder. Ich entdecke neue Aspekte, neue Bilder entstehen, Worte berühren, irritieren, freuen mich. In einem weiteren Schritt frage ich mich, wohin führen uns diese alten Texte? Wozu inspirieren sie? Was kann hier und heute daraus erwachsen: an Liebevollem nämlich. Denn der Gottesdienst wird erst Wirklichkeit im Alltag danach. Deshalb steuert jede Predigt auf die dreifache Liebe zu, zu Gott und zum Nächsten und zu mir selbst. Ich versuche, diesem Ziel nichts in den Weg zu stellen, kein überflüssiges Gerede, Wissen, Klugheit – versuche, mit meinen Worten das Fenster zu öffnen. Ich brauche nichts zu machen. Denn mein »Thema« hat in sich eine unbändige Kraft und Autorität:

> Die Liebe hemmet nichts; sie kennt nicht Tür noch Riegel,
> Und dringt durch alles sich;
> Sie ist ohn Anbeginn, schlug ewig ihre Flügel,
> Und schlägt sie ewiglich.[36]

Die Predigtvorbereitung steht unter dem Anspruch der Wahrheit – genau das auszusprechen, zu verkünden, was an diesem speziellen Tag diesen Menschen gesagt werden muss. Das heißt zum Beispiel bei Beerdigungen, die Verstorbenen nicht zu werten. Menschen verdienen Liebe und Respekt, nicht, weil sie perfekt sind, sondern weil sie Menschen sind. Wenn sie nett sind, fällt das leichter, aber immer sind sie der Liebe wert mit ihren Ecken und Kanten, ihren Begabungen, mit ihren schrägen Seiten und ihrem Charisma.

Auch die Gefahr zu lügen besteht – mich hinter Floskeln zu verstecken, unachtsam in der Wortwahl zu sein oder Worte zu gebrauchen, die ich in einem Kommentar gelesen habe und nur mein Unverständnis verschleiern sollen. Ich kann in der Predigt Schrift, Tradition und Gegenwart nur vereinen, wenn ich hier und jetzt spreche.

Ein berühmter Zen-Koan lautet: Wie nimmst du Platz auf einer turmhohen, spitzen Nadel? Eigentlich eine unmögliche Aufgabe, eine Zumutung. Unlösbar. Allein schon das Hochkommen zu dieser Nadelspitze ist aus eigener Kraft un-

---

36 Gedicht »Die Liebe« von Matthias Claudius.

möglich. Und dann sich noch darauf niederlassen? Zu wenig Platz. Zu spitz. Aua! Und doch ist es möglich, diese Nadelspitze zu erklimmen und Platz zu nehmen, ich muss es einfach tun.

Die Predigt ist ein Sitzen auf der Nadel. Es gibt nur ein einziges Sprechen, an diesem Tag, zu dieser besonderen Stunde, vor diesen Zuhörenden. Wenn ich nicht im Hier und Jetzt bin, diene ich nicht der Liebe. Denn der Prediger ist Werkzeug der Liebe durch seine Worte und seine Ausstrahlung. Er kann Liebe nicht erzeugen, er ist in sie eingebunden, er ist »ineinander«, wie der Mystiker, Sufi-Meister und Dichter Dschalal ad-Din Muhammad Rumi (1207–1273) es ausdrückt:

> In der Minute,
> als ich die erste Liebesgeschichte hörte,
> fing ich auch schon Dich zu suchen an.
> Unwissend, wie blind das war.
> Liebende treffen sich nicht endlich irgendwo.
> Liebende sind unentwegt ineinander.[37]

Jede Predigt ist der sprachliche Versuch, die Einladung der umfassenden Liebe Gottes zu überbringen. Die Reaktion der Zuhörenden reicht von Freude, Begeisterung über Trauer, Schmerz bis zu Abweisung oder Gleichgültigkeit. Jede*r entscheidet selber, ob er oder sie die Einladung annehmen will. Manchmal merke ich schon bei der Vorbereitung, dass meine Predigt herausfordern wird, intellektuell, psychisch oder existenziell. Dann warne ich die Leute vor:

> Heute wird meine Predigt anspruchsvoller sein als sonst. Es kann gut sein, dass ich manches selber noch nicht ganz verstanden habe. Ich bitte Sie, meine Worte durch das eine Ohr hereinzulassen und alles, was sie gebrauchen können zu behalten. Den Rest lassen Sie bitte durch das andere Ohr wieder hinaus.

37 Rumi: Durchwachte Nacht, 2013, S. 39.

Manchmal füge ich mit einem Schmunzeln hinzu:

> Aber ich brauche Ihnen das gar nicht nahezulegen, denn wir alle sind derlei ja seit Kindsbeinen geübt.

Die Predigt ist gleichzeitig für die Teilnehmenden die offenste Sequenz im Gottesdienst, eine Oase im ansonsten dichten und abwechslungsreichen Ablauf der Messe mit Aufstehen, Singen, Antworten, Beten, Gesangsrufen, Sitzen, Knien, Aufstehen. Während der Predigt werden alle einfach mal in Ruhe gelassen und können zehn Minuten bei sich sein und eigenen Gedanken nachhängen. So ist die Predigt ein freies Angebot, und meine Aufgabe ist es, diese Freiheit zu verkörpern. Der jüdische Denker – und auf seine Weise Mystiker – Walter Benjamin hat es auf den Punkt gebracht: »Überzeugen ist unfruchtbar.«[38] Nicht missionieren, nicht verführen, Zeugnis geben und die Leute in Ruhe lassen! Die Menschen, die Zuhörer*innen sind schon von Gottes Art, ich kann da als Prediger gar nichts hinzufügen.

1260 wird in Mitteldeutschland, unweit von Gotha, Eckhart von Hochheim geboren, Sohn eines Ritters. Mit fünfzehn Jahren tritt er in Erfurt dem Predigerorden des heiligen Dominikus bei. Eckhart wirkt an der Universität Paris, dem intellektuellen Mekka der damaligen Welt. Seine Predigten kommen an, damals und bis heute. Er prägt die Sprache der deutschen Philosophie. Sein Hauptanliegen jedoch sind Grundsätze für eine spirituelle Alltagspraxis. Damit erregt er Aufsehen, denn sie sind unkonventionell, provozierend, stehen im schroffen Widerspruch zu verbreiteten Überzeugungen. Wegweisend und besonders umstritten ist seine Ansicht über das Innerste der Menschen: Der Seelengrund sei nichts Geschöpfliches, sondern göttlich, ungeschaffen. Im Grund der Seele sei die Gottheit stets liebend unmittelbar anwesend. Nach langjähriger

38 Denkbild »Für Männer«, in: Benjamin: Einbahnstraßem, S. 33.

Tätigkeit im Dienst des Ordens wird Eckhart schließlich von Mitbrüdern wegen angeblicher Irrlehren angeklagt. In Köln beginnt ein Inquisitionsprozess, den man am päpstlichen Hof in Avignon zu Ende führt. Eckhart stirbt jedoch vor dem Abschluss des Verfahrens 1328.

Die deutsche Sprache verdankt Meister Eckhart das Wort »lassen« bzw. »die Gelassenheit«[39]. Es ist seine Wortschöpfung, über ihn ist es in die Alltagssprache eingegangen. Was täten wir heute bloß ohne dieses Wort! Loslassen und Gelassenheit im Sinn Meister Eckharts bedingen ein Hören auf Gott. Mehr noch: Gelassenheit ist ein Weg des Hörenden zu sich selbst. Gott ist schon in uns, wir können also alles lassen. Wenn der Mensch lässt und nichts für sich will, dann kann Gott alles für ihn wollen. Gelassenheit macht den Menschen frei von sich und zu sich selbst. Eckhart sagt zum Beispiel über den heiligen Paulus:

> Das Höchste und Äußerste, was der Mensch lassen kann, ist, dass er Gott um Gottes willen lasse… Er ließ alles, was er von Gott nehmen konnte, und ließ alles, was Gott ihm geben konnte. Als er dies ließ, da ließ er Gott um Gottes willen…[40]

Übersetzt ins Heute: Tun, was wir tun. Wenn singen, dann singen. Wenn Toilette putzen, dann putzen mit Lumpen und Reiniger. Wenn das Kind nachts weint, aufstehen, es in die Arme nehmen, trösten, helfen. Wenn predigen, dann predigen – absichtslos und hingegeben an die Gegenwart. Solches Tun, sagt Eckhart, verwandelt:

> Wir werden völlig in Gott umgeformt und in ihn verwandelt; auf gleiche Weise, wie im Sakrament das Brot verwandelt

---

39 Herkunft: von mittelhochdeutsch gelāzenheit (de.wiktionery.org).

40 Meister Eckhart: Deutsche Predigten und Traktate, 1977, S. 214f.

> wird in den Leib Christi: So werde ich in ihn verwandelt, dass Gott selbst mich hervorbringt als sein Sein … Beim lebendigen Gott, es ist wahr, dass da kein Unterschied besteht.[41]

Ich habe es nicht in der Hand, was die Menschen mit meiner Deutung anfangen. Und das ist gut so. Ohne Gelassenheit keine Predigt. Ein Koan warnt: Verwechsle nicht den Finger, der auf den Mond zeigt, mit dem Mond!

Ein Ärzte-Ehepaar, kinderlos und beide beruflich sehr engagiert, betraten Jahr für Jahr ausnahmslos fünf bis zehn Minuten nach Beginn des Gottesdienstes den Kirchenraum. Es gelang ihnen tatsächlich, jedes Mal zu spät zu kommen, sie huschten lächelnd durch den Hintereingang und setzen sich erwartungsvoll in die letzte Bankreihe – in Erwartung meiner Predigt: »Deine Predigten sind für uns eine Einladung zum Gespräch über unser Leben. Wir tauschen uns intensiv aus beim anschließenden Sonntagsfrühstück. Vorher schaffen wir es nämlich nicht. Am freien Tag kommen wir nie rechtzeitig aus dem Bett.«

Die Gemeinde, die ich leite, hat Johannes den Täufer zum Patron. Vor dem Hintergrund der Erwägungen von Meister Eckhart lese ich die Begegnung dieses wilden Mannes mit Jesus neu als eine Geschichte des Lassens in einer Übersetzung aus verschiedenen Traditionen:

> Da kam Jesus von Galiläa an den Jordan zu Johannes, um sich von ihm taufen zu lassen. Johannes wollte es nicht zulassen und sagte: »Ich habe es nötig, von dir getauft zu werden, und du kommst zu mir?« Jesus antwortet ihm: »Lass es zu, jetzt! Denn auf diese Weise erfüllen wir die ganze Gerechtigkeit Gottes.« Da gab Johannes nach. Als Jesus getauft war, stieg er gleich aus dem Wasser. Und seht, die Himmel öffneten sich, und er sah die Geistkraft Gottes wie eine Taube herabschweben und auf sich kommen. Und seht,

41 Ebenda, S. 451.

eine Stimme sprach aus den Himmeln: »Dieses ist mein geliebtes Kind, ihm gehört meine Zuneigung.« (Mt 3.13–17)

Jesus kommt an den Jordan, um sich von Johannes taufen zu lassen. Johannes will dies nicht zulassen. Jesus ermutigt ihn: Lass es zu, jetzt!

Dreimal lassen – als Verb – als Tätigkeit – als Aktivität. Wobei das Verb lassen ja eigentlich das Gegenteil meint: Passivität, etwas geschieht ohne Zutun. Der Täufer will einen Unterschied machen zwischen Jesus und sich. Er sieht in Jesus den von Gott erfüllten Menschen und sich selber als weniger. Jesus weist ihn auf das Geheimnis der Gelassenheit hin: Mach einfach. Sei Teil der Handlung, lasse zu, was in diesem Moment geschehen soll. Eckhart:

> Alles, was Gott Vater seinem eingeborenen Sohne in der menschlichen Natur gegeben hat, das hat er alles auch mir gegeben, hiervon nehme ich nichts aus, weder die Einigung noch die Heiligkeit, sondern er hat mir alles ebenso gegeben wie ihm … Alles, was die Heilige Schrift über Christus sagt, das bewahrheitet sich völlig an jedem guten und göttlichen Menschen.[42]

Im Evangelium wirkt das dreifache Lassen Wunder: Der Himmel öffnet sich, Gott kann wirken. Gottes Geist wird in Gestalt der Taube sichtbar, Gottes Liebe hörbar: Dies ist mein geliebtes Kind!

Von Jahr zu Jahr weniger und zugleich immer ältere, lebenserfahrene Menschen besuchen in Zug-St. Johannes die Gottesdienste – wie fast in allen Kirchen der westlichen Welt. Sie haben Anspruch auf eine gute Sonntagspredigt. Ich bereite sie sorgfältig und schriftlich vor, lasse sie gegenlesen, bespreche sie.

---

42 Ebenda, S. 451.

Die Predigt liegt dann ausformuliert vor mir auf dem Ambo. Zugleich gilt bei jeder Predigt das gesprochene Wort. Die schriftliche Vorbereitung bildet die Leitplanken. Ich kann sie auch loslassen – denn der Gottesdienst ist *aggiornamento*, die Predigt auch. Ich soll und will die Menschen vor mir ansprechen.

Im Vorbereitungsgespräch vor einer Taufe rede ich mit den Eltern über ihre Motivation. Warum tun sie diesen Schritt? Ich rede über Schwangerschaft und Geburt, über die Bedeutung des Namens, die Besonderheit ihres Kindes und über sie selbst, über ihren Glauben. Und dann, wenn es um die Bedeutung der Taufe selbst geht – spreche ich das Kind an.

In der Regel ist es im Säuglingsalter. Ich erzähle ihm einfach, was passiert bei der Taufe, erzähle von der Bedeutung der einzelnen Elemente: Wasser, Öl, Licht, Kleid. Natürlich »versteht« es meine Worte nicht – nicht so wie die Eltern. Doch es versteht meine Anrede, ich erreiche es, so jung es auch sein mag. Durch meine Worte kommuniziert meine Seele mit der Seele des Kindes. Und es antwortet! In dieser Zwiesprache entsteht ein heller, heiterer, liebevoller Interaktionsraum um uns. Die Eltern staunen – sie sind einbezogen: Was passiert da gerade? Ihr Kind hört strahlend zu! Es antwortet, es stimmt zu durch Strampeln, Krähen oder Lachen. Die Eltern erleben, ohne dass ich etwas erklären muss: Das Kind ist angesprochen, und es vertraut. ›Man kennt sich‹, Gott und ihr Kind, seit je. Die Taufe gibt dem Liebesgeschehen zwischen Gott und Mensch Ausdruck. Die Antwort aus dem Seelengrund des Täuflings verwandelt mich, die Eltern, den Raum um uns. Wenn ich mit dem Baby über das Eintauchen, das Geborenwerden in Christus rede, erzähle ich ihm nichts Neues, diesem Kind Gottes, weil es ja von Gottes Liebe abstammt und in dieser Liebe lebt. Ich spreche vom ungeheuren Potenzial dieser Liebe, von der Salbung zum Priester, König und Propheten: Du bekommst, Kind Gottes, die Taufkerze und ziehst das Taufkleid an, ziehst Gott an, mit dem du immer schon verbunden oder, in der Sprache von Rumi, »unentwegt ineinander« bist. Wohl in neun von zehn Taufgesprächen gelingt ein solches Gespräch mit dem Kind – und die Eltern ahnen in ihrem Seelengrund, wovon es Zeugnis ablegt. Frieden, Glück und Ergriffenheit breiten sich aus.

Die Zwiesprache mit dem Taufkind ist auch die Sprache meiner Predigt. Etwas komplizierter – die Menschen im Gottesdienst sind nicht so vertraut damit, dass Worte die Seele ansprechen, nicht nur den wohltrainierten Verstand. Wenn aber die Seele angesprochen ist, dann wird es still in der Kirche und das Rutschen und Husten hört auf.

Wir können von Seele zu Seele kommunizieren, besonders am Anfang und am Ende des Lebens, in Empathie und Mitgefühl. Meister Eckhart kleidet diese Erfahrung in die Sprache der spätmittelalterlichen Mystik: »Hier ist Gottes Grund mein Grund und mein Grund Gottes Grund.«[43] Die Liebenden, Gott und Mensch, sind »unentwegt ineinander«.

Predigen ist für mich der Versuch, meinen Seelengrund und den Seelengrund derer, die mir zuhören, miteinander sprechen zu lassen. Natürlich gebe ich mir Mühe, bemühe mich um eine Sprache, die Alter, Bewusstseinstand und Bereitschaft der Zuhörenden angemessen ist. Doch im Grunde bin nicht ich es, der da etwas macht: Wir schwingen gemeinsam im *unentwegten Ineinander*. Der Geigenbauer Martin Schleske schreibt:

> Man könnte es das Gesetz der Gnade nennen, das besagt: Die wesentlichen Dinge kannst du nicht machen, sondern nur empfangen. Aber du kannst dich empfänglich machen![44]

43 Ebenda, S. 80.

44 Schleske: Der Klang, 2012, S. 21.

Scriptura et traditio, sowohl die Schrift als auch die Tradition, meine (katholische) spirituelle Heimat, sie wissen um die unentwegte Verbindung zu Gott im Seelengrund. Es ist mein ›normales‹ Ich, mental perfekt durchtrainiert, das sich immer wieder getrennt von Gott fühlt. Im Seelengrund sind wir unentwegt ineinander, wir können immer wieder in die bleibende Verbindung mit Gott einschwingen. Ja, wir können im Herz der Liebe sein. Und: Ein solches Vertrauen ist der Nährboden für gelassenes, liebevolles Handeln im Alltag.

Amen.

Ich setze mich. Die Worte klingen nach im Raum, die Menschen sind still. Manchmal fühle ich Dankbarkeit, manchmal Heiterkeit im Kirchenraum. Einen Moment lang darf es ganz still bleiben. Aber besondere Freude haben die Anwesenden, wenn die Organistin oder der Organist über das Gehörte improvisiert, es mit Klängen vertieft, kontrastiert und weitet.

Credo – Glaubensbekenntnis

Sich eine Sinnperspektive aneignen

Nach der Predigt ist es mit der Ruhe vorbei: Die Versammlung rezitiert oder singt das Credo.

Als ich jung war, hat mich das gemeinschaftliche Glaubensbekenntnis erzürnt und viele Jahre jeden Sonntag in Wut versetzt. Manche Formulierungen mochte ich nicht glauben; ich betete das Credo nur mit der Faust im Sack mit. Mehr noch: Es stand quer zu meiner Überzeugung und Erfahrung, dass die einzigartige und lebendige Beziehung mit Gott stets neue, individuelle Ausdrucksformen braucht. Mit dem Glaubensbekenntnis störte die Kirche das unentwegte Ineinander (ein Ausdruck, den ich damals noch nicht kannte); mir schien, sie übertöne damit meine innere Stimme, der ich doch vertrauen wollte.

Im klirrenden Winter 1986 erstarrte die Vennlandschaft meiner nordwestdeutschen Heimatstadt Vreden zu Eis. Kurz vor Abschluss der ersten Berufsausbildung als Bibliothekar hatte ich den Eltern und Geschwistern einen Besuch abgestattet und mit Vater lange über meine Unsicherheit bezüglich meiner weiteren beruflichen Zukunft gesprochen. Es zeichneten sich interessante Stellenangebote im Bibliotheksbereich ab. Andererseits hatte ich damals schon einige Semester lang parallel und sozusagen als Hobby Theologie studiert. Das Studium bereicherte und inspirierte mich. Wenn ich jetzt voll in den Berufsalltag eines Bibliothekars einstiege, könnte ich die Theologie wohl nicht vertiefen, geschweige denn abschließen. Wenn ich wirklich Theologie studieren wollte, standen mir arbeitsreiche Jahre bevor, Lernen und nebenbei Jobben. Schweigend und irgendwie blockiert lief ich hinter meiner Familie beim Sonntagsspaziergang über das spiegelglatte Eis des Zwillbrocker Venns. Wie aus heiterem Himmel hörte ich dann eine Stimme in mir: Studiere Theologie! Ich hinterfragte sie nicht. Ich habe Theologie weiterstudiert.

Ähnlich ging es mir ein paar Jahre später am Ende eines Kurses in spiritueller Selbsterfahrung in Münster.[45] Die Teilnehmer hatten u. a. folgende Frage zu beantworten: Was ist deine Sinnperspektive? Bis zu diesem Zeitpunkt hatte ich sie mir noch nie ernsthaft gestellt. Doch nun stieg die Antwort spontan – mich selbst überraschend – in mir auf: »Gott lieben in allem, was lebt.« Heute, fünfunddreißig Jahre später, lautet sie: »Nada: Gott lieben in allem, was lebt, erwachen, alle Lebewesen retten und ein guter Lehrer des Weges sein«.

---

45 Vgl. https://www.benediktshof.de (25.10.2023).

Die innere Stimme hat mich, wie schon erzählt, nach Greppen geführt. Auf meine innere Stimme hörend, initiierte ich nach zweijährigem Vorbereitungsprozess ein interreligiöses Versöhnungsritual – »Die Zukunft in goldenen Lettern schreiben« – siebzig Jahre nach der Reichspogromnacht am 9. November 2008 in Berlin, davon später im Kapitel zum Friedensgruß.

Der Psychologe und Begründer der initiatischen Therapie, Karlfried Graf Dürckheim, sagt: Per-son ist ein Mensch, der das Innerste durchklingen lässt. Eine Person hört auf die innere Stimme. Sie erfährt darin:

> Die in ihr erlebte Evidenz des unbedingt Gültigen, das Gehörthaben des darin liegenden Rufes, der Entschluss zum Gehorsam, das mit diesem Entschluss geborene neue Gewissen zu einer bestimmten Entwicklung und endlich die Treue zu der einmal aufgenommenen im Dienste der Verwandlung stehenden Übung.[46]

Das ist der Grund meiner Arbeit: Per-son sein, Gott durchtönen lassen. Und dann kommt das Glaubensbekenntnis mit seinen vorgefertigten Worten!

Das Credo fand seine heutige Form im 5. Jahrhundert. Glaubensbekenntnisse gingen aus aufwühlenden, kontroversen Diskussionen hervor. Das erste nizäanische Bekenntnis wurde formuliert, weil man den Glauben an die wahre Gottheit und wahre Menschheit Jesu Christi gefährdet sah. Darüber wurde auf den Marktplätzen diskutiert und gestritten.

Glaubensbekenntnisse entstehen nicht aus dem Impuls, mal den Glauben zusammenzufassen, kurz und griffig. Sie gingen und gehen aus einem dringenden Klärungsbedarf hervor. So im letzten Jahrhundert etwa das Barmer Bekenntnis von vertretenden Lutheranern, Reformierten und Unierten, von freien

46 Dürckheim: Von der Erfahrung der Transzendenz, 1984, S. 150.

Synoden, Kirchentagen und Gemeindekreisen der Deutschen Evangelischen Kirche, die 1934 angesichts der Nazi-Ideologie und gegenüber den Anbiederungen der Deutschen Christen bekannten:

> ... gerade weil wir unseren verschiedenen Bekenntnissen treu sein und bleiben wollen, dürfen wir nicht schweigen, da wir glauben, dass uns in einer Zeit gemeinsamer Not und Anfechtung ein gemeinsames Wort in den Mund gelegt ist ... Wir bekennen uns angesichts der die Kirche verwüstenden und damit auch die Einheit der Deutschen Evangelischen Kirche sprengenden Irrtümer der Deutschen Christen und der gegenwärtigen Reichsregierung zu folgenden evangelischen Wahrheiten: ...[47]

Nach 1945 wurde das Bekenntnis in das Evangelische Gesangbuch aufgenommen. Pfarrerinnen und Pfarrer einiger evangelischen Kirchen Deutschlands und Österreichs werden bis heute bei ihrer Ordination auch auf dieses Bekenntnis verpflichtet, für einige reformierte Kirchen ist die Barmer Erklärung eine offizielle Bekenntnisschrift.

In den Ostkirchen gilt als Grundverständigung über den Glauben das Credo, das in Nizäa 325 n. Chr. formuliert und auf dem 1. Konzil von Konstantinopel (381 n. Chr.) erweitert wurde. Das Apostolische Glaubensbekenntnis ist das Bekenntnis der westlichen Kirchen und wird in katholischen und reformierten Gottesdiensten gebetet. Es unterscheidet sich vom Credo der Ostkirchen wegen einer Formulierung über »den heiligen Geist, der vom Vater und vom Sohn ausgeht«.

Das Apostolische Glaubensbekenntnis, das ich in meiner Jugend nur mit Ingrimm sprechen konnte, ist eine kollektive Stimme des Glaubens. Wie das Große Glaubensbekenntnis

---

47 Vgl. Wikipedia-Artikel zur Barmer Theologischen Erklärung (https://de.wikipedia.org/Barmer-Theologische_Erklärung, 25.10.2023).

besteht es aus drei Abschnitten, je einer Person der dreifaltigen Gottheit gewidmet, und dem Ausdruck der Überzeugung vom Sinn der Kirche, des Menschenlebens und der Geschichte. Hier der ökumenische Text:

Ich glaube an Gott,
den Vater, den Allmächtigen,
den Schöpfer des Himmels und der Erde.

Und an Jesus Christus,
seinen eingeborenen Sohn, unsern Herrn,
empfangen durch den Heiligen Geist,
geboren von der Jungfrau Maria,
gelitten unter Pontius Pilatus,
gekreuzigt, gestorben und begraben,
hinabgestiegen in das Reich des Todes,
am dritten Tage auferstanden von den Toten,
aufgefahren in den Himmel;
er sitzt zur Rechten Gottes,
des allmächtigen Vaters;
von dort wird er kommen,
zu richten die Lebenden und die Toten.

Ich glaube an den Heiligen Geist,
die heilige katholische/christliche/allgemeine Kirche,
Gemeinschaft der Heiligen,
Vergebung der Sünden,
Auferstehung der Toten
und das ewige Leben.
Amen.[48]

Fulbert Steffensky, Professor für Religionspädagogik und Grossvater, stellt sich die Frage, wo denn der Glaube eine

48 Abdruck z. B. in Katholisches Gesangbuch der deutschsprachigen Schweiz, Einsiedeln etc. 1998, S. 105.

›Wohnung‹ habe. Denn individueller Glaube und dessen Ausdruck reiche nicht – wir können körperlich und seelisch nicht leben von dem, was aus uns selber kommt. Auch Seele und Geist sind fürsorgeabhängig (Ina Praetorius) und angewiesen darauf, dass Mütter und Väter vor uns geglaubt und den Glauben zur Sprache gebracht haben. An ihn können wir uns anlehnen, wenn uns die eigene Glaubwürdigkeit zur Frage wird oder gar zur Enttäuschung.[49]

Für mich ist heute das Glaubensbekenntnis, das Christen und Christinnen im Gottesdienst rezitieren, eine kollektive Stimme, die ich innerlich bejahe. Im Credo tragen mich die Glaubensgeschwister aller Zeiten, sie bewegen mich und fordern mich heraus. Ich nehme sie ernst. Im Glaubensgrund verbindet ihre Stimme sich mit der Stimme meines Gewissens.

1992, während der neun Monate – fünf davon in einer Pfarrei – der Vorbereitung auf meinen Dienst als Theologe im Bistum Basel mit zweiunddreißig meist jungen Frauen und Männern fand sich für meine Regionalgruppe kein Supervisor. Niemand begleitete uns frischgebackene Theolog*innen, die in Pfarreien im Osten des Bistums Basel tätig waren. Was tun? Ein Kollege schlug vor, dass jedes Gruppenmitglied ausgehend vom Apostolischen Glaubensbekenntnis ein eigenes Glaubensbekenntnis formulieren sollte. Dieses Bekenntnis wurde allen Mitgliedern der Gruppe mitgeteilt – wir waren zu sechst, sechs Männer. Unsere Bekenntnisse, dem offiziellen Credo gegenübergestellt, bildeten die Basis für die folgenden Intervisionstreffen. Erfahrungen, Fälle, Fragen aus der Berufspraxis kamen dazu; wir reichten sie vorab schriftlich ein. Die Intervisionsgruppe gab dann beim folgenden Treffen mündlich Feedback, immer mit Blick auf das Credo, also auf die eigene innerste Sinnperspektive. Selbst aus der Distanz von dreißig Jahren Berufserfahrung hört sich dieses Vorgehen sehr auf-

49 Steffensky: Wo der Glaube wohnen kann, 2008.

wändig an. Doch in der Praxis funktionierte es. Mehr noch, mit dem Schreiben des eigenen Credos klärte jedes Mitglied der Gruppe sein eigenes Verständnis des Christusglaubens, fand dafür Worte und verstand tiefer, was es mit seiner Arbeit erreichen und bewegen wollte. Das Team funktionierte, geführt nicht vom Supervisor, sondern von sechs besonderen Glaubensbekenntnissen, die einen gemeinsamen Hintergrund hatten. Der Widerstand, den das alte Credo bot, gab uns jungen Theologen Halt. Der Text aus dem vierten Jahrhundert ermöglichte einen eigenständigen Glaubensausdruck, der aber allen verständlich, der teilbar war. Das Credo war immer noch Credo, mit sechs unterschiedlichen Schattierungen: befreiungstheologisch, soziologisch, theo-poetisch, mystisch-kommunikativ, herrschaftskritisch-basisdemokratisch, dogmatisch-traditionell. Später habe ich als Ausbildner am religionspädagogischen Institut der Universität Luzern die angehenden Religionslehrer*innen ihr Credo schreiben und es zu ihrer Praxis in Beziehung setzen lassen.

Die Aneignung des Credos, die Auseinandersetzung damit ist ein besonders inspirierender Teil der Vorbereitung auf die Firmung. So wächst in Zug-St. Johannes das folgende gemeinschaftliche Credo, Schicht um Schicht von den Firmjahrgängen weiterentwickelt, 2019 erstmals gesprochen:

Ich glaube, ich bin nie allein.
Gott ist bei mir – ist mir Vater und Mutter.
Gott ist Anfang und Ende und hat alles gemacht.
Ich glaube, dass Gott diese Welt in seinen Händen hält und trägt. Auch mich.
Ich glaube, Jesus, Kind Gottes wie wir, hat auf dieser Erde gelebt.
Jesus hat die Menschen getröstet und geheilt.
Jesus hat Hoffnung und Frieden gebracht.
So hat er sich als Christus gezeigt.

Jesus ist ungerecht am Kreuz gestorben, aber nicht im Tod geblieben.
Jesus lebt in Christus. In seinem Licht sind wir mit Christus verbunden.
Jesus Christus nachzufolgen heißt, sein Licht in die Welt zu tragen,
sein Reich des Friedens und der Gerechtigkeit zu verwirklichen.
Ich glaube, in jedem Menschen, auch in mir,
kann Gottes Geistkraft wirken.
Dieser Geist weht, wo er will.
Er ist die Kraft der Liebe, der Wandlung und der Freiheit für die Welt.
Gottes Geistkraft verbindet und macht Veränderung in dieser Welt möglich.
Durch sie wandeln wir gemeinsam die Welt zum Guten.
Wir sind noch jung. Aber wir werden verantwortlich die neue Welt gestalten. Wir sind bereit, dem Wirken des Geistes in unserem Herzen und in der Welt Raum zu geben. Darum sind wir bereit, uns firmen zu lassen.
Wir glauben, dass der eine Gott vielfältig für uns da ist.
Gott will das Leben und nicht den Tod, die Freude und nicht die Traurigkeit. Gott ist bei mir und bei uns – heute und bis in alle Ewigkeit. Amen.

14. November 2015: Am Tag nach den Pariser Attentaten, denen hundertdreißig Menschen zum Opfer fielen, treffe ich ein Pfarreimitglied vor der Kerzen-Stele in der Taufkapelle. Die Mutter von drei Kindern zündet eine Kerze für die Getöteten und ihre Angehörigen an. Beim Anzünden bricht sie unvermittelt in Tränen aus und sagt: »Jetzt verstehe ich den Satz: Hinabgestiegen in das Reich des Todes.«

Der eine Glaube hat viele Stimmen. In den Gesprächen vor der Taufe ihres Kindes übergebe ich den Eltern neben dem apostolischen Credo verschiedene andere, moderne. Zum Beispiel das des Berner Dichterpfarrers Kurt Marti:

ich glaube an gott
der liebe ist
den schöpfer des himmels und der erde
ich glaube an jesus
sein menschgewordenes wort
den messias der bedrängten und unterdrückten
der das reich gottes verkündet hat
und gekreuzigt wurde deswegen
ausgeliefert wie wir der vernichtung des todes
aber am dritten tag auferstanden
um weiterzuwirken für unsere befreiung
bis dass gott alles in allem sein wird
ich glaube an den heiligen geist
der uns zu mitstreitern des auferstandenen macht
zu brüdern und schwestern derer
die für gerechtigkeit kämpfen und leiden
ich glaube an die gemeinschaft der weltweiten kirche
an die vergebung der sünden
an den frieden auf erden für den zu arbeiten sinn hat
und an die erfüllung des lebens
über unser leben hinaus.[50]

Im Gottesdienst singen wir das Credo meistens, auch in Form des Liedes von Martin Luther.[51] Selten sprechen wir den offiziellen Text. Gerne schlagen wir eines der Glaubensbekenntnisse im Gesangbuch auf.

Das Wesen der Kirche ist sowohl bleibend als nach vorne hin offen

50 Kurt Marti: Abendland. Gedichte, Darmstadt 1980, S. 92.
51 Vgl. Katholisches Gesangbuch, Nr. 95 und 98, S. 168–170.

sagte ein ehemaliger Lehrer an der Universität Münster, der Dogmatiker Herbert Vorgrimler, in einer Vorlesung zum Zweiten Vatikanischen Konzil. Das ist für mich das Wesentliche am Credo. Die Kirche darf gespannt sein, was sich in ihr noch offenbaren wird.

Fürbitten

Sich der Welt annehmen

Auf der runden Holzabdeckung, die Thomas B. Hürlimann für den Taufstein in der Werktagskapelle von St. Johannes gefertigt hat, liegt ein unscheinbares Buch. Wer es aufschlägt, findet darin handschriftliche Einträge, die meisten in deutscher Sprache, aber auch englische, französische, italienische, portugiesische, spanische, polnische und kroatische Zeilen, dazu singalesische und kyrillische Buchstaben und Bitten in Tigrinya, der semitischen Sprache von Äthiopien und Eritrea. Die Handschrift wechselt: einfache, klobige Buchstaben, von Kinderhand mit Eifer Geschriebenes und Gezeichnetes, zittrige Worte und Texte von geübter Hand. Wenige Sätze wechseln sich ab mit seitenlangen Geschichten und Gebeten, Aufschreie gen Himmel mit feinfühligen Beschreibungen seelischer Not. Sie handeln von Arbeitslosigkeit, Beziehungsproblemen, Süchten, Krankheit, Sorgen um Mitglieder der Familie, von materieller Not, Angst, Einsamkeit, Depression, Stress, vom Wunsch nach Heimat, nach einer Aufenthaltsbewilligung. Es finden sich Bitten um die Gesundheit von Tieren oder die Bewahrung der Schöpfung; viele Lebenssituationen scheinen aussichtslos – niemand kann helfen, niemand ist ansprechbar und zuständig: außer Gott.

Fast jeder Eintrag trägt ein Datum. Tag für Tag, 365 Tage im Jahr, Jahr um Jahr vertrauen Menschen ihre Bitten in diesem Fürbittbuch Gott an, anonym oder mit Namensnennung.

Ich lese die Einträge regelmäßig, mache die Anliegen zu meinen. Wenn ein Buch gefüllt ist, wird es im Büro archiviert; auf dem Taufstein liegt ein neues Fürbittbuch bereit. In den zwölf Jahren, die ich nun Gemeindeleiter in Zug-St. Johannes bin, gab es keinen einzigen Missbrauch, etwa durch unflätige Flüche, faschistische oder fremdenfeindliche Parolen, perverse Zeichnungen, durch irgendwelche Kommentare zu den Beiträgen der anderen Schreibenden, durch Beziehungsangebote oder wüste Kirchenkritik. Das einfache Buch wird in Ehren gehalten, beim Lesen stellt sich Ehrfurcht ein. Hier treten Menschen unmittelbar und unverstellt vor Gott. Ihre Not ruht auf einem letzten Vertrauen – und sei es auch gefährdet. Viele Einträge schließen deshalb mit einem Dank: Danke Gott, dass du mein Bitten erhörst. Danke, dass du mein Elend siehst. Danke, dass du mein Leben segnest. Danke, dass ich eine Familie habe, die ich liebe.

Die Menschen, die ihre Anliegen in unserem Fürbittbuch Gott anvertrauen, sind nicht identisch mit den Teilnehmern und Teilnehmerinnen an unseren Gottesdiensten. Oft sind es Passantinnen aus dem nahen Einkaufscenter, Buschauffeure, die an der nahen Endstation der Linie 11 eine Pause machen, Straßenarbeiter oder Pflegekräfte, die in der Mittagspause kurz vorbeikommen. Manchmal bin ich gerade in der Nähe: Die meisten zünden eine Kerze an und stehen nach dem Schreiben der Zeilen still vor dem Kerzenschrein und der Holzmadonna. Manche beten, bekreuzigen sich, berühren das Holz der Madonna, manche knien nieder. Einige Einträge finden Eingang in das Fürbittgebet der Sonntagsgemeinde.

Bei Gottesdiensten im kleinen Rahmen lade ich manchmal ein zu persönlichem Fürbittgebet. Es steht allen frei, ihre Bitte mitzuteilen oder für sich zu behalten. So zünden manche still eine Kerze an. Andere sprechen Persönlichstes aus. Jede frei formulierte Bitte nimmt die Versammlung auf: »Wir bitten dich, erhöre uns«.

Ein tschetschenischer Freund erzählte aufgewühlt, wie sie während der russischen Angriffe in der Hauptstadt Grozny ausharrten und hofften, vergeblich. Die Freiheitskämpfer waren eingekesselt von russischen Streitkräften und *Kadyrofsty*, Paramilitärs, tschetschenischen Sympathisanten der Invasoren. In ihrer Angst hingen sie am Radio. Verzweifelt warteten sie darauf, dass eine westliche Nation den Krieg verurteilt, dass jemand protestiert und das tödliche Unrecht beim Namen nennt, das ihrem Volk widerfährt. Sie warteten vergebens. Heute noch ist der Freund erschüttert über das Schweigen des Westens. Unerhörtes Schicksal eines Volkes – im wahrsten Sinne des Wortes. Das Schweigen trieb viele seiner Mitbürger in Richtung Islamismus, und dies, obwohl der Islam in der Region bis dahin keine fundamentalistischen Anknüpfungspunkte geboten hatte. Ähnlich geht es Geflohenen aus den Bürgerkriegsgebieten in Syrien, im Irak und in der Türkei. Sie haben unter unvorstellbaren Opfern gegen den IS, Islamischen Staat, gekämpft und gesiegt. Wir alle haben einen Nutzen davon. Heute sorgen viele auch noch für die Kinder westeuropäischer Djihadisten, die, zu Waisen geworden, von den Heimatländern ihrer Eltern nicht aufgenommen werden.

In den Fürbitten erheben wir die Stimme für Menschen, aber auch für Tiere und Pflanzen, die keine Stimme haben. Manchmal lässt einen das Leid zusammenzucken.

Wie berichtet, habe ich sieben Monate in einem buddhistischen Zen-Center in Boston gelebt. Die dreißig Menschen rezitierten jeden Morgen und jeden Abend die vier großen Versprechen:

> Sentient beings are numberless, I vow to save them all.
> Delusions are endless, I vow to cut through them all.
> The teachings are infinit, I vow to learn them all.
> The buddha way is inconceivable, I vow to attain it.[52]

---

52 Deutsche Übersetzung (nach der Lassalle-Glassmann Zengemeinschaft): Die Lebewesen sind zahllos, ich gelobe, sie alle zu retten. Täuschende

Das hilft, nicht abzustumpfen und das Herz offenzuhalten. Nein, meine Wenigkeit, mein Ego wird nicht als Superman oder Superwomen das Leiden auf der Welt beenden, aber ich bin bereit, mit ganzem Herzen und ganzer Seele, mich daran nicht vorbeizustehlen. Indem ich gelobe, alle Lebewesen zu retten, bin ich – hoffentlich – parat, um jetzt dem Lebewesen beizustehen, das JETZT meine Zuwendung braucht.

Das ist die Haltung, die das Fürbittgebet verlangt, soll es nicht ins Leere gehen. Die Fürbitten schließen mich auf für das Schlimme und Schmerzvolle in der Welt, dem ich mich stelle. Fürbitten klopfen einen weich. Mein Mitgefühl erwacht. Und ich kann sie in Demut beten, auch wenn ich meist nicht helfen kann, weil ich nicht allmächtig bin: Ich weiß um die Hoffnung, dass alle Tränen getrocknet werden (Offb 21,4), und ich teile sie. Die Fürbitten fordern mich heraus, Not und Leiden zu sehen und mein Möglichstes zur Heilung zu tun. Wie Christus: »Ich war hungrig, durstig, nackt, krank, fremd, im Gefängnis …« (Mt 25). Viele Heilige, die mich inspirieren, haben genau das getan: Franziskus, Elisabeth von Thüringen, Oskar Romero.

Indem wir monoton wiederholen »Wir bitten dich, erhöre uns«, lassen wir nicht locker und bringen Schweres zur Sprache. Elie Wiesel erzählt, wie in Auschwitz ein Kind am Galgen hing. Die jüdischen Häftlinge mussten zuschauen. Einer fragte: Wo ist Gott? Und einer antwortete: Dort hängt er. – Auschwitz hat die deutschen Theologinnen und Künstler erschüttert, ihnen den Boden unter den Füßen weggezogen: Wie angesichts des Unvorstellbaren, Furchtbaren von einem liebenden Gott sprechen? Darf es Kunst geben nach Auschwitz? – Fürbitten halten den Fuß in die Tür des Gottesdienstes, damit die liturgische Welt nicht klein und kitschig wird.

Gedanken und Gefühle sind endlos, ich gelobe, sie alle zu lassen. Die Dharma-Lehren sind unzählbar, ich gelobe, sie alle zu lernen. Der Weg der Erkenntnis ist unübertroffen, ich gelobe, ihn zu erreichen.

Wie sagte David Flusser, ein jüdischer Gelehrter, sinngemäß: Wenn ich Gott von Angesicht zu Angesicht sehen werde, dann wird nicht nur Gott einige Fragen an mich haben, dann habe auch ich Fragen an Gott.

Die Kontemplationslehrerin und Zenmeisterin Pia Gyger betonte immer wieder, dass in der Beziehung zur geistigen Welt, zu den Heiligen, Engeln, zu Gott die gleichen Regeln gelten wie in der Kommunikation der Menschen untereinander. Es braucht das direkte Gespräch. Auch die unsichtbare, geistige Welt braucht Fragen, Einwürfe, Zweifel, Bitten. So einfach ist es, war Gyger überzeugt; die Menschen haben einfach vergessen, dass es so einfach ist.

Der jüdische Psychotherapeut Marshall Rosenberg benennt vier große B als Leitlinie gewaltfreier Kommunikation: Beobachten, Befinden (Gefühle), Bedürfnis, Bitten[53]. Sie helfen mir bei der Formulierung der allsonntäglichen Fürbitten. Ich beobachte still meine Mitwelt, lasse mein Befinden, meine Gefühle zu und mein Bedürfnis, dass es anders werden möge. Aus dieser Stille entstehen die Bitten an Gott. Er »weiß, was wir brauchen«; wir wissen es freilich allzuoft nicht.

In meinem Morgenritual formuliere ich täglich still für mich solche Bitten. Über viele Jahre ist dieses Morgengebet gewachsen. Dazu gehört immer das Gebet von Bruder Klaus und die »Ausrichtung der Kräfte«, Grundgebet der Kontemplationsschule *via integralis*:

Ausrichtung der Kräfte

Eins mit DIR,
Urgrund allen Lebens,
diene ich der Menschheit,
der Erde und dem Kosmos.

---

53 Rosenberg: Gewaltfreie Kommunikation, 2001, S. 21.

Mit liebendem Herzen
setze ich mich ein
für Gerechtigkeit und Frieden in mir,
in meinen Beziehungen und in der Welt
und achte alle Dimensionen der Schöpfung.

Zum Wohle leidender Wesen
in Armut, Gewalt und Schmerz
verkörpere ich Mitgefühl
und traue der göttlichen Weisheit in mir.

Achtsam lebe ich
Ergänzung und partnerschaftliches Miteinander
von Menschen aller Geschlechter,
Religionen und Kulturen,
Technik und Natur.

Ich bin bereit,
in Verantwortung für kommende Generationen
den Weg des Erwachens zu gehen,
Glück und Mühsal des Wachsens anzunehmen
und wahrhaft liebend zu werden.

Göttlicher Urgrund,
lass mich erfahren,
dass dein ICH BIN
mein ICH BIN ist.[54]

Ich sitze fünfundzwanzig bis dreißig Minuten in der im Zazen erprobten Weise, bin nichts als da, atme, lasse Gedanken los. Erst dann folgt freies Gebet, ein stilles Danke an Gott für den neuen Tag. Danach bitte ich Gott um Hilfe. Einigen Menschen habe ich versprochen, regelmäßig für sie zu beten.

54 Kontemplationsschule via integralis (https://viaintegralis.ch).

Andere fallen mir spontan ein. Ganz konkret stelle ich mir diese Menschen und ihr Schicksal vor (Rosenberg: Beobachten). Ich nehme die Regungen meines Herzens wahr und lasse mein eigenes Seelenerleben zu (Befinden). Ich nehme wahr, was fehlt (Bedürfnis) und bitte um Hilfe, Heilung, Gesundung (Bitten). Bilder geheilten Lebens steigen auf. Oft bitte ich in meiner Hilflosigkeit Engel, an der Seite der Hilfesuchenden zu sein. Ob meine Gebete helfen? Ich weiß es nicht. Aber ich will die Not nicht verdrängen.

Im »Gebet des Klosters am Rand der Stadt« von Silja Walter heißt es:

Jemand muss zuhause sein,
Herr,
wenn du kommst.
Jemand muss dich erwarten,
unten am Fluss
vor der Stadt.
Jemand muss nach dir Ausschau
halten,
Tag und Nacht.
…
Herr,
und jemand muss dich aushalten,
dich ertragen,
ohne davonzulaufen.
Deine Abwesenheit aushalten,
ohne an deinem Kommen
zu zweifeln.
Dein Schweigen aushalten
und trotzdem singen.
Dein Leiden, deinen Tod mitaushalten
und daraus leben.

Das muss immer jemand tun
mit allen andern
und für sie ...[55]

Darum geht es. Sich die Welt zu Herzen nehmen, damit Gott darin wirken kann, Bereitschaft, an meinem Platz das zu hüten, was ich hüten, und das zu verändern, was ich verändern kann.

Die Notwendigkeit solch ›fürbittenden‹ Gebetes habe ich erst nach meinem vierzigsten Lebensjahr in einer Lebenskrise entdeckt. Meine beiden alten, kinderlosen Tanten waren als junge Frauen am Ende des Zweiten Weltkriegs aus Schlesien in den Westen geflüchtet. Sie erzählten nie von der Flucht, auch wenn die Folgen überdeutlich waren. Und jeden Tag beteten sie für mich. In meiner jugendlichen Überheblichkeit kam mir das überflüssig vor – heute weiß ich es besser. Sie fuhren fast täglich mit dem Fahrrad zum Gottesdienst und sagten: Wenn wir nachts nicht schlafen können, beten wir, so wird es uns nie langweilig. Nie. Am Ende beten wir immer für einen guten Tod.

Am Schluss der Fürbitten im sonntäglichen Gottesdienst steht meist die Einladung, eigene Bitten still für sich zu formulieren. Selbst solche, die einem noch nicht bewusst sind. Eine kurze Stille, die empfänglich macht für das Leid anderer, die Kraft schenkt, vielleicht einmal aus solcher Empathie und Mitgefühl zu handeln:

Gott, du kennst uns,
du weißt, was wir auf dem Herzen tragen,
auch das, was noch keine Sprache kennt.
Stille.
Wandle unser Leben, jetzt und alle Tage, bis in Ewigkeit.
Alle: Amen.

---

55 Walter: Voll singenden Feuers, 1990, S. 183ff.

Totengedenken

Sich dem Licht anvertrauen

Fürbitten schließen in der Regel die Verstorbenen mit ein. In St. Johannes ist an diesem Punkt des Sonntagsgottesdienstes, ob mit Priester als ›Gottesdienst und Eucharistiefeier‹ oder – an drei Sonntagen im Monat – als ›Gottesdienst und Kommunionfeier‹ ein besonderes Ritual entstanden. Neben dem Tabernakel liegt ein schön gestaltetes Formular mit dem Bibelspruch

> Keiner lebt sich selber und keine stirbt sich selber, leben wir, so leben wir in Christus, sterben wir, so sterben wir in Christus. (Röm 14,7)

und den Namen der Verstorbenen der vergangenen Woche, der Verstorbenen am »Dreißigsten« (Tag) oder am Jahrtag ihres Sterbens.

Davor stehen Opferlichtkerzen, eine für jede*n von ihnen. Ein ministrierendes Kind nimmt Licht von dem Kerzenberg mit den Apostelkerzen in direkter Nachbarschaft und zündet Licht um Licht an, während die Namen der Verstorbenen vorgelesen werden. Ein Gebetsruf schließt das Totengedenken ab:

(Liturge/Liturgin)	Gott, schenke ihnen die ewige Ruhe,
(alle)	und das ewige Licht leuchte ihnen,
(Liturge/Liturgin)	lass sie ruhen in Frieden.
(alle)	Amen.

Das Geld, das man anlässlich dieses kleinen Gedenk-Rituals spendet, wird an Priester in den Ländern des Südens weitergegeben, die mit Mess-Stipendien ihren Lebensunterhalt verdienen.

Die Ministrantinnen und Ministranten erfüllen ihre Aufgabe mit Liebe und Hingabe. Beim Entzünden der Kerzen für die Verstorbenen wird es für einen Augenblick vollkommen still in der Kirche. Wir sehen die liebevolle Zuwendung eines Kindes und in der eigenen Seele wird es lichter. Da sind wir von Gottes Art. Ein Ritual, das besonders die Angehörigen der Verstorbenen unmittelbar verstehen. Es tröstet. Manchmal braucht es freilich Zeit und manche Kerze, bis das Licht wieder in den Herzen und Augen zu leuchten beginnt.

Ein schmerzlicher Verlust, Krankheit und Alter sind nicht selten Türöffner für ein neues Selbst-Verständnis: Ich soll, ich will Licht sein. Jesus ist das »Licht, das jeden Menschen erleuchtet«. (Joh 1,9) Und Jesus erkennt dieses Licht in jedem Menschen. Die kleine Opferkerze mit dem flackernden, angreifbaren Licht steht für eine innerliche Wahrheit und Wirklichkeit: Alles Leben ist verbunden mit dem Licht Christi. In der Tiefe ihres Herzens, oft auch an Wendepunkten des Lebens, wissen Menschen davon. Meister Eckhart, der große Prediger und Mystiker, spricht vom »Seelenfünklein« in der Seele jedes Menschen. Ein Funke göttlichen Ursprungs, zu dem die Seele zurückkehrt, wenn das irdische Leben endet.

> Geh in deinen eigenen Grund,
> denn inwendig, im Innersten der Seele,
> da ist dein Leben und da allein lebst du.[56]

Angelus Silesius:

> Die Seele ist ein Kristall,
> und Gott darin der Schein,
> der Leib, worin sie beide wohnen
> ist ihrer beider heilig Schrein.[57]

Etwas für Innerlichkeitsspezialisten oder Esoteriker? – Mitnichten. In der ›Bergpredigt‹ sagt Jesus zur Menge, zu einfachen, hungernden, sehnsüchtigen Leuten:

---

56 Meister Eckhart: Deutsche Predigten und Traktate, 1977, S. 132.
57 Angelus Silesius: Cherubinischer Wandersmann, I/60.

> Ihr seid das Licht der Welt. Die Stadt hoch auf dem Berg kann sich nicht verstecken. Niemand zündet ein Licht an und stellt es dann unter einen Krug. Es wird vielmehr auf den Leuchter gesetzt. Dann leuchtet es für alle, die im Haus sind. So soll auch euer Licht den Menschen leuchten, damit sie eure guten Taten sehen und euren Gott im Himmel loben. (Mt 5,14–16)

Auf dem Friedhof im schweizerischen Zug steht neben dem offenen Grab immer eine Öllampe. Wenn mir der Friedhofsbeamte nach der Segnung von Grab und Urne oder Sarg dieses Licht reicht, hebe ich es schweigend in die Höhe, um es allen zu zeigen:

> N. N., dein irdisches Licht hier in dieser Welt ist erloschen.
> Du bleibst aber nicht in der Dunkelheit,
> sondern du hast Anteil am hellstrahlenden Auferstehungslicht Christi
> in der Ewigkeit.

Schon von Kindsbeinen an bin ich mit diesem Licht verbunden. In einer frühen Erinnerung sah ich es als Fünfjähriger, als mein Großvater starb. Und wenn ich es beschreiben sollte, dann erlebe ich es so: Es ist meinen äußeren Augen verborgen. Es ist ein Licht jenseits von Licht und Dunkelheit. Mit den inneren Augen kann ich es, besonders in Verbindung mit sterbenden Menschen, wahrnehmen. Dieses Licht ist Mitte der Seele. Im Übergang von Sterben, Tod und dem Weg in die letzte Wirklichkeit nach dem Sterben verlässt es den irdischen Leib und kehrt heim. Mit den Jahren seelsorglicher Praxis traue ich mich mehr in Bildern davon zu sprechen. Beispielsweise auf dem Friedhof bei Beerdigungen: Schon vor Begrüßung und Gebet am offenen Grab pflege ich das folgende Gedicht von Heinz Piontek zu rezitieren:

Freies Geleit

Da wird ein Ufer
zurückbleiben.
Oder das Ende
eines Feldwegs.
Noch über letzte Lichter hinaus
wird es gehen.
Aufhalten darf uns
niemand und nichts!
Da wird sein
unser Mund
voll Lachens –
Die Seele
reiseklar –
Das All
nur eine schmale
Tür,
angelweit offen –[58]

Dann sage ich etwa:

> Ich danke Ihnen dafür, dass Sie da sind. Was immer Sie mitbringen, Sie sind herzlich willkommen. Das Gedicht versucht in poetischer Sprache etwas auszusagen über den WEG, den die Seele von N. N. am … »noch über letzte Lichter hinaus« genommen hat. Es sagt zugleich etwas aus über uns, nämlich über unsere Aufgabe, Verstorbene loszulassen, ihnen freies Geleit zu geben. Dabei helfen uns die Zeichen und Zeichenhandlungen, die die katholische Tradition dafür vorsieht. Ich lade Sie ein, diese Zeichen mitzuvollziehen. Das erste ist das Kreuzzeichen.

Im Übergang des Sterbens und anderen entscheidenden Punkten des Lebens bin ich der Tradition meiner Kirche zutiefst

58 Piontek: Freies Geleit, 1989.

dankbar für ihre Zeichen und Rituale. Sie helfen anzunehmen, sie behalten das Licht des Lebens im Auge.

Vor ein paar Jahren habe ich eine starke, sehr alte und zugleich geistig wache Künstlerin in ihrem letzten Lebensabschnitt begleitet. Nach den Besuchen an ihrem Krankenbett verließ ich jedesmal angeregt und beschenkt das Alterszentrum. Eindrücklich war für mich besonders die Bereitschaft der Frau mit den markanten Gesichtszügen, ohne Jammern ihre Situation wahrzunehmen, sich dem Willen und der Führung Christi anzuvertrauen. Als Seelsorger, der sie begleitete, wurde ich durch diese Begegnungen reich beschenkt.

Anfang Advent verschlechterte sich ihr Gesundheitszustand. Sie starb, während ich in Deutschland war. In der Nacht nach ihrem Tod wachte ich auf, musste an die alte Dame denken – das war sie wirklich, eine Dame –, konnte nicht schlafen. Schließlich fiel mir ein, für sie zu beten. Aber mit welchen Worten? Freies Geleit geben – was hieß das in diesem Fall, wo die Seele Maria Hafners, dieser starken Persönlichkeit, in meinem Bewusstsein so gegenwärtig blieb, mich festhielt? Langsam begann mir das Licht Christi zu leuchten und Worte formten sich, inspiriert von einer buddhistischen Form der Meditation:

> Maria, möge deine Seele Gott grüßen.
> Maria, möge deine Seele von der Welt lassen.
> Maria, möge deine Seele die irdische Existenz loslassen.
> Maria, mögest du in Gottes Liebe und Frieden geborgen sein.
> Maria, möge deine Seele in Gottes Licht strahlen.

Nach mehr als einer Stunde solchen Betens hatte ich das Gefühl: Nun ist es gut, und ich konnte wieder einschlafen. Am nächsten Morgen riefen mich Angehörige an und baten mich, die Beerdigung zu leiten, obwohl die Verstorbene nicht zu meiner Pfarrei gehörte.

Weg, Zeit und Form, von der Welt zu lassen und in die göttliche Heimat einzugehen, ist wie jede Geburt von Mensch zu Mensch unterschiedlich und einzigartig.

Während meines Studiums gründete ich mit einem Kommilitonen eine Bibelgruppe. Unter den Teilnehmern und Teilnehmerinnen war Ursula, etwa fünfzig Jahre alt, drei Kinder an der Schwelle zum Erwachsenwerden; sie hatte Krebs. Wir trugen ihre Krankheit im Gebet mit. Während der Vorbereitung auf die Semesterprüfungen saß ich an meinem Schreibtisch und lernte. Plötzlich, schlagartig, wurde ich müde und schlief auf der Stelle ein. Im Traum befand ich mich in Ursulas Zimmer. Die Familie war um ihr Bett versammelt. Ursula lag im Sterben. Im Traum leuchtete ihr Körper, besonders die Herzgegend, in einem strahlenden, weißen Licht. Ich war traurig, ich wollte nicht, dass Ursula geht. Es brauchte eine sehr große Willensanstrengung (im Traum!), bis ich meinen Wunsch aufgab, ihr Sterben aufzuhalten. Schließlich tat sie den letzten Atemzug. Das Licht wich langsam aus ihrem Körper und Friede, lichter, heller Friede blieb im Zimmer zurück. Als ich erwachte, war ich seltsam berührt. Ich widmete mich wieder den Büchern und Skripten auf dem Schreibtisch. Am folgenden Tag rief mich der Kollege aus der Bibelgruppe an und erzählte, dass Ursula am Vortag gestorben sei, etwa zu der Zeit, als ich von ihr geträumt hatte.

In der Begegnung mit Maria Magdalena, der Kronzeugin seiner Auferstehung, sagt Jesus zu ihr – an seinem offenen Grab:

> Halte mich nicht fest, denn ich bin noch nicht zu meinem Vater gegangen. (Joh 20,17)

Das Totengedenken – in meiner Gemeinde jeden Sonntag als kleines Ritual zum Abschluss der Fürbitten – entzündet das Seelenlicht, das Licht Christi, und hilft loszulassen und den Verstorbenen freies Geleit zu geben.

Kollekte und Gabenbereitung

Sich verschenken und teilen

Ministrantinnen und Ministranten gehen mit Kollektenkörben durch die Kirche. Über die Körbe ist eine Ledermanschette mit einer kleinen Öffnung gezogen. Diese hat einen doppelten Zweck. Zum einen macht sie es Langfingern schwer, sich aus den Körben zu bedienen, wenn sie durch die Reihen gereicht werden. Zum anderen verhindert sie, dass Sitznachbarn sehen, wer wieviel ›opfert‹. Stuhl für Stuhl, Reihe um Reihe, legen die Feiernden in den Korb, was sie für angebracht erachten und was sie teilen wollen. Aufmerksame Kinderaugen schauen zum Schluss in die Runde, für den Fall, dass jemand vergessen wurde. In einer kleinen feierlichen Prozession bringen die Ministranten und Ministrantinnen die Körbe zurück und stellen sie vor den Altar.

Geld und Gottesdienst – wie geht das zusammen?

Seit gut zwanzig Jahren wohne und arbeite ich in einem katholischen Pfarrhaus. Schon längst sind auch in der Schweiz nicht mehr alle Pfarrhäuser bewohnt, manche reine Bürogebäude geworden. Verwaiste Pfarrhäuser – Zeichen, Symptom der Anonymisierung unserer Lebenswelten. Beratung und Sozialarbeit werden professionalisiert und auf Zielgruppen ausgerichtet; städtische Sozialämter und Stiftungen bieten in der reichen Schweiz Fachberatung und Triagierung. Doch daneben braucht es immer auch konkrete Menschen, die präsent sind, wenn es nottut. Bewohnte Pfarrhäuser sind solche Anlaufstellen. Manchesmal habe ich mit dem Ausgesetztsein im Pfarrhaus gehadert. Ich wurde zu Unzeiten bedrängt, mitunter belästigt, und mit mir meine Familie. So haben alle Familienmitglieder gelernt, lernen müssen, mit Not und Unglück umzugehen und irgendwie auch Teil der Lösungssuche zu sein.

Der ostdeutsche Dichter Reiner Kunze tauchte 1968, in Reaktion auf die gewaltsame Unterdrückung des sogenannten

Prager Frühlings[59] unter, aus Angst vor der Stasi der damaligen DDR. Er fand Unterschlupf und Versteck in einem evangelischen Pfarrhaus. Ein Gedicht aus dieser Zeit lautet:

> Pfarrhaus (für Pfarrer W)
>
> Wer da bedrängt ist findet
> mauern, ein
> dach und
> muss nicht beten.[60]

Die meisten Menschen, die im Pfarrhaus anklopfen, sind in finanzieller Not. Es gibt unglaubliche Not. Im Lauf der Jahre habe ich immer mehr Hochachtung entwickelt – es gehört eine gehörige Portion Mut dazu, sich in einer ausweglosen Lage an wildfremde Menschen zu wenden, um Hilfe zu bitten, zu betteln. In Coronazeiten habe ich von Hilfesuchenden Sätze zu hören bekommen wie zum Beispiel:

> Es fällt mir schwer, um Hilfe zu bitten, ich habe so etwas noch nie getan. Ich bin Taxifahrer und kann die Versicherung für mein Auto nicht zahlen und damit auch nicht arbeiten. Bitte helfen Sie mir.

Menschen sind schon vor mir auf die Knie gefallen und haben weinend ihre Anliegen vorgetragen.

Was ich tun kann? – Zunächst zuhören und dann mit gesundem Menschenverstand handeln. Fast immer ist Hilfe möglich, mit Naturalien und Nahrungsmitteln, durch einen (begleiteten) Einkauf in der Migros, mittels Essensgutscheinen oder auch fi-

59 In der Nacht auf den 21. August 1968 marschierte eine halbe Million Soldaten des Warschauer Pakts in die damalige Tschechoslowakei ein und beendete gewaltsam die Reformen des sogenannten »Prager Frühlings«.

60 Kunze: Gedichte, 2001, S. 118.

nanziell. Immer fand sich ein Bett in der nahen Jugendherberge oder eine einfache Schlafmöglichkeit auf den Matten des Meditationsraums im Pfarreizentrum. Nicht immer deckten sich die Erwartungen der Bittsteller*innen mit den Geldbeträgen, die ich aus dem Sozialfonds der Pfarrei weitergeben konnte. Manchmal taten sich auf meine Intervention hin Türen anderswo auf.

Jesus äußert sich immer wieder zu diesem Themenkomplex, auch aus der Sicht der Hilfesuchenden:

> Bittet, und Gott wird euch geben, sucht, und ihr werdet finden, klopft an, und ihr werdet eingelassen. Alle, die bitten, empfangen, und die suchen, finden, und die klopfen, werden eingelassen. Gibt denn ein Vater oder eine Mutter, die ihr Kind um Brot bittet, ihm etwa einen Stein? Oder wenn es um einen Fisch bittet, geben sie ihm etwa eine Schlange? Wenn schon ihr, die ihr ungerecht seid, euren Kindern gute Gaben geben könnt, um wie viel mehr wird Gott im Himmel, Vater und Mutter für euch, denen Gutes geben, die darum bitten. (Mt 7,7–11)

Am Ende dieser Rede folgt quasi die Essenz der Tora (der ersten fünf Bücher der hebräischen Bibel): die bekannte sogenannte goldene Regel.[61]

In jedem Gottesdienst ist die Gemeinde per Kollekte eingeladen, die goldene Regel materiell und finanziell umzusetzen. Die Gottesdienstteilnehmer spenden Geld für soziale und kirchliche Projekte in der Schweiz und im Ausland – um Not zu lindern und oft als Hilfe zur Selbsthilfe. Drei Ts seien für das soziale Wohlbefinden unerlässlich, erinnert Papst Franziskus, der weiß, wovon er spricht und es immer neu beweist: ›Tierra, techo y trabajo‹. *Tierra* – da geht es um Landwirtschaft, Genossenschaften, Klimawandel, Saatgutbörsen oder die Anschaffung von Nutztieren. *Techo* – eine Woh-

61 Alles, was ihr wollt, dass euch die Menschen tun, das tut auch ihnen!

nung, ein Dach über dem Kopf zu haben gehört zur Würde des Menschen. Obdachlose, Randständige, Flüchtlinge brauchen Hilfe; es geht auch um den Bau von Häusern, Schulen, Gesundheitszentren oder anderen Einrichtungen des Gemeinwohls. *Trabajo* – Arbeit, das bedeutet, mit eigener Hand für das eigene Auskommen sorgen zu können. Durch Projekte in den Bereichen Bildung, Frauenrecht oder Gesundheit geschieht ebenfalls Hilfe. Und manchmal ist auch ein Lastenausgleich innerhalb der Kirche nötig, zugunsten der Ausbildung von Katecheten und Katechetinnen oder Theologen und Theologinnen.

Zum Einzug der Kollekte singen wir in St. Johannes manchmal ein altes Kirchenlied:

Was uns die Erde Gutes spendet,
was unsrer Hände Fleiß vollbracht,
was wir begonnen und vollendet,
sei, Gott und Herr, vor dich gebracht.

Nun, da hat jede und jeder die Chance, Gutes zu tun. Menschen können von ihrem Überfluss weitergeben. Manche geben nicht nur vom Überfluss, sondern von dem, was sie selber zum Leben brauchen.

Die Kollekte verärgert manche, die in die Kirche kommen: Immer wollen die Geld! Doch der Gottesdienst wäre zu wenig konkret, wenn nicht auch materiell geteilt würde.

In der zweiten Strophe des Liedes singen wir:

Wir legen unsre Gaben nieder,
als Lob und Dank vor deinen Thron.
Du schenkst sie uns verwandelt wieder
in Christus Jesus, deinem Sohn.

Die Kollekte ist eine gute Einrichtung. Sie erinnert Sonntag für Sonntag daran, dass Menschen in Freiheit ihren Beitrag leisten können, die Welt gerechter, solidarischer und menschlicher zu machen. Niemand ist verpflichtet, etwas zu geben. Jede und jeder bestimmt selbst, was sie oder er geben kann und will.

Menschen wollen eigentlich geben. Sie müssen nur konkret gefragt werden. Im Geben ihres finanziellen Opfers realisieren sie die wechselseitige Abhängigkeit. Als Mensch leben bedeutet Geben und Nehmen. Im Geben schaffen wir einen Ausgleich.

Während der siebenmonatigen Auszeit im Cambridge Zen-Center 1997 erfuhren meine Frau und ich einen großen Schmerz: In den ersten Schwangerschaftswochen verloren wir ein Kind. In meinem Leid, fern von der Heimat und vertrauten Menschen, suchte ich das Gespräch mit meiner Lehrerin Bobby Rhodes, Zen-Meisterin Soeng Hyang, heute Gesamtleiterin der Kwan um School of Zen weltweit. Bobby Rhodes arbeitete als *visiting nurse* und war mit Situationen wie meiner in der aufsuchenden medizinischen Arbeit vertraut. Ich schilderte ihr den Verlust, meine Verzweiflung und Niedergeschlagenheit und meine Hilflosigkeit gegenüber dem Leiden meiner geliebten Ehefrau. Die Lehrerin reagierte mit stillem, uneingeschränktem Mitgefühl – eine erste Erleichterung. Doch wie weiter? Soeng Hyang empfahl, mich an die Gebetsperlen der Mala, des buddhistischen Rosenkranzes, zu halten, Atemzug für Atemzug jede der 108 Perlen in die Hand zu nehmen, den Schmerz dabei wahrzunehmen, um ihn bewusst im Ausatmen loszulassen. Bobby Rhodes bemerkte, dass ich zögerte, und sie ermutigte mich zu sprechen. Ich sagte ihr, dass ich gar keine Mala besässe. – »Oh, you don't have a mala? Take mine!« sagte sie, blickte mir in die Augen, nahm ihre Mala vom Hals und legte sie in meine Hand.

Ich war überwältigt. Es war diese Geste, die mich aus der Sackgasse meines Leids herausführte. Sie wirkt bis heute nach. Sie ermutigt mich, konkret zu helfen. Mitgefühl, Hilfsbereitschaft und tatkräftige Hilfe sind natürliche Begabungen. Begabungen, die Jesus anspricht, wenn er uns sagt: Du begegnest mir, wenn du Menschen besuchst, die krank und im Gefängnis sind. Du begegnest mir, wenn du nackte Menschen bekleidest und Hungernden zu essen gibst. Nicht zuletzt bei der Kollekte im Gottesdienst begegnen wir ihm: Unser Geld, unsere Gaben verwandeln mit Christus, den wir feiern, die Welt.

Die 108 Holzperlen der Mala begleiten mich nun ein Vierteljahrhundert. Ich trage sie als Kette um meinen Hals. Ihre dunkle Farbe ist abgewetzt. Als ich Gemeindeleiter in Greppen wurde, habe ich bei einer Goldschmiedin ein christliches Kreuz, umgeben von einem goldenen Kreis, in die Kette einfügen lassen. Seither trage ich sie in jedem Gottesdienst sichtbar um den Hals.

Während des Kirchenliedes wird nicht nur die Kollekte eingezogen, es werden – bei einer Eucharistiefeier – auch Wein und Brot, die eucharistischen Gaben, zum Altartisch gebracht. So lautet die dritte Strophe:

> Wie Wein und Wasser sich verbinden,
> so gehen wir in Christus ein.
> Wir werden die Vollendung finden
> und seiner Gottheit teilhaft sein.[62]

In St. Johannes greift besonders eine Weltgruppe die Fragen und Nöte der Weltgemeinschaft auf. Vor vielen Jahren von meinem Vorgänger, Pfarrer Alfredo Sacchi, mit älteren Ministranten und Ministrantinnen gegründet, wählt die Gruppe für ein Jahr oder für mehrere Jahre ein besonderes Hilfsprojekt aus. Für dieses Pfarreiprojekt wird an verschiedenen Fest- und Sonntagen im Jahreskreis die Kollekte aufgenommen. Auch der Erlös des Weihnachtsmarkts am ersten Adventssonntag aus Kaffee- und Kuchenverkauf und Brunch nach der Kirche fließt in dieses Projekt, und immer wieder geben Gönner und Gönnerinnen bedeutende Einzelspenden. Als ich 2012 diese Gruppe übernahm, waren viele schon über Dreißig. Sie hatten nicht nur gesammelt und gearbeitet; manche hatten die Projekt-

---

62 Katholisches Gesangbuch der deutschsprachigen Schweiz, 1998, S. 762.

Partner – als reiselustige junge Menschen – mit ihrem eigenen Geld und in ihrer Freizeit besucht. Nun wollten die jungen Leute die Verantwortung weitergeben. Nur: Wie sollten junge Freiwillige gewonnen werden? Seit der Gründung der Gruppe in den neunziger Jahren hat die kirchliche Bindung allgemein, besonders aber bei jungen Menschen, rapid abgenommen. Es ist schwierig, junge Menschen außerhalb der kirchlichen Jugendarbeit für ein Engagement zu gewinnen.

Nach längerer Suche fanden sich sechs junge Männer Anfang zwanzig. Sie waren miteinander befreundet, im Quartier beheimatet, mit der Pfarrei allenfalls lose verbunden, als Pfadfinder oder Gottesdienstbesucher an Ostern und Weihnachten. Und: Sie repräsentieren mit ihrer Biografie die Weltgemeinschaft. Bei vieren ist ein Elternteil in der Schweiz geboren und andere anderswo, in Brasilien, Sri Lanka, Deutschland, Spanien; bei einem jungen Mann sind beide Eltern aus dem Kosovo geflüchtet, nur einer hat Eltern, die beide in der Schweiz geboren sind. Nach einem Briefing über den Sinn der Gruppe machten sich die jungen Männer via soziale Medien auf die Suche nach einem Projekt. Beim nächsten Treffen stellten sie es vor. Humedica unterstützt ein kleines kosovarisches Dorf, Krushe e Vogel. Die Männer der Gemeinde waren im Bürgerkrieg verschleppt, gefoltert und ermordet worden. Zurück blieben Frauen und Kinder: Humedica sorgt für sinnvolle Freizeitgestaltung, Bildung, Gesundheit und Gemeinwesenarbeit.

Warum gerade dieses Projekt in einem muslimischen Umfeld? – Der junge Kosovare wusste aus eigener Erfahrung, wie die Wunden des Krieges weiterwirken und wie sehr besonders männliche Jugendliche Vorbilder und Unterstützung bräuchten, um ihren Weg ins Leben zu finden. Ich war sehr berührt von der Wahl.

Dennoch, ich gestehe es, war meine erste Reaktion (die ich den Sechs nicht mitteilte) ein Erschrecken: Kann ich der Pfarrei ein Projekt empfehlen, das über mehrere Jahre geht und nicht von kirchlichen Hilfswerken kommt? Das Angehörige einer anderen Religionsgemeinschaft unterstützt? Die Dringlichkeit, mit der die Gruppe für das Projekt plädierte und die Erfahrungen des Hauptbetroffenen linderten meine Bedenken; es kam zur Präsentation von Krushe e Vogel vor der Pfarreiversammlung. Der Beifall der meist viel älteren Gemeindemitglieder für die jungen Männer war begeistert und herzlich.

Auch das gegenwärtige Engagement der Weltgruppe hat einen persönlichen Hintergrund. Eine Pfarreiangehörige, seit 2020 auch Mitglied des Pfarreirats, ist als Auslandschweizerin in Australien geboren und spricht ein uriges Schwyzerdütsch mit englischer Färbung. Mit siebzehn Jahren kam Barbara Gunasekaram auf der Suche nach ihren Wurzeln in die Schweiz. Zur gleichen Zeit, als der Teenager, der jetzt ihr Ehemann ist, das Bürgerkriegsland Sri Lanka verließ und sich mit dem Segen seiner Eltern auf den gefährlichen Fluchtweg nach Europa machte. In zwei Büchern[63] hat Barbara ihrer beider Geschichte in Romanform erzählt. Ihre drei Kinder sind inzwischen erwachsen. Gunasekarams haben ein eigenes Hilfswerk gegründet, die Palm Squirrel Society[64], die in Sri Lanka jungen Frauen eine Grundausbildung in medizinischer Pflege ermöglicht.

In dieser neuen Generation entwickelt sich das Bewusstsein von der einen Welt, das schon im ›Gebet der Vereinten Nationen‹ 1945 zum Ausdruck kam. Es erwächst aus Liebe und Not, ist geprägt durch Klimawandel, Migration und Flucht, völker- und religionsverbindende Freundschaften und Ehen, Hunger und Krieg. Als wir Volksschulkinder baten, ein Bild zu malen für das Pfarreiblatt zum Thema »Da wohnt Gott«, zeigten die meisten der über zweihundert Einsendungen Naturmotive, die Erde und den Kosmos. Viele Kinder malten die Erde als

---

63 Vgl. Gunasekaram: Vanakkam, kein Weg zurück, 2016. Dies.: Vanakkam – trotz allem, 2018.

64 www.palm-squirrel-society.ch

androgyne Gestalt, nur wenige Kirchengebäude oder den alten Mann in den Wolken. Im Erstkommunionunterricht bringen wir diese Bilder in Verbindung mit Jesus, dem Christus, mit der Wandlung, der Öffnung unserer Hände und Herzen.

> Als Jesus aber aufblickte, sah er die reichen Leute, die ihre Gaben in den Opferkasten warfen. Er sah aber eine mittellose Witwe, wie sie dort zwei Münzen einwarf, und er sprach: »Wahrhaftig, ich sage euch: Diese arme Witwe hat mehr eingeworfen als alle. Alle haben nämlich aus ihrem Überfluss zu den Gaben eingeworfen. Sie aber hat aus ihrer Armut heraus alles eingeworfen, was sie zum Leben hat.« (Lk 21,1–4)

Wie bereits gesagt: Die Ministranten und Ministrantinnen platzieren die Körbe, die durch die Reihen der Feiernden gereicht wurden, vor dem Altar. Dort bleiben sie für den nächsten Teil des Gottesdienstes. Andere bringen – bei einer Eucharistiefeier – Brot und Wein in die Mitte, Nahrung, die an das letzte Essen Jesu erinnert, an das große jüdische Befreiungsfest, Pessach.

Unsere Gaben – konkrete Unterstützung und Hilfe für andere – verbinden sich mit den Gaben Jesu.

Nach Lesungen, Evangelium, Predigt und Fürbitten verlagert sich die Aufmerksamkeit vom ›Tisch des Wortes‹ zum Tisch des Brotes.

Die Mädchen und Buben in den weißen Gewändern nehmen nun die langen Kerzen, ein Kind bringt den Gong oder die Klangschale zum Klingen. Der Teppich in der Mitte ist rund. Im Kreis versammeln sich Männer, Frauen und Kinder um den Altar.

Die ganze Gottesdienstgemeinschaft bildet einen Kreis um dieses Zentrum. Auch die baulichen Elemente, Bodenpflaster, Stuhlreihen, Wände. Ohne eine einzige Stufe einzuziehen, haben die Architekten eine Verbindung geschaffen, die vom Altar, von der feiernden Gemeinde ausschwingt bis auf den Kirchplatz und zu den umliegenden Gebäuden, zum Pfarrei- und zum Alterszentrum, zum Restaurant und zum Supermarkt. Innerhalb des Kirchenraums und außen besteht der Boden aus den gleichen Pflastersteinen. Also auch umgekehrt: Ohne Schwelle und Stufe ist das Umfeld mit Kirche und Altar verbunden. Gott ist bei den Menschen, bei uns, auf der Erde. Das ›Geheimnis des Glaubens‹ – wie wir ausrufen werden am Höhepunkt der Messfeier – verbindet Himmel und Erde. Menschen, alles Geschaffene und die göttliche Wirklichkeit sind miteinander in Bewegung und Begegnung.

Konsekration

Sich lieben im unentwegten Ineinander

Wenn wir Eucharistie feiern, erleben wir miteinander die Wandlung von Brot und Wein, wie sie Jesus gebraucht hat. Möglich wird das nach katholischer Tradition, wenn ein Priester unter uns ist.

1980, lang vor dem Fall des Eisernen Vorhangs, lud mein Deutsch- und Religionslehrer zwanzig handverlesene Schülerinnen und Schüler in den Herbstferien zu einer zehntägigen ›Versöhnungsreise‹ nach Polen ein. Ich war achtzehn Jahre alt. Herr Neck war kurz vor Beginn des Zweiten Weltkriegs im damals deutschen Schlesien zur Welt gekommen. Seit Willy Brandt die neue Ostpolitik praktizierte, besuchte er regelmäßig seine ehemalige, seit 1945 polnische Heimat. Er brachte Geschenke mit und sorgte dafür, dass der Opfer des Krieges auf beiden Seiten gedacht wurde. Konkrete Versöhnungsarbeit.

Kurz vor der deutsch-deutschen Grenze, in Helmstedt, Übergang in den sogenannten Ostblock, in die sozialistische Welt, hielten unsere Autos auf einem Rastplatz an. Hans-Josef Neck verteilte Päckchen mit je hundert Gebetszetteln, die auf der Vorderseite das Bild des Kapuzinerpaters Maximilian Kolbe zeigten. Alle Mitschüler und Mitschülerinnen versteckten diese kleinen Bündel unter der Kleidung, die wir auf dem Leib trugen. Jede*r vier oder fünf Päckchen, die wir so über die Grenze der DDR und 300 Kilometer weiter in Frankfurt an der Oder über die polnische Grenze schmuggelten.

Die Situation in dem Ostblockland bewegte uns. Wir spürten den Geist des Aufbruchs in der Gewerkschaftsbewegung Solidarność, die später den Polen Freiheit, Menschenrechte und parlamentarische Demokratie bringen sollte und den Fall des eisernen Vorhangs mitbewirkte. Überall wurden wir von der Bevölkerung herzlich empfangen. Wir erfuhren überwältigende Gastfreundschaft, wenn wir in Privathaushalten übernachteten, wo unsere Gastgeber uns trotz der Einschränkungen der sozialistischen Planwirtschaft fürstlich bewirteten. Zwei Nächte verbrachten wir in einem Pilgerhostel in Tschenstochau. An einem grauen Herbstnachmittag besuchten wir von dort aus das Konzentrations- und Vernichtungslager Auschwitz-Birkenau.

An diesem Ort mit seiner Geschichte verloren wir alle – ich kann es nicht anders ausdrücken – die Fassung. Wie verirrte, verwirrte Schafe liefen wir mit einem polnischen *Guide* – er sprach Deutsch – über die Todes-Rampe des Bahnhofs, wo während der nationalsozialistischen Diktatur und Terrorherrschaft Menschen jüdischer Herkunft, Kinder und Erwachsene, Männer und Frauen, in Viehwaggons ankamen und selektioniert wurden. Wir betraten die als Duschräume getarnten Gaskammern und standen vor den Krematorien. Wir liefen durch die Baracken, hörten von Demütigung, Gewalt, Ohnmacht und Angst, sahen Berge von Schuhen, Koffern, Brillen, Zahnprothesen der Ermordeten und ihre Porträtfotos – neben Juden auch andere Verfolgte, politische Gegner, Homosexuelle. Die Führung endete an der Todesmauer, wo die Strafexekutionen stattfanden. Daneben befand sich der sogenannte Hungerbunker. Dort erzählte der Guide vom Ende Maximilian Kolbes. Ich zitiere dazu Wikipedia:

Im Dezember 1939 wurde Pater Kolbe mit vierzig Ordensbrüdern von der Gestapo verhaftet, aber bald wieder auf freien Fuß gesetzt. Am 14. Februar 1941 wurde er erneut festgenommen; ein Hauptgrund war, dass er in Niepokalanów 2300 Juden und dazu noch polnischen und ukrainischen, griechisch-katholischen Flüchtlingen Zuflucht gewährte. Er wurde in das Warschauer Zentralgefängnis Pawiak gebracht und im Mai desselben Jahres in das Konzentrationslager Auschwitz verlegt, wo er weiter als Priester und Seelsorger wirkte. Am 29. Juli 1941 wurden Männer als Vergeltungsmaßnahme für die nur vermutete Flucht eines anderen Häftlings, dessen Leiche später gefunden wurde, zur Ermordung aussortiert. Als einer der Männer, Franciszek Gajowniczek, der eine Frau und zwei Söhne hatte, in lautes Wehklagen um sich und seine Familie ausbrach, bat Pater Kolbe den Führer des Häftlingslagers Karl Fritsch darum, den Platz von Gajowniczek einnehmen zu dürfen, und wurde am 31. Juli 1941 in den berüchtigten »Hungerbunker« des Blocks 11 gesperrt. Dort betete er mit seinen Leidensgenossen und tröstete sie. Am 14. August wurden Pater Kolbe und drei andere Verurteilte, die noch nicht verhungert waren, durch Phenolspritzen, die der Funktionshäftling Hans Bock injizierte, umgebracht und im Krematorium verbrannt. Gajowniczek überlebte das Konzentrationslager und starb 1995.[65]

Ich stand an der Todesmauer und konnte mich nicht mehr bewegen. In mir sagte eine Stimme unaufhörlich nur einen einzigen Satz: Das ist alles nicht vorbei. Das ist alles nicht vorbei. Das alles ist nicht vorbei. Mir war, als ob die Seelen der Verstorbenen wie eine schwarze Wolke über diesem Schreckensort schwebten. Eine befreundete Mitschülerin nahm mich schließ-

65 https://de.wikipedia.org/wiki/Maximilian_Kolbe (25.10.2023).

lich am Arm und zog mich durch die Abenddämmerung aus dem Vernichtungslager.

An diesem Abend habe ich mich vollkommen betrunken. Ich wusste am nächsten Morgen nicht, wie ich vom Restaurant in mein Bett im Pilgerhostel gekommen war. Vielen Mitschülern ging es genauso. Wir ertränkten das Erlebte im Alkohol.

Am nächsten Morgen fuhren wir weiter nach Niepokalanów zur Klostergemeinschaft, der Maximilian Kolbe angehört hatte. Endlich konnten wir unsere geschmuggelten Gebetszettel überreichen – zur Freude der Patres.

Der Zufall wollte, dass an diesem Abend im Kloster ein Treffen von Männern stattfand, die Auschwitz überlebt hatten, darunter Franciszek Gajowniczek. Wir trafen sie. Die Männer erzählten uns in gebrochenem Deutsch ihre Geschichte. Viele von uns weinten: Nach dem Nachmittag in Auschwitz begegneten wir nun auch noch unmittelbar Opfern und Zeugen des Grauens. Die alten Männer zeigten uns die nackten Arme mit den eintätowierten Nummern. Einer von ihnen sprach uns – junge Deutsche – direkt an:

> Ihr müsst nicht traurig sein. Ich vergebe euch und eurem Volk. Eure Aufgabe wird es sein, die Zukunft in goldenen Lettern zu schreiben.

In diesem Moment lichtete sich meine abgrundtiefe Trauer. Durch die dunkle Wolke unerlösten Leides drang ein helles, strahlendes, goldenes Licht, ausgehend von diesem Überlebenden, und umhüllte uns. Seine Worte hatten eine Sonne des Trostes aufgehen lassen.

Maximilian Kolbe nahm stellvertretend Leiden und Tod auf sich. Sein Tod hat Franciszek Gajowniczek das Leben geschenkt. Maximilian Kolbe lebte und starb, damit ein Familienvater überlebte. Maximilian Kolbe konnte das tun, der alte, von Auschwitz gezeichnete Pole konnte den Deutschen verzeihen, weil sie im unentwegten Ineinander mit Jesus, mit dessen Wirken, Tod und Auferstehung waren – und mit Gott, den Christus ›abba‹ nannte, Vater, Papa.

Nichts anderes feiern wir in der Eucharistie. Hier vermag ich es zu erleben, zu erfahren und zu erkennen, das unentwegte Ineinander von Gott und Menschen, in Leben, Tod und Auferstehung. Leben, Tod und Auferstehung sind Gottes Realität: In den sakramentalen Gaben von Brot und Wein vermag diese Wirklichkeit zur sinnenfältigen Erfahrung werden. Ja, auch der Tod ist Gottes Realität: Heute, überall auf der Welt, leidet und stirbt Jesus am Kreuz. Aber auch Auferstehung ist Realität Gottes: Heute, überall auf der Welt, steht Jesus als Christus auf.

Im Ritual der Eucharistie stellt die versammelte Gemeinde dieses »Geheimnis des Glaubens« mit den einfachen Worten fest:

> Deinen Tod, oh Herr, verkünden wir, deine Auferstehung preisen wir, bis du kommst in Herrlichkeit.[66]

In der Kraft des heiligen Geistes heiligen (konsekrieren, verwandeln) Jesu ureigene Worte Brot und Wein. Die wiederum, die sie gläubig entgegennehmen, werden ihrerseits in den mystischen Leib Christi verwandelt: Dieses Eucharistieverständnis verdanken wir Ambrosius von Mailand (330–397), den die versammelte Gemeinde als Priester und Bischof bestimmte, als er noch nicht einmal getauft war.

Es ist kein fixer Zeitpunkt definiert, wann genau in diesem Ritual die Konsekration passiert. Die freie Bewegung, das unentwegte Ineinander, das sich da ereignet, ist übrigens auch ohne die Einsetzungsworte möglich: 2001 hat die römisch-katholische Kirche die Liturgie von Addai und Mari des uralten, weit verbreiteten ostsyrischen Ritus anerkannt, die keinen ausdrücklichen Einsetzungsbericht kennt. Eucharistie bleibt

66 Katholisches Gesangbuch der deutschsprachigen Schweiz, 1998, S. 109.

Eucharistie auch ohne Worte. Und wenn Brot und Wein fehlen, wird sie Weltliturgie.

Seit früher Jugend sind meine Eltern Mitglieder im Bund Neudeutschland, genauer, mein Vater war Mitglied im ›Männerbund‹ und damit in der Ortsgruppe samt Ehefrau, und in den Ferien waren die Familien als ganze eingeladen. Der *Bund* ist eine von der Jugendbewegung inspirierte, nach dem Desaster des Ersten Weltkriegs in Deutschland gegründete katholisch-religiöse Gemeinschaft. Sie wurde von den Mitgliedern, d. h. den jungen Männern, selbst verantwortet; Priester waren Begleiter. In den dreißiger Jahren des letzten Jahrhunderts war sie u. a. von Romano Guardini geprägt, dem Theologen und Leiter der Bildungsstätte Burg Rothenfels. Dort traf sich ›der ND‹. Man feierte Gottesdienst in der Volkssprache rund um den Altar. 1933 geriet der Bund ins Visier der Nationalsozialisten und wurde 1939 durch die Gestapo aufgelöst. Nach dem Krieg knüpften junge Familien an die Zwischenkriegszeit an. In dieser Gemeinschaft verbrachte ich meine Sommerferien. In den Osterferien fanden Großtreffen mit mehr als tausend Bundesbrüdern und -schwestern statt. Immer wurde dabei Wert gelegt auf die partizipative Gestaltung der Gottesdienste: Jugendbands spielten, Laien übernahmen Verantwortung für Gebete und Predigt. Mein Vater, ein Verwaltungspolitiker, vierundzwanzig Jahre lang Stadtdirektor in meiner Heimatstadt Vreden, war sehr an religiösen Fragen interessiert. Er besaß eine kleine theologische Bibliothek, überwiegend Bücher zur katholischen Soziallehre. Schon als Kind zog mich ein Buch an, das aus der Reihe tanzte. Sein Titel: »Der Mensch im Kosmos«. Verfasser war der französische Jesuit, Anthropologe, Geologe, Paläontologe, Philosoph, Theologe, Dichter, Priester und Mystiker Teilhard de Chardin (1881–1955). Sein Foto auf der Rückseite des Buches faszinierte mich. Immer wieder betrachtete ich dieses Gesicht eines eigenständig forschenden und zugleich eigenwillig mystischen Menschen. Mein 2002 verstorbener Vater gab mir Hinweise:

> Teilhard hat als Naturforscher erlebt, dass Jesu Christus nicht nur in der heiligen Eucharistie anwesend ist. Jesus Christus ist schon bei Gott in den Anfängen der Schöpfung, als das Weltall, die Sterne und Planeten, Sonne und Erde entstanden. Seit den Anfängen ist nicht nur der einzelne Mensch, sondern alles Leben in einer Entwicklung, die wieder zu Jesus Christus führt. Das sagt auch der Apostel Paulus. Jesus Christus ist der Anfang und das Ende, Alpha und Omega. So ist Jesus Christus das Ziel des menschlichen Lebens, ja aller Entwicklung. Und so befindet sich diese Welt mit ihren Wäldern, Bergen, Seen, den blauen Meeren, weißen Polkappen und gelben Wüsten in einer Entwicklung auf Jesus Christus hin. Auch alle Sterne, alles, was Menschen nicht sehen können, entwickelt sich und kommt immer mehr zu sich. Sogar unsere Sonne, die jeden Tag leuchtet und die Früchte der Natur durch ihre Wärme und ihr Licht wachsen lässt Jahr für Jahr, ist in einem Werdeprozess. In dieser Entwicklung der Erde und aller Sterne ist Jesus Christus der Antrieb, die Kraft und das Ziel. In allem Werden kommt Jesus Christus zu sich selbst.

Als Kind leuchtete mir die Erklärung meines Vaters ein. Die Schönheit der Welt genügte mir als Gottesbeweis; ich war, soweit ich zurückdenken kann, ein gläubiger Mensch. Auch sah ich, dass Technik nicht einfach gut ist; die Spuren des Zweiten Weltkrieges waren in unserer Stadt sichtbar: Bombensplitter in den Hauswänden, auch am Elternhaus; ehemalige Soldaten hatten einen Arm oder ein Bein verloren, andere waren traumatisiert, Frauen und Männer, oder an den Rollstuhl gefesselt.

Gott hatte mit der Welt etwas anderes vor, das wusste ich: Die Welt sollte schöner werden. Das schönste Geschenk Gottes an die Welt war sein Sohn Jesus Christus. Bereits vor der ersten Heiligen Kommunion war mir das klar geworden beim Mitfeiern der Sonntagsmesse. Auch beim Lesen in der Kinderbibel. Ich scheute mich, darüber zu sprechen und konnte meine Empfindungen mit niemanden teilen. Aber was ich im Gottesdienst erlebte, bestätigte Teilhard. Beim Hochheben der Hostie erreichte mich manchmal ein Glanz, der von der runden Scheibe ausging und in alle Welt strahlte. In diesen Augenblicken empfand ich Glück, Mitgefühl und Liebe zu aller Kreatur, zu aller Wirklichkeit. In diesen Momenten war die Welt schon das, was sie dem großen Forscher zufolge werden soll: Eins in Christus.

Teilhard de Chardin hat man Jahrzehnte lang kirchlicherseits geächtet. Mystiker und Priester, der er war, setzte er seine naturwissenschaftlichen Erkenntnisse immer in Relation zu seiner inneren Schau der Wirklichkeit. Jeden Tag feierte er die Eucharistie. Einmal war er ohne Brot und Wein in der chinesischen Ordos-Wüste – und es entstand die ›Messe über die Welt‹, in der Teilhard sich selbst und damit die ganze Welt und das Universum Gott hinhält, damit er sie verwandle. Das fehlende Symbol führt zur Ausweitung des Christusgeschehens:

> Wenn Christus sakramental in jeden seiner Gläubigen hinuntersteigt, so nicht nur, um mit diesem zu sprechen (…). Wenn er, durch den Priester, sagt: ›Hoc est corpus meum‹, gehen diese Worte über das Stück Brot hinaus, über dem sie ausgesprochen werden: Sie lassen den ganzen mystischen Leib entstehen. Über die konsekrierte Hostie hinaus dehnt sich das priesterliche Wirken auf den Kosmos selbst aus (…). Die ganze Materie erfährt, langsam, unwiderstehlich, die große Weihe.[67]

67 Teilhard de Chardin: Das Herz der Materie, 1990, S. 120f.

Mit bewegenden Bildern beschreibt er diese mystische Wandlung in den Morgenstunden des beginnenden Tages in der Wüste:

> Die Sonne erhellt gerade dort hinten den äußersten Zipfel des ersten Aufgangs. Wieder einmal erwacht in dem sich bewegenden Feld ihrer Lichter die lebende Oberfläche der Erde, sie erzittert und beginnt ihre erschreckende Mühe. Ich lege auf meine Patene, mein Gott, die erwartende Ernte dieses neuen Bemühens. Ich gieße in meinen Kelch den Saft all der Früchte, die heute zermalmt werden. Mein Kelch und meine Patene sind die Tiefen einer Seele, die allen Kräften weit geöffnet ist, die in einem Augenblick sich von allen Punkten des Erdballs erheben und zum Geist konvergieren werden (...). Alles, was im Laufe dieses Tages in der Welt zunehmen, alles, was abnehmen – und auch alles, was sterben wird –, siehe, Herr, ich bemühe mich, es in mir zu versammeln, um es dir darzureichen.[68]

Teilhard fragt sich, wie sich die ›Messe über die Welt‹ zur Eucharistie und ihrer Wandlung von Brot und Wein verhält und schreibt:

> Wenn Christus, die Bewegung seiner Inkarnation verlängernd, in das Brot hinuntersteigt, um an seine Stelle zu treten, beschränkt sich sein Tun nicht auf die materiellen Partikel, die seine Gegenwart, für einen Augenblick, verflüchtigt. Vielmehr umgibt die Transsubstantiation sich mit einer wirklichen, wenn auch abgeschwächten Vergöttlichung des ganzen Universums. Vom kosmischen Element aus, in dem er wurzelt, wirkt der Logos, um alles Übrige zu unterwerfen und in sich aufzunehmen.[69]

---

68 Ebenda, S. 122ff.
69 Ebenda, S. 121.

In mystischer Schau erkennt Teilhard de Chardin seinen Platz im kosmischen Christusgeschehen:

> Von Dir kommen alle Initiativen, angefangen bei der meines Gebetes (...). Du, der Du weißt, weshalb es unmöglich ist, dass das Geschöpf anders geboren wird als getragen von dem Trieb einer unbeendbaren Evolution.[70]

P. Pierre hat als Priester die Worte Jesu unzählige Male über Brot und Wein gesprochen. Jetzt stellt er sich ganz in den Dienst der Christogenese:

> Und jetzt, sprich darüber durch meinen Mund das doppelte und wirksame Wort, ohne das in unserer Weisheit und unserer Erfahrung alles schwankt, alles sich auflöst – und mit dem alles sich zusammenschließt und sich, soweit das Auge reicht, in unseren Spekulationen und unserer Erfahrung des Universums festigt. – Über alles Leben, das an diesem Tage keimen, wachsen, blühen und reifen wird, sage neu: Das ist mein Leib. – Und über allen Tod, der sich zu zerfressen, zu welken, zu schneiden anschickt, befiehl (das Geheimnis des Glaubens kat'exochen): Dies ist mein Blut.[71]

Jesus Christus, die Hoffnungen der Menschen, das unermessliche Leid der Welt: Alles ist da.

In St. Johannes-Zug wird zu den Worten Jesu, zur Wandlung, je dreimal an den großen Gong geschlagen. Ein vibrierender Klang schwingt durch den Raum, wie der Klang des Universums, mit aller Freude und allem Seufzen.

Der Priester spricht die sogenannten Einsetzungsworte:

> Denn in der Nacht, da er verraten wurde, nahm er das Brot und sagte Dank, brach es, reichte es seinen Jüngerinnen und

70 Ebenda, S. 124.
71 Ebenda, S. 124.

> Jüngern und sprach: Nehmet und esset alle davon: Das ist mein Leib, der für euch hingegeben wird.

Er zeigt das Brot, die Hostie. Der Gong tönt dreimal.

Der Priester nimmt den Kelch mit Wein, hebt ihn in die Höhe und spricht:

> Dieser Kelch ist der neue Bund in meinem Blut. Tut dies, sooft ihr daraus trinkt, zu meinem Gedächtnis.

Und nochmals erklingt der Gong.

Seit frühester Kindheit darf ich diesem ›Geheimnis des Glaubens‹ beiwohnen. Es hat für mich nichts von seiner Anziehungskraft verloren. Ich bin mit Gott verbunden, der sich in Jesus Christus mit Leib und Seele, Haut und Haar, in tätigem Leben und wehrlosem Sterben in die Welt, in das Menschsein hineinbegeben hat. Ich bin verbunden mit diesem wunderbaren Lehrer, der allen, besonders den Leidenden, Würde, Achtung und Gotteskindschaft zusagt:

> Selig, die arm sind vor Gott; denn ihnen gehört das Himmelreich.
> Selig die Trauernden; denn sie werden getröstet werden.
> Selig die Sanftmütigen; denn sie werden das Land erben.
> Selig, die hungern und dürsten nach der Gerechtigkeit;
> denn sie werden gesättigt werden.
> Selig die Barmherzigen; denn sie werden Erbarmen finden.
> Selig, die rein sind im Herzen;
> denn sie werden Gott schauen.
> Selig, die Frieden stiften;
> denn sie werden Kinder Gottes genannt werden.
> Selig, die verfolgt werden um der Gerechtigkeit willen;
> denn ihnen gehört das Himmelreich.
> Selig seid ihr, wenn man euch schmäht und verfolgt und alles Böse über euch redet um meinetwillen.

Freut euch und jubelt: Denn euer Lohn wird groß sein im Himmel. So wurden nämlich schon vor euch die Propheten verfolgt. (Mt 5,3–12)

Ich bin verbunden mit Jesus Christus. Er begegnet mir in Brot und Wein. Er begegnet mir im Alltag. Er spricht zu mir durch alle Wirklichkeit, besonders aber durch die Menschen, die in Not und auf meine Hilfe angewiesen sind (Mt 25,25–41). Ich bin Teil dieses Mysteriums.

Ordenspriester Walter Wiesli SMB, der viele Jahre lang in St. Johannes Eucharistie gefeiert hat, lud uns Seelsorgerinnen und Seelsorger ein, neben ihm am Altar zu stehen. Ganz nahe, sagte er. Jedes Mal war seine Art, bei diesem Erinnerungsmahl Christus zu repräsentieren, für mich eine erschütternde Erfahrung.

Christusgebet

Sich wandeln lassen

Die konsekrierten, geweihten, geheiligten, verwandelten Hostien werden im Tabernakel verwahrt. In den Synagogen brennt Tag und Nacht ein Licht vor dem Toraschrein und erinnert an die ständige Gegenwart Gottes. In den Kirchen ebenfalls – fast immer: Nur nach der Abendmahl-Feier am Gründonnerstag zum Gedenken an das Leiden Jesu wird der Tabernakel geleert und das Ewige Licht gelöscht, um in der Osternacht neu entzündet zu werden; auch Glocken (und Gong) schweigen dann bekanntlich.

Gewöhnlich verteilen wir in St. Johannes in allen Gottesdiensten, sonntags wie werktags, das geheiligte Brot. Die Kommunion entspricht dem biblischen Vermächtnis und knüpft zugleich an das alltägliche Ritual des Tischdeckens, Segnens und Teilens an. Wie in jeder Gemeinde weltweit stellen sich die Seelsorger und Seelsorgerinnen und anderen Mitarbeiter und Mitarbeiterinnen in der Pastoral mit mir der Herausforderung: Christi Gegenwart so zu feiern, würdig und einfach, dass den Menschen das Geheimnis der Wandlung gegenwärtig ist, dass sie es mit vollziehen als durch die Taufe priesterliche Menschen. Auch ohne Amts-Priester.

Gottesdienst am Ostermorgen. Unter den Mitfeiernden entdecke ich einen besonderen Gast, den pensionierten Zirkuspfarrer Ernst Heller. Als ich ihn nach dem Gottesdienst begrüße, frage ich, warum er sich denn nicht gemeldet habe, ich hätte selbstverständlich eine Eucharistiefeier vorbereitet, der er hätte vorstehen können. Er dankte nur für die bewegende Liturgie und sagte fröhlich, er schätze es sehr, die kirchlichen Feiern in guten Händen zu wissen bei den Seelsorgern und Seelsorgerinnen hier.

Ansgar Drees, der langjährige Pfarrer meiner Heimatpfarrei, hat mich einmal in der Schweiz besucht. Er war der zweite Priester, der einen Gottesdienst mitfeierte, ohne am Altar zu stehen. Auch er wollte das ausdrücklich so. Er wollte erfahren, wie ein Gottesdienst Christus vergegenwärtigt, wenn sich die Wandlung von Brot und Wein anders vollzieht als durch die Konsekration aus Priestermund.

Der dritte Priester, der sich in den langen Jahren meiner Tätigkeit in Zug unters Volk mischte, war ein französischsprachiger Kapuziner und Missionar, Père Elisée. St. Johannes unterstützt seine Arbeit in Madagaskar.

Ich bin sehr dankbar für solches (seltene) Mitfeiern von Priestern – es legt die Basis für einen Austausch. Wie soll anders gemeinsame Verantwortung in der Kirche entstehen?

Wenn wir mit dem Christusgebet feiern in einem »Gottesdienst mit Kommunionfeier«, dem kein Amts-Priester vorsteht, feiern wir in Gottes Gegenwart. Das Ewige Licht beim Tabernakel weist darauf hin. Wir feiern in Erinnerung an

Jesus Christus, daran, wie und mit welcher Sinngebung er das Brot mit seinen Jüngern geteilt hat beim letzten Mahl: Dafür stehen die geweihten Hostien. Der Gang der Messe bereitet auf diesen Moment vor: Wir feiern die Wandlung der Welt und die Wandlung unseres Lebens durch und in Christus.

Gott lobend und ehrend, von Teilhard de Chardin ermutigt und inspiriert, erleben und vollziehen wir die Umwandlung der eigenen Existenz in etwas Größeres und Wirklicheres zugleich. Wir wachsen in den Christuskörper hinein, der wir durch die Schöpfung schon sind; im Gottesdienst realisiert er sich. Christogenese. Mit allen Fasern des Seins treten wir in Beziehung zu dem, was wir im Tiefsten sind und sein werden, was wir im Alltag leben wollen und für die Weltgemeinschaft ersehnen. So werden wir Mit-Schöpfende, Materie sozusagen, die sich ihrer selbst bewusst wird und in Christus zu sich kommt.

Meine Erfahrung des wirklichen, wirkenden Christus von Kindesbeinen an und meine Reflexion darüber als Theologe wurden bereichert durch die engagierte Liturgie des Katharinawerks, eines Säkularinstituts unter der Leitung von Pia Gyger, und durch mein Pfarreiteam, besonders Roman Ambühl. Und so feiern wir mit dem Christusgebet, das bei unseren Gemeindegottesdiensten an die Stelle des eucharistischen Hochgebets tritt: Wir haben die Fürbitten gesprochen und der Verstorbenen gedacht, die Körbe mit der Kollekte stehen vor dem Altar. Ich gehe zum Tabernakel, beuge die Knie und bringe die Patene mit den geweihten Hostien zum Altar. Männer und Frauen, Ministrantinnen und Ministranten versammeln sich um den Altartisch. Darauf liegen und stehen Evangeliar, Patene, Altarkerzen und eine Klangschale. Gottes Wort, Christi Leib, Licht, Klang und die Menschen – die Welt in ihrer Fülle, die ganze Wirklichkeit ist versammelt. Das Wort ›Altar‹ kommt übrigens aus dem Lateinischen, gehört zu einer Wortwurzel, die ›hoch‹ bedeutet und zugleich tief und weit, früher hätte man gesagt, etwas Erhabenes.

Es wird still – Zeit für ein Dankgebet, schweigend oder mit erhobener Stimme und erhobenen Händen:

Wir danken dir, Gott, für den Messias,
den heiligen Weinstock
aus der Wurzel Davids, geboren von Maria.
In Jesus, deinem Gesalbten, deinem Christus,
hast du dich geoffenbart.
Jesus ist Mensch geworden mit Fleisch und Blut.
Jesus hat sein Leben mit Armen und Unterdrückten
geteilt.
Jesus hat geheilt und den Menschen Sinn gegeben.
Ganz nahe war er denen,
die mit ihm das Leben
in Gerechtigkeit und Frieden suchten.
Den Tod vor Augen verabschiedete sich Jesus
von den Seinen.
Beim Ostermahl nahm er Brot und Wein
und gab sie weiter,
Zeichen der Verbundenheit und des Teilens,
Zeichen der Teilhabe, der Anteilnahme an seinem Leben,
an seinem Auftrag.
Bis heute reichen Christinnen und Christen
überall auf der Welt Brot und Wein.
Sie sind Zeichen für Jesus, den Christus,
der durch seinen Tod auferstanden ist zu neuem Leben.

Dann deute ich auf die Schale mit den Hostien:

Christus in der Gestalt des eucharistischen Brotes
ist unter uns.
Die Körner für dieses Brot des Lebens wurden gesammelt:
Wir bitten dich, Gott,

sammle ebenso deine Kirche, dass sie eins werde:
Dein Reich, Sakrament,
Zeichen der Verbindung zwischen Himmel und Erde,
der Leib Christi, der die ganze Wirklichkeit umfasst.

Darauf lade ich die versammelte Gemeinde ein, in drei Gesten das Christusgebet mitzuvollziehen. Ausdrücklich freiwillig, so wie alle Beteiligung im Gottesdienst freiwillig ist. In den drei Gesten wird das Wandlungsgeschehen leiblich. Alles spirituelle Leben ist auch leiblich, materiell. Der Leib ist Tempel der Seele. Wandlung umfasst den ganzen Menschen.

Schon nach kurzer Zeit ist diese Form des leiblichen Betens in meiner Gottesdienstgemeinde zu einer Selbstverständlichkeit geworden. Auch bei Beerdigungen, wo die überwiegende Mehrheit der Anwesenden die Gebetsform nicht kennt, lassen sich viele darauf ein. Gerade angesichts des Todes ist es gut, konkret und mit dem Leib zu beten.

Zuerst formen wir die Hände zur Schale. Die Schale ist das Ursymbol der Leere und der Bereitschaft zu empfangen.

Die Menschen halten die offenen Schalen ihrer Hände mit leicht gestreckten Armen Richtung Altar.

Wir legen alles in diese Hände, Gott, und bringen zu dir,
was uns heute am Herzen liegt,
unsere Arbeit und unseren Alltag, unsere Freundinnen
und Freunde, unsere Familien, unser Quartier, unsere
Stadt, unser Heimatland, die Erde, den Kosmos.
Wir legen hinein alles, was an diesem Tage gelingt und
wächst
in der Schöpfung, durch unsere Arbeit.
Wir legen hinein alles, was heute misslingt und stirbt,
auch unsere Unzulänglichkeit, Krankheit, Krieg und Tod.

In der Stille nach diesen Worten schlägt ein Ministrant, eine Ministrantin an die Klangschale – ein satter, voller Ton manchmal, ein anderes Mal mehr ein metallisches, dünnes Klirren.

Dann lege ich meine Hände übereinander in die Mitte der Brust vor das mystische Herz und lade die Versammlung ein, dieselbe Geste zu setzen.

Wir legen die Hand aufs Herz. Das Herz geht auf, das Herz bricht, das Herz ist es, das zu anderen Wesen und zum Ganzen in Verbindung tritt. Nur mit dem Herzen sieht man gut, sagt der Kleine Prinz. Im Herzen sind unsere Erfahrungen und Fragen aufgehoben. Maria »bewahrt und bewegt die Worte« der Hirten und Hirtinnen über ihr neugeborenes Kind »im Herzen«, sagt das Lukas-Evangelium. Seit der Barockzeit wird Christus oft mit offenem Herzen dargestellt, und auch seine Mutter, Maria. Im Herz der Liebe ist alles Leben geborgen, gewandelt, eins.

Alte Hände und Kinderhände liegen nun auf T-Shirts, Jacken, Wintermänteln. Wir sind im Kontakt mit uns selbst.

Wir beten:

Du, Unser Gott,
alles, was wächst, in unserem Leben und in der Welt,
alles, was abnimmt und stirbt,
in unserem Leben und in der Welt,
Gott, wir nehmen es uns zu Herzen und übergeben es dir.

Es ist still. Die Menschen sind bei sich. Ein Moment des JA. Alles darf sein, ob es uns freut oder bekümmert. Wir sind gehalten. Genau dafür sind religiöse Rituale da: Alles, was uns zu Herzen geht und am Herzen liegt, können wir Gott übergeben – und siehe, es verändert sich.

Stille. Wieder ertönt die Klangschale.

Ich führe die dritte Geste ein, lade alle ein, die Hände nun zu falten zum Gebet:

Zu allem, was keimt, wächst, blüht und reift, in unserem Leben und in der Welt, heute, sage du, Gott, jetzt neu:

›Das ist mein Leib, mein Leben für euch!‹
Und zu allem, was heute abnimmt, misslingt und stirbt, sage du, unser Gott, jetzt neu:
›Das ist mein Blut, vergossen für euch, mein Leben hingegeben für euch!‹
Du, Gott, Ursprung und Vollendung von allem. Amen.

Die Klangschale ertönt. Dann lösen sich die Hände und ein alter Dialog beginnt; ich breite die Hände aus:

Christus ist mit euch! ... ich breite die Arme aus
– Und mit deinem Geist! ... antwortet die Gemeinde
Erhebet die Herzen! (fast von selbst steht an dieser Stelle auf, wer kann)
Wir haben sie beim Herrn. ... antwortet die Gemeinde
Lasst uns danken, Christus, unserem Gott ... spreche ich
Das ist würdig und recht ... antwortet die Gemeinde
In Wahrheit ist es würdig und recht dir zu danken.
Deshalb singen wir
vereint mit den Chören der Engel,
mit den Heiligen, auch denen, deren Namen wir selber tragen,
mit deiner ganzen sichtbaren und unsichtbaren Kirche
das Loblied deiner Heiligkeit:

Sanctus

Sich einen im Herzen aller Wirklichkeit

Heilig, heilig, heilig
Herr, Gott, aller Mächte und Gewalten
Erfüllt sind Himmel und Erde von deiner Heiligkeit.
Hosianna in der Höhe,

Hochgelobt sei der da kommt im Namen des Herrn,
Hosianna in der Höhe.

Das Christusgebet entstand über Jahre des Leitens von Gottesdiensten. Ich lernte diese Weise zu beten im Katharina-Werk kennen: Am kosmischen Christus haben alle Getauften und die ganze Schöpfung Anteil. Dabei passierte es, dass das Sanctus einen neuen Platz bekam. Wenn alles gesagt ist, geht es weiter mit Gesang. Die Wirklichkeit, die wir im Sanctus besingen, übersteigt alles, was wir uns vorstellen können. Und doch gibt es die Erfahrung: Wir sind ein Teil davon. Weniger in dem Sinn, dass ich da an eine Grenze stoße und dahinter etwas ahne, eher so, dass ich mich singend in der Mitte eines unermesslichen Chors wahrnehme und weiß, dass hier alles ›stimmt‹. Sanctus heißt Erschütterung. Kodoish, hagios, sanctus, heilig: Dieser gewaltige Lobgesang ist zugleich Heimat. Heimat des Herzens.

Zum Jahreswechsel 1982/83 ist es ungewöhnlich kalt in Rom, in den vielen Brunnen haben sich Eisskulpturen gebildet. Mit fünzig anderen jungen Männern zwischen zwanzig und dreißig bin ich auf Pilgerreise. Stadt und Kirchen sind fast leer. Eines Morgens, nach dem Besuch der Katakomben, kommen wir nach S. Paolo fuori le muri, St. Paul vor den Mauern. Die Basilika wurde 1823 durch ein Feuer stark beschädigt. Die wieder aufgebaute Kirchenhalle, 1854 eingeweiht, entspricht in ihren Dimensionen dem antiken Vorgängerbau. Das Hauptschiff ist hundertzwanzig Meter lang, sechzig Meter breit, dreiundzwanzig Meter hoch. Achtzig Granitsäulen tragen die Wände des Hauptschiffs, dahinter die niedrigeren Seitenschiffe. Das Hauptschiff ist vollkommen leer, keine Stühle, Seitenaltäre, Skulpturen. An diesem Morgen ist niemand in der Kirche. Wir sind allein, die meisten von uns haben noch nie eine so riesige, leere Kirche betreten – als würden wir uns in einem weiten, kosmischen Raum bewegen: Hier ist heiliger

Boden. Ich lasse mich auf dem Marmor nieder, packe die Gitarre aus und beginne zu spielen. Blues, schleppend zunächst, dann feuriger. Die Töne verhallen. Meine Reisegefährten geraten in Bewegung, beginnen eine Art Tanz, voll Jungmännerkraft, die zugleich von innen geführt ist. Alles ungeplant, ohne Worte. Hier die Klänge der Gitarre, dort ihr Summen, einzelne Töne der Verzückung. Und schließlich Lieder, wie von selbst. Taizé-Lieder. Loblieder. Heilige Lieder. Die Bewegungen werden mehr wellenförmig und fließend. Musik, Körper, Töne, Stimmen verschmelzen miteinander, Gesang und Tanz. Ein ungeplanter kosmischer Reigen. Zeit und Ewigkeit fallen in eins. Ich bin eins mit dem Boden, mit meiner Gitarre, mit den Tönen, dem Raum, mit meinen tanzenden, juchzenden, singenden Kameraden. Dann fallen – unsichtbar – die Mauern der Kirche und die Decke werden durchsichtig. Der Himmel hat sich geöffnet. Die Wirklichkeit ist da, transparent, durchlässig, lichterfüllt. Liebe flutet zwischen uns, Liebe, die nichts und niemanden ausschließt.[72] Kurze Zeit später lese ich ein Gedicht, das die fünfundzwanzigjährige Silja Walter geschrieben hat, während einer Lungenkrankheit, die ihr Zeit gab, auf die innere Stimme zu hören. Vier Jahre später trat sie ins Benediktinerinnenkloster ein:

> AUF DER BOOTSBRÜCKE
> Ich fuhr aus den singenden Ufern hinaus,
> Die reglose Mitte zu finden,
> Ich trag in den Knöcheln den Tanz nach Haus,
> Und kann die Sandalen nicht binden.
> Auch Mitte ist schwingende Diele wie sie,
> Die Ufer und Borde und Ränder,

72 Das Verständnis dieser Erfahrung und den Mut, sie zu beschreiben, verdanke ich Dr. med. Franziska Bolt, konkret ihrem Vortrag zum Thema ›Die sinnliche Seele‹ im Rahmen einer *via integralis*-Fortbildung am 6. September 2020 in Maria Lindenberg, Schwarzwald.

Der Tanz steigt im Gehen mir in die Knie
Und wirft mir die Hand vom Geländer,
Und packt meinen Nacken, und all meine Ruh
Im Herzen versinkt zwischen Bohlen,
Ich werf meine roten Sandalen dazu
Und tanze mit brennenden Sohlen!
Ich tanze, verschüttet von Fläche und Licht,
Vom Boot über Brücken und Planken,
Und Tanz wird Taumel und Taumel Gedicht –
Und die roten Sandalen versanken.[73]

Das Sanctus:

> … »aus Tanz wird Taumel, aus Taumel Gedicht«: Das Sanctus ist für mich der Höhepunkt jedes Gottesdienstes, ganz gleich, ob Hochzeit gefeiert wird oder wir uns von einem Menschen verabschieden, ob in äußerster Bedrängnis auf der Flucht oder im Gefängnis, ob Werktagsgottesdienst oder festliches Hochamt.

Bei Beerdigungen singen wir oft die zweite und dritte Strophe des Liedes »Großer Gott, wir loben dich«, von dem viele Menschen die Melodie noch kennen:

Alles, was dich preisen kann,
Cherubim und Seraphinen,
stimmen dir ein Loblied an,
alle Engel, die dir dienen,
rufen dir stets ohne Ruh:
»Heilig, heilig, heilig!« zu.
Heilig, Herr Gott Zebaoth!
Heilig, Herr der Himmelsheere!
Starker Helfer in der Not!
Himmel, Erde, Luft und Meere

73 Walter: Gesammelte Gedichte, 1972, S. 18.

sind erfüllt von deinem Ruhm;
alles ist dein Eigentum.

Das Sanctus wurzelt in zwei biblischen Texten. Da ist zunächst die Berufung des Jesaja:

> Im Todesjahr des Königs Usija sah ich die göttliche Macht auf einem hohen und erhabenen Thron sitzen, und ihre Kleiderschleppe füllte den Tempel. Serafim standen oberhalb um sie herum.
> Sechs Flügel – sechs Flügel hatte jeder: Mit zweien bedeckten sie ihr Gesicht, mit zweien bedeckten sie ihre Füße, und mit zweien flogen sie.
> Und sie riefen einander zu und sagten: ›Heilig, heilig, heilig ist Gott der Heere! Die ganze Erde ist erfüllt mit Gottes Glanz.‹
> Die Türschwellen erbebten von der Stimme der Rufenden, und das Haus füllte sich mit Rauch.
> Da sagte ich: »Wehe mir, denn ich bin vernichtet, denn ein Mensch mit unreinen Lippen bin ich und inmitten eines Volkes mit unreinen Lippen wohne ich, denn meine Augen haben die königliche Hoheit, Gott der Heere, gesehen.«
> Einer von den Serafim kam zu mir geflogen, in seiner Hand eine glühende Kohle, mit einer Zange vom Altar genommen.
> Er berührte meinen Mund und sagte: »Sieh da, dies berührt deine Lippen, damit deine Schuld weicht und deine Sünde gesühnt wird.«
> Und ich hörte die Stimme der göttlichen Macht, wie sie sagte: »Wen soll ich schicken und wer wird für uns gehen?«
> Da sagte ich: »Siehe – ich! Schicke mich!«
> Da sagte sie: »Geh und sprich zu diesem Volk: Hört nur, hört, aber versteht nicht! Und seht nur, seht, aber erkennt nicht!
> Mach das Herz dieses Volkes fett, seine Ohren schwer und seine Augen verklebt, damit es nicht mit eigenen Augen sehe

> und mit eigenen Ohren höre, sein Herz könnte sonst verstehen, umkehren und sich selbst heilen!«
> Da sagte ich: »Bis wann, du göttliche Macht?« Sie sagte: »Bis dass die Städte verwüstet sind, unbewohnt, die Häuser menschenleer und das Ackerland verödet, eine Wüste.«
> Dann wird Gott die Menschen weit wegbringen und das Landesinnere wird weitgehend verlassen sein.
> Und ist noch ein Zehntel in ihm, wird es wieder weggeräumt, wie bei einer Eiche, wie bei einer Steineiche: Beim Fällen bleibt ein Stumpf. Heiliger Same ist der Stumpf. (Jes 6)

Der fünfundzwanzigjährige Jesaja erhält im Tempel von Jerusalem den Auftrag, als Prophet an die Öffentlichkeit zu gehen. In einer Vision begegnet ihm Gott mit einem besonderen Gefolge: Die Seraphim, die »Brennenden«, rufen Gott unentwegt »Kodoish, Kodoish, Kodoish« zu, »Heilig, Heilig, Heilig«. ›Seraph‹ ist auf Hebräisch auch das Wort für ›Schlange‹, hier sind es Engel. Ein Seraph reinigt Jesajas Zunge mit glühender Kohle und erklärt ihm, dass damit seine Schuld und seine Sünden getilgt sind. Nach dieser Initiation hören wir Gott selber fragen: »Wen soll ich rufen?«, und Jesaja bekundet seine Bereitschaft, die Berufung zum Propheten anzunehmen: »Hier bin ich, sende mich« ... und wird sogleich in eine paradoxe Situation hineingestoßen: Gott beauftragt ihn, mit Worten und Bildern das Volk zu Umkehr zu bewegen und sagt ihm gleichzeitig vorher, sie werden wirkungslos bleiben. Vollmacht und Ohnmacht, Potenz und Wirkungslosigkeit fallen in seiner Sendung zusammen.

Später (Jes 11) wird dem Propheten eine neue Vision zuteil: Aus dem Stumpf, den übrigens Grünewald auf seinem berühmten Auferstehungsbild darstellt, wächst ein junger Trieb. Der folgende Text ist jedes Jahr an Weihnachten Teil der Liturgie:

> Dann wird ein Zweig aus dem Baumstumpf Isaïs austreiben, und ein Spross wächst aus seiner Wurzel heraus.

Auf dieser Person wird der Geisthauch Gottes ruhen, der Geisthauch der Weisheit und Einsicht, der Geisthauch des Rates und der Stärke, der Geisthauch der Erkenntnis und der Ehrfurcht vor Gott.
Sie wird Wohlgefallen an der Ehrfurcht vor Gott haben. Nicht nach dem Augenschein wird sie Recht aufrichten, nicht nach dem Hörensagen Ausgleich schaffen.
Vielmehr wird sie in Gerechtigkeit die Schwachen richten, in Aufrichtigkeit für die Armen des Landes entscheiden, wird das Land mit dem Stock ihres Mundes schlagen und mit dem Hauch ihrer Lippen die töten, die Böses tun.
Dann wird sie Gerechtigkeit als Gürtel um ihre Hüften und die Treue als Gürtel um die Taille tragen.
Dann wird der Wolf beim Lamm als Flüchtling unterkommen, und der Leopard wird beim Böckchen lagern; Kalb, Junglöwe und Mastvieh leben zusammen, ein kleines Kind treibt sie.
Kuh und Bärin werden weiden, gemeinsam werden ihre Jungen lagern, und der Löwe wird wie das Rind Stroh fressen.
Der Säugling wird vergnügt an der Höhle der Kreuzotter spielen, und nach dem Loch der Giftschlange wird das Kleinkind mit seiner Hand patschen.
Sie werden nichts Böses tun und kein Verderben mehr anrichten auf dem ganzen Berg meiner Heiligkeit, denn die Erde ist erfüllt mit Erkenntnis Gottes, wie die Wasser im Meer den Boden bedecken.
An jenem Tag wird die Wurzel der Familie Isaïs als Zeichen für die Völker dastehen, nach ihr werden die fremden Völker suchen, und ihr Ruheplatz wird ein Ehrenort sein.
An jenem Tag wird die göttliche Herrschaft zum zweiten Mal ihre Hand ausstrecken, um den Rest ihres Volkes loszukaufen, der übrig gelassen wurde: von Assur, von Ägypten, von Patros, von Äthiopien, von Elam, vom Zweistromland, von Hamat und von den Inseln des Meeres.

> Dann wird sie ein Zeichen zu den fremden Völkern tragen, die Vertriebenen Israels versammeln und die Zerstreuten Judas sammeln aus den vier Enden der Erde.

Die zweite Wurzel des Sanctus ist Psalm 118, ein Wallfahrtslied, sinngemäß:

> Ach, Herr, rette doch, ach Herr, gib Gelingen! Gesegnet sei, der da kommt, im Namen des Herrn!

Hosanna/hoschia – na: Befreie doch, rette doch, hilf doch! Hosanna ist ein eindringlicher Bittruf. Der hebräische Name Jehoshua (Josua, aramäisch Jeshua, Jesus) hat dieselbe Wurzel, er bedeutet: Gott rettet, befreit, hilft. Kurz vor dem Pesachfest (aramäisch: *Pas'cha*) zieht Jesus in Jerusalem ein. Er kommt nicht hoch zu Ross, sondern reitet auf einem Esel. Wie die Könige Israels, die sich nicht auf ihre Kraft und Stärke, nicht auf Ross und Wagen verlassen, sondern auf Gott vertrauen und Gott suchen sollen. Viele erkennen in ihm den Messias und rufen: »Hosianna!« (Mt 21, 9) Wenig später wird Jesus ans Kreuz geschlagen und stirbt.

Das Sanctus umfasst den ganzen Ernst des Lebens und des Todes. Es hebt in einem heiligen Tanz alle realen und eingebildeten Grenzen, Trennungen und Polaritäten auf. Ein religiöser Raum entsteht, in dem das Leben neu werden kann. Dieses Sanctus durchtönt alle Alternativlosigkeiten und bringt die Zwänge zum Schweigen. Das Sanctus ist der Gipfel des Gottesdienstes:

> Ja, es ist würdig und recht dich zu preisen, Gott. Das wollen wir jetzt tun, verbunden mit deiner unsichtbaren, wirkmächtigen Kirche, den Chören der Engel, den Cherubim und Seraphin, den Heiligen und allen Menschen und Kreaturen auf dem ganzen Erdkreis, stimmen wir an das Lied deiner Heiligkeit:

Heilig, heilig, heilig,
Herr, Gott, aller Mächte und Gewalten.
Erfüllt sind Himmel und Erde von deiner Heiligkeit.
Hosianna in der Höhe.
Hochgelobt sei der da kommt im Namen des Herrn.
Hosianna in der Höhe.

Unzählige Messkompositionen gipfeln im Sanctus. »Tadam!«: Der Organist Rudolf Lutz intonierte spontan den Auftakt des Sanctus von Bachs H-Moll-Messe, als ich auch ihn fragte, was ihm das Sanctus bedeute. Dieses dreifache »Heilig!« ist gewaltig und laut, und zugleich das, was man immer hören kann, wenn es ganz still ist.

Sanctus: Alle »Mächte und Gewalten« sind voll Dank und Staunen Gott zugewandt. Diese frohe, heitere Seite der Heiligkeit Gottes begegnet mir in der mittleren Bildtafel des aufgeschlagenen Isenheimer Altars, das links ein himmlisches Konzert und rechts die Menschwerdung Christi zeigt. Auf Maria, die ihr Kind in Händen hält, ergießt sich »Licht aus der Höhe«. Bei näherer Betrachtung differenziert sich dieser Glanz aus: Gott schwebt als Lichtgestalt in der höchsten Höhe, in seinem Schein die Engel. Die linke Bildhäfte versammelt die Mächte und Gewalten als eine Art Renaissance-Orchester, und sie musizieren unter einem gotischen, bizarren, zugleich äußerst ›realistisch‹ gemalten Baldachin. Da geigen und singen gefiederte Wesen und geflügelte Engel für den menschgewordenen Gott, manche mit Hingabe und Begeisterung, andere sichtlich weniger.

Zu den Mächten und Gewalten, die in der Welt und im Leben eines jeden von uns wirken, muss ich weiter ausholen.

Seit mehr als einem Vierteljahrhundert treffe ich mich mit sieben weiteren Männern an jedem zweiten Dienstag. Meine Männergruppe. Wir reden nicht lang um den heißen Brei herum. Wir geben ungeschminkt Einblick in unsere Lebensthemen. Wir hören zu. Wir schweigen und singen. Wir lachen und weinen, tanzen und kochen, begehen feierlich und rituell unsere runden Geburtstage und Lebensübergänge. Wir trösten einander, wenn einer einen Angehörigen oder Freund verliert. Wir halten miteinander Scheidung und Trennung aus. Wir sind füreinander Begleiter auf dem Lebensweg.

Einmal im Jahr verbringen wir ein Wochenende zusammen. 2013 waren wir im »Felsenhaus«. Es ist nur zu Fuß durch die tiefe Senseschlucht im Freiburgerland erreichbar. Ein Haus ohne elektrischen Strom. Man schläft in zum Tal hin offenen Kojen ohne schützende Fenster und hört beim Einschlafen den Fluss rauschen.

In der ersten Nacht habe ich einen Traum: Die Erde öffnet sich und ich versinke in glühender Lava. Ein entsetzlicher Traum. Zum Verständnis: Es war ein paar Monate nach einem Stellenwechsel, in der ich bis aufs Äußerste gefordert wurde. Nie zuvor hatte ich so schwierige Arbeitsverhältnisse unter den Bedingungen des Schweizer Staatskirchenrechts erlebt. Kurz nach diesem Traum musste ich wegen einer auf meine Fahrradspur einbiegenden Frau mit Kinderwagen leicht bremsen. Durch diese harmlose Krafteinwirkung brach völlig unerwartet der Lenker meines Fahrrads. Ich wurde über das Vorderrad katapultiert und landete mit Kopf und linker Schulter auf dem Asphalt. Obwohl ich nichts gebrochen hatte, brauchten meine linke Schulter und mein linker Arm anderthalb Jahre, bis ich sie wieder bewegen konnte wie vorher. Der Traum und der schlimme Sturz vom Velo waren für mich Wendepunkte. Ich realisierte, dass ich an einem Tiefpunkt angekommen war. Es gibt (berufliche) Mächte und (körperliche) Gewalten, die stärker sind als ich.

> Aber kein noch so schmerzlicher Zusammenbruch, kein Scheitern ist das Ende. Im Gebrochen-Werden kann Licht durchscheinen, mehr noch, scheint es durch … Transformation steht besonders dann an, wenn unsere Unvollkommenheit,

unsere Schwächen und Krankheiten uns selbst, aber auch unsere Freundschafts- oder auch Arbeitsbeziehungen belasten.[74]

Damals hat mir Anna Gammas Buch über die weibliche Kraft sehr geholfen, alle Kräfte und Mächte anzunehmen, die uns bewegen, mit Höhen und Tiefen umzugehen.

Ich habe geschrieben, das Sanctus ist der Höhepunkt des Gottesdienstes. Die Messe bildet einen guten Rahmen für das Sanctus. Ich habe mir noch nie eine Gottesbeziehung vorstellen können, die die Schrecken des Lebens ausspart. Möglicherweise braucht es Gottesdienste heute und auch in Zukunft genau deshalb: Schritt für Schritt vorbereitet und gestärkt, können wir es wagen, in diesen Chor einzustimmen und das Sanctus mitzusingen, mitzutanzen. Noch einmal: Ein Gnadenmoment, Gewahrwerden und Anerkennen dessen, was jetzt ist – im Herz der Liebe, auf dem Boden Christi. Ohne die Opfer zu verraten, ohne über tiefe menschliche und theologische Widersprüche, ohne über Gewalt hinwegzugehen.

Der größte Dank lässt sich nur in religiöser Sprache sagen, nicht in politischer oder pädagogischer. Einen Moment lang, im Sanctus, besingen wir die Einheit all dessen, was ist. Es entsteht ein Bezugspunkt, sodass wir Abspaltungen, Absolutheitsansprüche und Arrangements wahrnehmen und damit umgehen können, persönlich, im Alltag, in der Beziehung, in der Arbeit, weltpolitisch. Das ist die praktische Bedeutung religiöser Rituale. Wenn der umfassende und erprobte Übungsweg der Messe vielen Menschen nicht mehr geläufig ist, dann fragt sich, was seinen Platz einnimmt. Der Triumph der Narzissten, die einander überbieten? Oder der Kult der Verzweiflung? Oder beides?

Wir erkennen nur Bruchstücke, und unsere Fähigkeit, Zusammenhänge zu erkennen, ist begrenzt. Wenn aber die Vollkommenheit kommt, dann hört die Zerrissenheit auf.

74 Gamma: Schön, wild und weise, 2015, S. 112.

> Als ich ein Kind war, redete und dachte ich wie ein Kind und war klug wie ein Kind. Als ich erwachsen wurde, ließ ich zurück, was kindlich war. Wir sehen vorläufig nur ein rätselhaftes Spiegelbild, dann aber von Angesicht zu Angesicht. Heute erkenne ich bruchstückhaft, dann aber werde ich erkennen, wie ich von Gott erkannt worden bin. Jetzt aber leben wir mit Vertrauen, Hoffnung und Liebe, diesen drei Geschenken. Und die größte Kraft von diesen dreien ist die Liebe. (1 Kor 13,9–13)

Nur zwei Flugstunden von der Schweiz entfernt, wo ich das schreibe, fliehen Hunderttausende in einfachsten Schlauchbooten über das Mittelmeer nach Europa. Tausende erreichen das rettende Ufer nicht. Immer wieder schmerzt es mich zutiefst, wenn ich die Berichte über gesunkene Flüchtlingsboote lese und die Bilder dazu sehe, das tote Kind am Strand, Kleidungsstücke und Trümmer auf dem Wasser. Menschen, die vor Gewalt, Krieg und Not geflohen sind, weinen vor mir über ihre Angehörigen, die sie im Meer verloren haben. Sie bitten darum, dass in unserer Kirche und unserem Pfarreizentrum Gedenkfeiern stattfinden. Und ich soll sie mitgestalten, mitbeten. Jeden Karfreitag um 18.00 Uhr stehen Menschen verschiedener Herkunft und Hautfarbe trauernd auf dem Zuger Landsgemeindeplatz, seit Jahren. Schweizerinnen und Fremde, Kinder und ältere Menschen, viele Ordensfrauen. Ein interreligiöses Gedenken für die auf der Flucht verstorbenen Menschen, wir schweigen, singen, zünden Kerzen an. Nachts oder auch in der Meditation erscheinen Bilder der Ertrinkenden vor meinem inneren Auge und es betet in mir.

Während des Lockdowns geht der kranke Freund, einer aus meiner Männergruppe, nachts zum Zürichsee, schwimmt hinaus und ertrinkt. Er ist mit Absicht gegangen, ohne einen Abschiedsbrief zu hinterlassen. Erst einundzwanzig Tage später wird sein Leichnam geborgen.

Als Deutscher, mit der Geschichte meines Landes im Hintergrund, zögere ich zu bekennen, was Elie Wiesel, selbst Opfer des Holocaust, in meine Seele eingeschrieben hat über das Ineinander, über die Anwesenheit von Gott in allem, auch in der tiefsten Nacht:

> Nie werde ich diese Nacht vergessen, die erste Nacht im Lager, die aus meinem Leben eine siebenmal verriegelte lange Nacht gemacht hat. Nie werde ich diesen Rauch vergessen. Nie werde ich die kleinen Gesichter der Kinder vergessen, deren Körper vor meinen Augen als Spiralen zum blauen Himmel aufstiegen. Nie werde ich die Flammen vergessen, die meinen Glauben für immer verzehrten. Nie werde ich das nächtliche Schweigen vergessen, das mich in alle Ewigkeit um die Lust am Leben gebracht hat. Nie werde ich die Augenblicke vergessen, die meinen Gott und meine Seele mordeten, und meine Träume, die das Antlitz der Wüste annahmen. Nie werde ich das vergessen, und wenn ich dazu verurteilt wäre, so lange wie Gott zu leben. Nie.[75]

Das Heilige ist nicht *facinosum* ohne *tremendum*[76], das Sanctus kein Schönwetterprogramm, auch Sturm und Klimakatastrophe sind angekündigt. Für mich ein ständiger, unendlich schmerzvoller Prozess, das immer wieder anzunehmen. Es hilft mir so sehr, die Bruchstücke des Lebens als solche wahrzunehmen, sie nicht zu verabsolutieren. Mich unentwegt am Ineinander festzuhalten.

Das Sanctus schleudert mich in die heilige Wirklichkeit Gottes. Im Rahmen der Messe kann ich sie würdigen, ehren, segnen. Diese Heiligkeit, und nichts anderes, erfüllt Himmel und Erde.

---

75 Wiesel: Die Nacht, 2008, S. 56.

76 Vgl. Otto: Das Heilige, 2004, S. 13ff.

Zeit ist wie Ewigkeit
Und Ewigkeit wie Zeit,
so du nur selber nicht
machst einen Unterscheid.[77]

---

77 Angelus Silesius, Cherubinischer Wandersmann, I/47.

Feiern und neu beginnen

Im Schlussteil der Messe wird die Wandlung – unsere Wandlung – gefeiert. Das Sanctus ist der Gipfel, nun beginnt der Weg hinab in den Alltag. Oder vielmehr: Jetzt erleben wir – nach dem Ernten – Erntedank. Mit dem Gebet, das Roman Ambühl formuliert hat:

Gott, wir danken dir, dass wir hier zusammen feiern dürfen.
Wir danken dir für die Gemeinschaft,
für die Gedanken und die Musik.
Wir danken dir besonders für das Brot
und für alles, was wir nötig haben wie Brot:
Für das Licht und die Wärme.
Für die Luft und das Wasser.
Für alles, was wir ernten dürfen.
Für die Freude und Sorglosigkeit.
Für die Menschen, die unser Leben teilen.
Für das Vertrauen, das uns geschenkt wird.
Für die Liebe und die Vergebung.
Wir teilen dieses Brot miteinander im Gedächtnis an Jesus.
Gott,
deine Lebenskraft – im Brot,
deine Wirklichkeit Christus – im Brot,
beseelt alle Materie und Geschöpfe,
wie am Anfang, wie am Ende,
und bewirkt Verbundenheit und Verbindlichkeit.
Denn

(alle beten miteinander, wie bei der Schlussdoxologie nach der Konsekration in der Eucharistefeier)

durch ihn und mit ihm und in ihm
ist dir Gott, allmächtiger Vater,

in der Einheit des Heiligen Geistes
alle Herrlichkeit und Ehre,
jetzt und in Ewigkeit. Amen.

Vater und Mutter unser

Sich alltäglich im Gebet verbinden

Das Vater-unser-Gebet ist ein ur-jüdisches Gebet. Erstaunlich, wie gültig die Antwort Jesu auf die Bitte um ein Gebet ist, auch nach zweitausend Jahren; wie genau sie alles ausspricht, was wir zum Leben brauchen.

Im Matthäusevangelium, im Wortlaut der Übersetzung der Bibel in gerechter Sprache, lautet es so:

So also betet.
Du, Gott, bist uns Vater und Mutter im Himmel,
dein Name werde geheiligt.
Deine gerechte Welt komme.
Dein Wille geschehe,
wie im Himmel, so auf der Erde.
Das Brot, das wir brauchen,
gib uns heute.
Erlass uns unsere Schulden,
wie auch wir denen vergeben,
die uns etwas schuldig sind.
Führe uns nicht zum Verrat an dir,
sondern löse uns aus dem Bösen. (Mt 6,9–13)

Und bei Lukas:

Er sagte zu ihnen: »Wenn ihr betet, dann sagt:
Du Gott,
dein Name werde geheiligt.
Deine Königsmacht komme.

> Das Brot, das wir brauchen, gib uns täglich.
> Erlass uns unsere Sünden,
> wie auch wir denen erlassen,
> die uns etwas schulden.
> Und führe uns nicht zum Verrat an dir! (Lk 11,2–4)

Beten heißt vertrauen, dass Gott uns kennt und weiß, was uns not tut, bevor wir Worte dafür haben. Kein Besserwisserisches ›Ich weiß schon, was du brauchst, besser als du selber‹, ist gemeint. Das würde der Weitung, dem heiligen Moment des Sanctus ganz und gar nicht gerecht. Vielmehr weitet Beten das Herz für die großen, unendlich großen – religiösen – Wünsche des Menschen: Er ist das Wesen, das über sich hinaus das Ganze ahnt, denkt und mitgestaltet, mitgestalten kann, wenn er die Gnade hat, sich zu öffnen. Im Schweizer Radio sprechen abends Kinder Wünsche in die Nacht. Wünsche nach einem Spielzeug, aber auch herzergreifende Kinderstimmen, die das Ende von Krieg, Hunger und Schmerz ersehnen:

> ... Gott, Vater und Mutter für euch, weiß, was ihr braucht, noch bevor ihr darum bittet. (Mt 6,8)

Das Vaterunser verbindet Himmel und Erde, aber auch uns Menschen untereinander. Jeden Tag beten es Christinnen und Christen rund um den Erdball. Wenn wir dieses Gebet sprechen, werden geschichtliche und geografische Grenzen aufgehoben. Kinder und Erwachsene in allen Ländern der Erde, Frauen und Männer aller Muttersprachen, Ethnien, Konfessionen, in jeder persönlichen Lage und ökonomischen Situation verstehen es, unabhängig vom Bildungshintergrund. Diese universale, pfingstliche Dimension erfüllt mich mit Ehrfurcht. Dies wird besonders erlebbar, wenn das Gebet in einem Pilgergottesdienst in Einsiedeln oder Rom oder bei großen internationalen Versammlungen vielstimmig gebetet wird. Jede*r spricht es in der eigenen Muttersprache.

Dass seine Wirkung tiefer geht als alle Worte, erfahre ich im Alterszentrum, wenn ich den Gemeindemitgliedern die ›Kommunion‹, wie wir Katholiken sagen, den Leib Christi, bringe. Viele von ihnen leiden an Demenz. Im Anfangsstadium können sie ihre Vergesslichkeit noch bewusst reflektieren. Manche erzählen von ihrer Not, dass sie selbst klassische Gebete vergessen haben. Wenn wir aber vor dem Kommunionempfang das Vaterunser zu sprechen beginnen, tauchen die Worte sehr oft auf wundersame Weise aus dem Vergessen auf.

Stolz berichten die Kinder der dritten Klasse, die sich auf die Erstkommunion vorbereiten, sie würden nun ein Gebet beherrschen. Ich freue mich, staune, frage, was das für ein Gebet sei. Begeistert sprudelt darauf das Vaterunser aus den Kindern heraus, auswendig. Den Kindern ist es egal, ob wir uns dabei gerade in der Kirche oder im Einkaufszentrum daneben befinden. Auswendig heißt auf Englisch und Französisch: by heart – par cœur: durch das Herz. Sie sprechen das Gebet mit Freude und Stolz; das Lernen, die Vorbereitung rührt an ihr Herz. Und das Erlernen des Vaterunsers ist für die Kinder auf dem Weg zur ersten Kommunion etwas wie eine doppelte Initiation: Im Gebet erfahren sie sich als Teil der Kirche, der Christenheit rund um den Erdball. Im Gebet erleben sie zugleich, dass sie den Lebensgrund ansprechen können wie Erwachsene, dass es Worte dafür gibt, einfach und wiederholbar.

Vater unser im Himmel

Jesus hat seinen Gott, das Geheimnis der Geheimnisse, den Unaussprechlichen, zärtlich Abba, Väterchen, genannt. Es ist die Verbundenheit mit diesem seinem Ursprung, die heilt, tröstet, nährt, aufrichtet, Hoffnung stiftet. Sie lässt mitfreuen und mittrauern. Weil Gott – nach dem Wort der Psalmen – fürsorglich ist mehr noch als eine Mutter, ein Vater. Mit Jesus können auch wir es sein.

Geheiligt werde dein Name

Das Sanctus klingt durch. Alle erbarmungslose Wahrheit, Narzissmus, Absolutismus werden relativiert. Die muslimische Tradition kennt die neunundneunzig Namen Allahs: Der hundertste Name bleibt Geheimnis, wie Gott selber.

Dein Reich komme

Es soll anders werden, unter uns, mitten in der Welt, in dieser Zeit, mitten im Heute. Und das ersehnte Reich ist so nahe, dass wir es leicht übersehen:

> Das Reich Gottes kommt nicht auf beobachtbare Weise, noch werden die Leute zu euch sagen: ›Seht, da oder dort drüben.‹ Merkt: das Reich Gottes ist nämlich mitten unter euch! (Lk 17,20f).

Dein Wille geschehe

Jesus hat diese Bitte selber gebetet, wahrscheinlich jeden Tag, bis zum Schluss, in Todesangst im Garten von Getsemani, vor der Hinrichtung (Mt 26,39). Die Mystiker und Mystikerinnen sagen, dass das egozentrische Ich sterben muss und darf zugunsten eines neuen Gehorsams, der notwendige Wachstumsschritte ermöglicht, ja fordert.

Wie im Himmel so auf Erden

Himmel und Erde sind nicht zwei getrennte Dinge, die wir zusammenzubringen versuchen. Aber – wie schon gesagt – es gibt die

> Augenblicke (...), die meinen Gott und meine Seele mordeten (Elie Wiesel).

Im Vaterunser reden wir uns zu, bitten wir um das Vertrauen, dass Gottes Reich und Hilfe trotzdem ganz nahe sind. Trotz der Erfahrungen, die auch Paulus kennt:

> Denn ich verlasse mich darauf: Weder Tod noch Leben, weder himmlische noch staatliche Mächte, weder die gegenwärtige Zeit noch das, was auf uns zukommt, weder Gewalten der Höhe noch Gewalten der Tiefe, noch irgendein anderes Geschöpf können uns von der Liebe Gottes trennen, die im Messias Jesus lebendig ist, dem wir gehören. (Röm 8,38f)

Unser tägliches Brot gib uns heute

Unsere Großmütter wussten: Hartes Brot ist nicht hart. Kein Brot ist hart. Wenn es nur Brot gibt.

In der reichen westlichen Welt erinnert diese Bitte an den Hunger von fast einer Milliarde Menschen, denen dieses tägliche Brot verwehrt wird. Ihr Hunger heiligt das Brot.

Die Bitte bringt auch die Abhängigkeit des Menschen von Fürsorge zum Ausdruck: Ohne die Menschen, die säen, Pflanzen hegen und pflegen, ernten, dreschen, mahlen, verpacken, transportieren, Mehl zu Brot verarbeiten, hätten die allermeisten nichts zu essen. Jeder Bissen Brot, jeder Löffel Reis, jeder Schluck Milch zeugt von unserer Abhängigkeit von Natur, Tieren und Menschen. Nicht einen Tag könnten wir leben, wenn wir nicht gratis Luft atmen, Zuwendung und Liebe erfahren würden.

Und vergib uns unsere Schuld, wie auch wir vergeben unseren Schuldigern

Im Matthäusevangelium kommentiert Jesus die Bitte um Vergebung:

> Denn wenn ihr den Menschen, die an euch schuldig geworden sind, vergebt, wird euch Gott, Vater und Mutter im Himmel, auch vergeben. Wenn ihr aber den Menschen nicht vergebt, wird Gott euch auch nicht vergeben, wenn ihr schuldig geworden seid. (Mt 6,14f)

Hängt die göttliche Vergebung von unserer Fähigkeit zur Vergebung ab? Muss die Vergebung verdient werden? Das hieße, sehr klein denken von Gott, unser aller Vater und Mutter. Trotzdem: Genau übersetzt kommt die menschliche Vergebung vor der göttlichen, man müsste aus dem Griechischen übersetzen mit »wie auch wir unseren Schuldigern vergeben haben«. Vergeben ist Bereitschaft zur Kommunikation, ist schon Kommunikation, Eingestehen von Abhängigkeit, Ausdruck von unentwegtem Ineinander und Miteinander. Wer bereit ist zu vergeben, weiß, wie sich Vergeben anfühlt, kann um Vergebung bitten.

Jesus betet am Kreuz für seine Peiniger und Peinigerinnen, denen im Mainstream und unter dem Zwang menschlicher Macht das Gewissen abhanden gekommen ist:

> Vater vergibt ihnen, denn sie wissen nicht, was sie tun! (Lk 23,34)

Und führe uns nicht in Versuchung

Im Italienischen wurde diese Bitte 2020 auf Anregung von Papst Franziskus umformuliert und lautet nun:

Lass uns in der Versuchung nicht im Stich.

Damit wird das Missverständnis ausgeräumt, dass Gott sich einen Spaß daraus macht, Menschen zu testen, in Versuchung zu führen. Das Leben selber, seine Widersprüche und Sachzwänge, die weltweiten Zusammenhänge wie die privaten Beziehungen, halten genügend Versuchungen bereit. Wie leicht fallen wir aus der Liebe und der Achtsamkeit heraus!

Sondern erlöse uns vor dem Bösen

Die Theologen sprechen von der »Erbsünde«, der großen Verstrickung, für die wir nichts können, die viele Menschen plagt und hoffnungslos macht. Mir geht es so, dass ich bei allem Bemühen um gutes Leben in diese Bitte flüchte – es ist zu groß für mich, ich kann es nicht machen, ich halte meine leeren Hände hin.

Wir können als Individuen unmittelbar nichts tun gegen die Macht von multinationalen Konzernen. Immerhin können wir aber parat sein, uns einmischen, auch als Zivilbevölkerung, abstimmen wie in der Schweiz 2020 über die Konzernverantwortungsinitiative. Ich kann meinen Konsum so nachhaltig und sozial verträglich wie möglich gestalten.

Denn dein ist das Reich und die Kraft und die Herrlichkeit, in Ewigkeit. Amen.

Dieser Lobpreis wird in jüngeren Manuskripten an das Vaterunser angefügt: Eine urjüdische Gebetsformel, Zitat aus einem Dankgebet des Königs David (1 Chronik 29,12).

Friedensgruß

Sich Erlösung verpflichten

Wenn wir einander Frieden wünschen, sind wir doppelt mit Jesus verbunden. Die erste Botschaft nach seiner Geburt in der Notunterkunft von Bethlehem, verkündet von Engeln, lautet ja:

> Friede auf Erden unter den Menschen!

Und ebenso das erste Wort, das der Auferstandene an seine Jüngerinnen und Jünger richtet:

> Friede sei mit euch!

Alle Anwesenden haben diesen Frieden nötig. Alle tragen Unfrieden in den Gottesdienst hinein: Den urschweizerischen Streit um die rechtmäßige Nutzung der Waschküche im Mehrfamilienhaus, den Zank um das Familienerbe, die Degradierungen und Demütigungen am Arbeitsplatz, die Bilder von erschreckender Gewalt, Flucht und Krieg aus den Nachrichten. Am Gewinn von Briefkastenfirmen und Rohstoffhändlern klebt das Blut der Minenarbeiter und Kindersklaven in Afrika – und Gemeinwesen wie Kirche profitieren von den Steuererträgen.

Eine unangenehme Erinnerung, eine unerträgliche Spannung – ich kann nichts anderes tun, als sie Gott zu überantworten, etwa mit den Worten:

> Gott, die Welt braucht Frieden. Wir Menschen wollen in Frieden leben. Unruhig ist mein Herz, bis es Ruhe findet in dir, so sagt es der heilige Augustinus. Um diesen Frieden bitten wir, den Frieden, den nur du geben kannst.

Eine Ministrantin oder ein Ministrant schlägt drei Mal an die Klangschale.

Stille.

Wir haben uns in dieser Feier das Schwere zu Herzen genommen und es Gott übergeben. Was von Gott und von Jesus zurückkommt, ist Friede. Ich spreche es aus:

Dieser Friede Jesu Christi ist jetzt und allezeit mit euch.

Was für ein gewaltiges Geschenk! Wenn die Versammlung die vertraute Antwort gibt

Und mit deinem Geist

denke ich daran, was »Geist« im biblischen Sinn heißt – Atem und Lebendigkeit.

Beim Friedensgruß erinnere ich oft auch an Bruder Klaus. Niklaus von der Flüe (1417–1487) lebte als einfacher Bauer in den Zentralschweizer Bergen. Schon als Kind hat er Visionen, Bilder von Gott. Mit niemandem kann er sie teilen. Er wird Soldat, erlebt Krieg und Gewalt. Mit dreißig Jahren heiratet er eine etwa vierzehn Jahre jüngere Frau, Dorothee Wyss. Eine Liebesheirat – eine große Familie mit zehn Kindern entsteht. Niklaus wird angesehener Ratsherr und Richter in Obwalden, die Menschen hören auf seine Ratschläge; was aber vor der Öffentlichkeit verborgen bleibt, ist sein spirituelles Leben. Nächtelang betet er in der Stube. Der Ruf Gottes wird drängender. Mit Billigung seiner Frau bricht der Fünfzigjährige schließlich auf. Er plant, als Eremit im Elsass zu leben, aber schon vor Liestal bestimmt ihn eine Begegnung, in sein Dorf zurückzukehren, nach Flüeli. Dort, am Steilhang (schweizerisch: Ranft), in der tiefen Schlucht, nur dreihundert Meter von seinem Hof entfernt, wird aus Niklaus Bruder Klaus. Der Einsiedler soll fortan bis zu seinem Lebensende mit siebzig Jahren, keine feste und flüssige Nahrung mehr gebraucht haben – »Gott allein genügt«, wie es Teresa von Àvila ein Jahrhundert später ausdrücken wird. Viele kommen zu Bruder Klaus, jeden Tag, finden Rat und Unterstützung. Im drohenden Krieg zwischen den eidgenössischen Stadt- und Landorten wird er zum Friedensstifter.

Friede ist allweg in Gott, sagt Bruder Klaus.
Um diesen Frieden Gottes, den Frieden,
den wir nicht machen können,
wollen wir bitten.

Die Klangschale ertönt in der Stille dreimal.

Dieser Friede Christi, der alles Begreifen übersteigt,
ist jetzt und alle Zeit mit euch.
– Und mit deinem Geist,

antwortet die Gemeinde.

Nun folgt ein heilsamer, freudvoller, aber auch ein wenig irritierender Unterbruch. Der Friede kommt buchstäblich in Bewegung. Der Friede, der »allweg in Gott« ist (Bruder Klaus), will nicht bei ihm bleiben. Gott will den Streit in der Waschküche, die stummen Vorhaltungen in der Familie, die ungerechten Verhältnisse und Kriege in der Welt verwandeln.

Sinnenfälliges Zeichen dafür ist die körperliche Zuwendung an diesem Punkt im Messgeschehen. Alle wenden sich zueinander, schauen sich in die Augen, reichen einander die Hand und wünschen sich gegenseitig den Frieden beziehungsweise – während der Pandemie – lächeln sich über die Maske hinweg mit den Augen zu, winken, verbeugen sich voreinander. Paare küssen sich, Kinder schauen ihre Eltern liebevoll an, Fremde erkennen einander in der Tiefe der Seele, Alte und gebrechliche Teilnehmende werden gesehen, richten sich auf und bekommen Kraft. Der Friedensgruß ist etwas so Konkretes wie die Fußwaschung im Johannesevangelium. Er drückt die Zumutung tiefer, unverzweckter Freude aus, den Mut rückhaltlosen Vertrauens, geschenkt im geschützten Rahmen des Gottesdienstes. Dass er etwas geben kann, allein schon das ist für manchen kaum zu glauben. Dabei ist es nichts als würdig und recht, notwendig und wahr:

Ich selbst muss Sonne sein,
ich muss mit meinen Strahlen
das farbenlose Meer
der ew'gen Gottheit malen.[78]

Ein Meer göttlichen Friedens breitet sich durch die Grüßenden in der Kirche aus. Friede wird Gegenwart; alle Gläubigen handeln priesterlich. Der anstößige Friedensgruß wird zu einem sakramentalen Zeichen für den, der erfüllt ist von der Sehnsucht nach Frieden, bereit, Frieden zu schließen und zu halten: Es bewirkt, was es bezeichnet.

Ganz gleich, ob an einem Werktag, wenn wenige Gläubige teilnehmen, in einem Festgottesdienst mit voller Kirche oder bei einer Beerdigung: Zum Friedensgruß lade ich immer ein.

Meine Mutter erzählt, ich sei ein sensibles Kind gewesen. Manchmal hätte ich unvermittelt zu weinen begonnen. Unbewusst hatte ich Widersprüche, Unversöhntheiten in meiner Mitwelt aufgenommen, Unerlöstes, Kriegsleid. Als Kind, als Heranwachsender und auch in der Kraft der Lebensmitte kannte ich Zustände voll Ohnmacht und Angst. Psychologie half nicht. Mit achtzehn Jahren war mir klar: Du musst den Kriegsdienst mit der Waffe verweigern, Deutschlands Kriegsgeschichte soll durch dich nicht weitergehen! Ich trug den Button der DDR-Friedensbewegung ›Schwerter zu Pflugscharen‹ auf meiner Kleidung. 1996 begleitete ich dann meine Frau in ihrem Stipendiatsjahr an die Harvard Universität in Cambridge MA. Ich hatte sieben Monate frei genommen. Eigentlich zog mich nichts nach Amerika, ich hatte nur den Wunsch zu meditieren. Wie bereits berichtet, durften wir in einem buddhistischen Zen-Zentrum wohnen. Vierzig Menschen, Studenten, Angestellte, Freiberuflerinnen, Pensionierte lebten und meditierten unter einem Dach. Auf dem Kissen neben dem Ex-Soldaten, *Marine,* saßen in einem Boot aus Vietnam Geflüchtete. Der Tag begann um 4.45 Uhr

78 Angelus Silesius, Cherubinischer Wandersmann, I/115.

mit Trommelschlägen, um 5.15 Uhr traf sich die Hausgemeinschaft zu 108 Verneigungen. Um 5.45 Uhr begannen zwei Stunden Meditation in Stille; anschließend wurden buddhistische Sutren rezitiert. Ich half bei der Hausarbeit mit und kochte, reparierte Autos, hatte viel Zeit. Auf meinen fünfunddreißigsten Geburtstag hin nahm ich an einem dreiwöchigen Zen-Training in einem abgelegenen Retreathaus teil: jeden Tag zwölf bis vierzehn Stunden Meditation, keine Nachrichten, keine Gespräche, keine Bücher. Nur Konzentration auf die STILLE. In der ersten Woche saß ich da und hatte körperliche Schmerzen. Es ging darum, mit den starken Schmerzen zu SEIN, zu leben. In der zweiten Woche wechselte die Szenerie. Der physische Schmerz hörte schlagartig auf, dafür erschienen vor meinem inneren Auge nichts als Gaskammern, Feuer, brennende Menschenkörper und Leichenberge. Die Erinnerungen an Auschwitz kamen hoch. Ich realisierte, über 6000 Kilometer vom KZ entfernt, dass ich immer noch an diesem Ort war. Die Erfahrung ›Das ist alles noch nicht vorbei‹ des Achtzehnjährigen kehrte nach siebzehn Jahren wieder. Mein Geist war bei den Menschen, die man verbrannte, die Seele war erfüllt von Todesangst, Verzweiflung, Hass und Gewalt. Und ich bemerkte, wie sich mein Körpergeruch veränderte; jemand sprach es auch aus: »You smell like a corps« (Du riechst wie eine Leiche). Erst am Ende der zweiten Woche war Gelegenheit, mit dem Leiter des Zen-Zentrums, Dae Kwan Sunim, einem Amerikaner mit deutschen Wurzeln, über meine Situation zu sprechen. Der Zen-Meister nahm meine ganze Not wahr, schaute mir in die Augen und sagte nur:

Ja, that's your german karma.
Perceive your karma.
Don't be attached to it.
Use your karma.
(Dieser Zustand ist deine deutsche Realität, deine Wahrheit als Deutscher. Steh zu diesem Karma, ganz und gar.

Hänge nicht dran, klebe nicht dran, halte es nicht fest.
Nütze es als dein Karma.)

Mit diesen Sätzen lösten sich die Schreckensbilder auf. In der dritten Woche war es einfach nur still. Ich hörte die Schritte auf dem Holzboden, den Klang der Glocke. Der Schnee rutschte vom Dach und die Märzsonne schien in den Raum. Ich war in der Tiefe meiner Seele erkannt worden. Endlich brauchte ich nichts mehr zu verstecken. Ich war verbunden mit aller Wirklichkeit, ja, auch mit dem Terror und den Gräueln der nationalsozialistischen Diktatur und den Millionen Opfern ihrer Vernichtungsindustrie. Aber ich war nicht mehr gefangen. Ich hatte eine Aufgabe: meine Existenz für den Frieden in der Welt einzusetzen. Ein Keim war in meine Seele gepflanzt. In den folgenden zehn Jahren meines Lebens wuchs dieser Keim. Die Zustände von Ohnmacht und Haltlosigkeit kehrten zwar immer wieder zurück, doch seit dem Gespräch mit Dae Kwan Sunim war ich ihnen nicht mehr so hilflos ausgeliefert wie zuvor. Wieder zurück in der Schweiz, längst Vater von zwei Buben, hatte ich einmal einen Traum:

Ich bin an der Grenze zwischen Gaza und Israel. Eine breite Schneise – Stacheldraht, Niemandsland, Stacheldraht – liegt vor mir. Der Boden ist vermint. Über mir fliegen Raketen und detonieren im Hinterland. Granaten explodieren vor meinen Augen. Maschinengewehrgeknatter von beiden Seiten. Es ist Krieg. Ich habe die Aufgabe, eine Gruppe von Menschen von einer Seite auf die andere zu führen. ›Das ist unmöglich‹, denke ich im Traum. Dennoch gehe ich auf den Grenzbalken zu, der an einer Stelle den Stacheldrahtzaun unterbricht. Eine absolute Stille senkt sich auf die Szene: Alle Kriegsaktivitäten enden. Der Horizont ist in goldenes Licht getaucht. Plötzlich herrscht Frieden. Die Gruppe und ich passieren in Frieden die Grenze.

Im Zuge meiner Zazen-Ausbildung machte ich damals ein Sesshin bei Pia Gyger und erzählte ihr im Zweiergespräch, das den Übenden täglich angeboten wird, diesen Traum; immer wieder hole mich das *German Karma* ein, auf dem Kissen wie im Alltag.

Pia lässt es nicht dabei bewenden, lässt nicht locker, fragt immer wieder: Wie willst du dieses Karma nutzen, damit es fruchtbar wird für die Welt? Wie willst du mit diesem deutschen Background die Grenze zwischen Israel und Palästina passieren? Ihre Hartnäckigkeit weckt mich. Eines Morgens im Jahr 2006 habe ich die Antwort, eine konkrete Vision: Am 9. November 2008 wird ein interreligiöses Ritual für Versöhnung und Frieden in Berlin stattfinden unter dem Titel, den der Auschwitz-Überlebende damals dem Abiturienten geschenkt hatte: »Die Zukunft in goldenen Lettern schreiben«.

Ein verrücktes Projekt. Soll ich es mir zu eigen machen? Ich sage ja dazu. Und es öffnet sich ein weites Feld der Zustimmung. Dreißig Menschen aus verschiedenen Ländern bereiten sich auf das Ritual vor. Auch ein Ort findet sich, die leere, noch vom Krieg gezeichnete Parochialkirche in der Mitte von Berlin; sie wird uns für den Abend des 9. November 2008 gratis zur Verfügung gestellt. Und sechs junge Männer, die an diesem Abend den Kircheninnenraum passend zu den Schritten des Rituals in Licht tauchen und in die Apsis-Gewölbe Bilder projizieren.

Mit dem Ja tut sich geistige Führung auf. In den zwei Jahren der Vorbereitung, von 2006 bis 2008, habe ich oft die Engel um Hilfe gebeten und immer eine Antwort bekommen. In dieser Zeit sprechen meine Frau und ich nach dem Meditieren am Morgen das folgende inspirierte Gebet:

Wir rufen euch, Engel, Mittler der Liebe Gottes.
Wir rufen euch
mit heiterem, klarem, vertrauendem Herzen.

Wir betrachten die Geschichte, Gegenwart und Zukunft
Deutschlands und der Welt.
Wir schauen auf Deutschland und die Welt
mit neuen Augen,
die sehen, dass die Liebe die stärkste Kraft der Heilung ist.
Mit Augen, die das Licht deiner Liebe hineintragen
in das tiefste Dunkel, Herzaugen.
Wir versenken uns in dich, du Licht des Anfangs,
du durchscheinende Wirklichkeit, Gott.
Wir verbinden uns mit deinem Lichtnetz, den Kräften des
Friedens in uns, in Deutschland und der ganzen Welt.
Wir danken dir, Gott, für deine Gegenwart, JETZT.
Und wir bitten um Wandlung der Verletzungen,
der Schatten und der Gewalt in deinem liebenden Licht.
Wir bitten: Verwandle alles unerlöste Sein in dein göttliches goldenes Licht. Wir sehen Frieden für Deutschland, Jüdinnen und Juden, für Christinnen und Christen, Muslime und Muslimas, für Angehörige aller Religionen und Weltanschauungen, und für die ganze Welt.
Jede Wunde möge sich schließen
und zur Kraftquelle werden.
Jede Verletzung möge heilen und zur Gabe werden.
Ermächtige uns zur neuen Form des Übergangs,
damit in spielerischer Leichtigkeit
die Wandlung sich vollzieht:
... von der Angst zur Kraft, füreinander einzustehen
... von der Verwirrung durch Krieg, Verfolgungen und millionenfaches Morden zum schöpferischen Handeln für Frieden und Wohlergehen
... von Schweigen zum Mut, sich zu äußern
... von der Gleichgültigkeit zur Anteilnahme und Liebe

… von sprachloser Trauer und Scham zur Freude,
das Leben zu teilen.
So rufen wir die Lichtkräfte für den heutigen Tag:
Kodoish, Elohim Sabaoth,
Nichts ist tot, alles lebt und webt,
DEIN Lichtheer entsteht,
das nach FRIEDEN strebt,
die Zukunft in goldenen Lettern zu schreiben.
Kodoish, Ave Maria, Sanctus, Dominus Mundi. Amen.

Das Berliner Versöhnungs-Ritual am 9. November 2008 nimmt nach und nach Gestalt an. Es orientiert sich an den fünf Schritten des sogenannten Jerusalem Rituals, das Pia Gyger und Niklaus Brantschen SJ als Friedensvision für die Welt entwickelt haben: In Israel und Palästina, in der Schweiz und an der UNO in New York tätig, stiften sie und viele weitere Freiwillige dazu an, den Namen der drei Religionen heiligen Stadt zu ehren und den Traum zu stärken: Jerusalem, Stadt des *schalom*, Stadt des Friedens. Die Stadt soll ganz konkret ein Ort werden, wo die Weltgemeinschaft für den Frieden lernt.[79] Eine Vision – um das Feld für ihre Verwirklichung zu bereiten, entwickeln sie das »Jerusalem Ritual«, das bis heute in vielen Sprachen überall auf der Welt gebetet wird. Die fünf Schritte lauten:

Die Vergangenheit ehren
Das Licht im Dunkel ansprechen
Die Seherinnen und Propheten rufen
Die neue Art des Übergangs erbitten
Jerusalem als Stadt des Friedens im JETZT feiern

9. November 2008, Parochialkirche, Berlin: Man sieht der Kirche an, dass sie nach dem Zweiten Weltkrieg nur notdürftig geflickt und mit einem Dach versehen wurde. Der hohe Raum

79 https://katharina-werk.org/pdf/KA_2006_04_April.pdf (25.10.2023).

bildet ein gleichschenkliges Kreuz. In der Mitte sieht man über den Dachbalken die Ziegel der Kuppel. Darunter steht an diesem Abend ein riesiges eisernes Wasserbecken, extra für das Ritual geschaffen. Zu Beginn und während des ganzen Abends setzen sich Menschen an dieses Becken, das an das »eherne Meer« im Jerusalemer Tempel erinnert, sie schöpfen Wasser, ein schier endloses Schöpfen und Fließenlassen, Ur-Wasser bewegt sich, fängt Tränen auf.

Das Ritual beginnt in der Mitte des Raumes, um das Wasserbecken. In einem Gebet ehren wir Deutschland, seine Geschichte und seine Menschen.

Dann tritt Chajim Harald Grosser ins Licht, im Nordflügel der Kirche. Chajim hat als kleines Kind versteckt in einem Wandschrank den Krieg überlebt. Er ist in der DDR aufgewachsen – ein Mensch, der die Versöhnung der Welt in seinem Herzen trägt. In Meißen ausgebildet, arbeitet Chajim als Töpfer in Berlin-Ost in seinem Atelier mit christlichen, muslimischen und jüdischen Jugendlichen. Unter anderem gestalten sie biblische Figuren und Gestalten aus dem Koran. Er will Vorurteile abbauen und Frieden säen. Chajim hat einen großen, selbstgetöpferten Krug mitgebracht, darauf steht ein hebräisches Gebet. Chajim leert Wasser aus dem Krug in das große Metallbecken. Dann spricht er das Kaddisch, das jüdische Totengebet für die Opfer von Gewalt, Krieg und Terror:

> Erhoben und geheiligt werde sein großer Name
> auf der Welt, die nach seinem Willen von Ihm erschaffen wurde – sein Reich soll in eurem Leben in den eurigen Tagen und im Leben des ganzen Hauses Israel schnell und in nächster Zeit erstehen.
> Und wir sprechen: Amen!
> Sein großer Name sei gepriesen in Ewigkeit und Ewigkeit der Ewigkeiten.

Gepriesen sei und gerühmt, verherrlicht, erhoben, erhöht, gefeiert, hocherhoben und gepriesen sei der Name des Heiligen, gelobt sei er, hoch über jedem Lob und Gesang, über jeder Verherrlichung und Trostverheißung, die je in der Welt gesprochen wurde, sprecht Amen!
Fülle des Friedens und Leben möge vom Himmel herab uns und ganz Israel zuteil werden,
sprecht Amen.
Der Frieden stiftet in seinen Himmelshöhen, stifte Frieden unter uns und ganz Israel und in der ganzen Menschenfamilie, sprecht Amen.[80]

Als dritter Schritt folgt der Ruf nach den Seherinnen und Propheten einer friedlichen Wandlung. Wir gehen weiter in den Westflügel der Kirche. Dort ist in der Kuppel der Putz erhalten geblieben, sieht aus wie ein großes Auge. Der Fotograf Tim Besserer projiziert Bilder von solchen Frauen und Männern des Friedens und der Versöhnung in Deutschland: Meister Eckhart, Martin Buber und Dietrich Bonhoeffer, Anne Frank, Sophie Scholl, Heinrich Böll und viele andere.

Der vierte Teil des Rituals ist die Bitte um den Übergang. Es kann nicht weitergehen wie bisher, aber »wir wissen noch nicht, was wir sein werden« (1 Joh 3,2). Wir sind still und offen. Eine Tonne Sand ist im Ostteil der Kirche aufgehäuft. Kerzen werden entzündet und hineingesteckt, die Kinder spielen mit dem Sand.

Ihr großer Auftritt kommt im fünften Teil: Wir feiern die Heilung JETZT. Wir glauben, wir vertrauen, dass Gewalt und Tod nicht das letzte Wort haben. Auch wenn wir nichts tun und nichts erklären können – denn es wäre immer zu wenig und angesichts des unendlichen Leides falsch. Die Kinder springen und tanzen in der Mitte der im Krieg beschädigten Parochialkirche in Berlin. Sie lachen und singen. Sie

80 In einer Übersetzung von Dr. S. Bamberger mit einer Ergänzung von Chajim Grosser.

schlagen Rad. Sie nehmen uns mit, wir trauen uns, den Frieden zu feiern.

Die fünf Schritte des Friedensrituals sind die Elemente, die zu jeder Messe gehören: Die Vergangenheit ehrt die Gemeinde bei der Eröffnung und im Tagesgebet. Das Licht im Dunkeln spricht sie im Kyrie und Schuldbekenntnis an. In den Lesungen und in der Predigt rufen wir die Propheten und Prophetinnen, verbinden uns mit den großen Gestalten des Glaubens, die Lichtspuren in die Zukunft legen. Den Übergang erbitten wir im Hochgebet und Christusgebet, auch Sanctus und Friedensbitte öffnen uns für die Verwandlung: ... schöner als ich jetzt bin, glücklicher als ich mich traue, freier als bei uns erlaubt ...[81] Und schließlich empfangen und teilen wir im Friedensgruß, in der Kommunion und im Schlusssegen den Frieden und die Gemeinschaft, die alles Begreifen übersteigt.

Das Jerusalem-Ritual ist ein Weg der Versöhnung und des Friedens. Mein eigener Lebensweg ist von der Sehnsucht nach Frieden geführt. Um in Frieden zu leben, stelle ich mich den Wunden. Ich übe eine Haltung der leeren Hände, damit ich offen werde für neue Wege aus alten Mustern. In der Messe übe ich das Staunen im Sanctus. Ich schaffe Orte der Freude in mir und mit anderen. Friede entsteht, wenn wir wach sind dafür und bereit, ihn zu empfangen und zu schenken.

Ich erinnere mich an meine ersten Jahre als Seelsorger auf dem Land. Mit der Zeit durfte ich hinter die Kulissen der Bauernfamilien schauen. Peu à peu erfuhr ich zum Beispiel von einer Familie, dass auf dem Hof generationenlang Gewalt und Alkoholismus herrschten, und immer wieder finanzielle Not. Missgunst und Erbstreit lagen in der Luft. Einige hatten versucht, sich das Leben zu nehmen.

81 Sölle: Loben ohne Lügen, 2000, S. 12.

Ich war Religionslehrer in der fünften und sechsten Klasse, die in der kleinen Dorfschule gemeinsam unterrichtet wurden. Bis heute die anspruchsvollsten Klassen, die ich je unterrichtet habe, mit großen, reifen Mädchen neben Buben, die überhaupt nicht mithalten konnten und deshalb oft störten. In einer Klasse besonders war ein geregelter Unterricht fast unmöglich. Streit, Verwirrung, Aggressionen lagen in der Luft. In meiner Not beschloss ich, mit der Klasse und für die Klassengemeinschaft das Jerusalem-Ritual zu beten. Ich erinnere mich, wie sich Schritt für Schritt das Klima veränderte. Im vierten Schritt, wir bitten um eine neue Form von *Übergang*, forderte ich die Jugendlichen auf, ihre Ziele zu formulieren, jedes für sich, wenn sie wollten, konnten sie sie auch laut sagen. Viele ersehnten eine gute Klassengemeinschaft. Der älteste Sohn der Bauernfamilie, in der so viel Unfriede herrschte, sagte unvermittelt mit klarer und bestimmter Stimme: »Und ich setzte mich dafür ein, dass auf unserem Hof Frieden wird«.

Kommunion

Sich erfahren als Leib Christi

Aus der Stille nach dem Friedensgruß heraus hebt der Vorsteher oder die Vorsteherin des Gottesdienstes die Hostie, wie wir Katholiken sagen, das runde ungesäuerte Brot, heute meist in Oblatenform, das bei den Gottesdiensten verwendet wird: Sie zeigt den unter uns anwesenden Christus, den ›Leib Christi‹, allen im Raum. Christus zeigt sich im Brot, materialisiert sich sozusagen. In der Schweiz antwortet die Gemeinde darauf oft mit dem erwähnten Gebet von Bruder Klaus, zum Zeichen, dass sie selber – jede und jeder Einzelne – auch ein solches Brot für die Welt sein möchte.

Und ich spreche:

Wir werden in das verwandelt, was wir lieben. Leib Christi, Leben für diese Welt:

Nach diesen Worten lade ich die Teilnehmenden ein, das Brot zu nehmen, das Christus ist. Ausdrücklich gilt die Einladung allen ab dem Erstkommunionalter.

Alle, die Christus in der Gestalt des Brotes empfangen möchten, ab dem Erstkommunionalter, sind herzlich eingeladen.

Jüngere Kinder erhalten einen Segen. Sie kommen auf dem Arm der Mutter, an der Hand des Vaters oder selbstbewusst allein nach vorne. Wir, die die Kommunion austeilen, strecken uns, bücken uns oder gehen in die Knie und zeichnen ihnen ein Kreuz auf die Stirn.

An vielen Gottesdiensten, an Hochfesten wie Weihnachten und besonders an Beerdigungen, nehmen Menschen teil, die nicht in der katholischen Tradition zu Hause sind. Besonders die Älteren freuen sich über eine explizite Einladung; viele leben noch immer im Bewusstsein, dass sie nicht willkommen und von der Kommunion ausgeschlossen sind.

Es ist schön zu sehen, wie differenziert die Einladung zum Empfang des eucharistischen Brotes, zur Teilnahme am Mahl Christi aufgenommen wird. Da ist die Freude gemischt-konfessioneller Ehepaare, die gemeinsam die Kommunion empfangen – manche zum ersten Mal. Da sind andere, die spüren, dass sie dazu (noch) nicht bereit sind. Da ist auch die muslimisch-kurdische Flüchtlingsfrau, die sich in St. Johannes engagiert und ohne Scheu, aber mit großer innerer Anteilnahme, an der Kommunion teilnimmt: Für sie ist es doppelt wichtig, dass Christus Brücken baut. Vor dem Krieg hat sie auch in ihrer syrischen Heimat gemeinsam mit ihren christlichen Freundinnen die Kirche besucht.

Wir teilen den ›Leib Christi‹ gemeinsam mit Gemeindemitgliedern aus, die dafür ausgebildet und durch den Bischof beauftragt wurden. An Hochfesten, z. B. beim Kindergottesdienst an Weihnachten, wo wegen des großen Andrangs diese Kommunionspender und Kommunionspenderinnen nicht genügen, frage ich bewährte Gemeindemitglieder, ob sie zu diesem Dienst bereit sind. Fast nie gibt es eine Absage, fast immer wird dieser Dienst gern getan. Christus auszuteilen, das ist auch für alle eine besondere Begegnung mit Christus und mit den Menschen, in deren Hände sie die Kommunion legen.

Nach sieben Monaten im Zen-Center kehrte ich im Sommer 1997 in die Schweiz zurück und arbeitete als – damals noch so genannter – Pastoralassistent in meiner Luzerner Wohn- und Heimatpfarrei St. Paul. Die intensive Begegnung mit der buddhistischen Tradition hatte mich verändert. Der Lack der Selbstgefälligkeit und die Patina frommer Überzeugung waren abgeblättert. Zugleich kam aber auch die beklemmende Frage auf: Was bin ich denn jetzt, Christ oder Buddhist? Oder beides? Die vertrauten Gebete und Rituale der katholischen Kirche erschienen mir trocken. Auch wenn ich äußerlich treu jeden Tag meine Gebete sprach, so lebte ich doch über Monate mit dem Zweifel, ob ich so überhaupt noch als Theologe wirken, meine Aufgabe erfüllen könne: Ich war in eine Glaubenskrise geraten. Sie spitzte sich in der Kar- und Osterzeit zu. Der Pfarrer, mein Vorgesetzter, beauftragte mich, das Holzkreuz mit dem *corpus Christi* bei der Karfreitagsliturgie in die Kirche zu tragen. Eine besondere Ehre – aber war ich ihrer würdig? Der Weg vom Haupteingang bis zum Altar war lang. Dreimal hielt ich inne, hob das schwere, fast zwei Meter große Kruzifix und sang:

Seht das Holz des Kreuzes, an dem gehangen das Heil der Welt.

Dreimal antwortete die Gemeinde:

Kommt, lasset uns anbeten.

– und mir war überhaupt nicht nach Anbetung zumute. Ich hatte keinerlei spirituellen Bezug zum Heiland, dem »Heil der Welt«. Das Einzige, was ich spürte, war das Holz in meinen Händen und ein Satz, der sich wie ein Mantra in mir wiederholte und die lange buddhistische Praxis spiegelte: »Das ist nur Holz, einfach nur Holz. Ich trage ein Stück Buche durch die Kirche mit einer gefolterten Figur darauf«. Zwei Tage später, in der Osternacht, hatte ich die brennende Osterkerze zu tragen, mit der Priester, Assistenten und Assistentinnen und Ministranten und Ministrantinnen in die dunkle Kirche einzogen. Dreimal blieb ich stehen und sang:

Lumen christi.

Die Gemeinde antwortete mit

Deo Gratias

– zu Deutsch: Christus, das Licht. – Dank sei Gott. Bis dahin hatte ich die Osternachtfeier geliebt. Nun spürte ich nichts, meine ganze Liebe zu Christus war weg. Ich vollzog das alte Ritual, nahm aber nichts wahr als das Gewicht und die wächserne Oberfläche der Kerze in meinen Händen. Und ich hörte ähnliche Sätze wie am Karfreitag, die sich pausenlos in mir wiederholten: »Das ist nur Wachs. Wachs, nur Wachs«. Es folgte auf die Segnung des Taufwassers die Erneuerung der Taufgelübde. Ich sprach das vertraute Glaubensbekenntnis, aber sein Sinn war mir nicht mehr zugänglich. Erschrocken – und unendlich traurig – beschloss ich in dieser Osternacht, meine Berufsentscheidung als Theologe im kirchlichen

Dienst zu überprüfen. Mit leerem Herzen nahm ich die Hostie am Altar entgegen – sie schmeckte schal; der Messwein war nichts als süß und schwer. Niedergeschlagen, wie verloren, ging ich mit der Hostienschale zum Kommunionausteilen, spürte das kalte Metall, sah die weißen runden Scheiben, aus Weizenmehl und Wasser gebacken, und erwartete eine weitere Fremdheitserfahrung.

Was mir dann widerfuhr, lässt sich schwer beschreiben. Ich blickte auf die Hände, die sich mir entgegenstreckten, nahm eine Hostie aus der Schale, schaute kurz auf und in die Augen – und damit ins Herz – der Mitfeiernden, legte die Hostie in ihre offenen Hände, hörte mich sagen: »Der Leib Christi« – und erlebte, wie zugleich mehr und mehr Liebeskraft mein Herz durchflutete. Ich spürte, wie meine Leere sich füllte mit dieser Liebeskraft. Einer Kraft, die gleichzeitig in mir war, in der weißen Scheibe Brot und in dem Menschen, der mir jeweils gegenüberstand. Wie mechanisch teilte ich aus – und erfuhr zugleich die Erfüllung einer Sehnsucht, von der ich noch nicht einmal gewusst hatte, dass und wie sehr sie mein Leben bestimmte. Meine Verlorenheit war vollkommen verschwunden. Es gab nichts mehr zu grübeln. Heute könnte ich diese Ostererfahrung vielleicht damit umschreiben:

Christus teilt Christus mit Christus.

Sie liegt mehr als fünfundzwanzig Jahre hinter mir. Immer noch empfinde ich beim Austeilen und Empfangen des Leibes Christi, der heiligen Kommunion ähnlich. Wenn ich mit unseren Kommunionhelfern und Kommunionhelferinnen über ihren Dienst spreche, merke ich, dass sie Verwandtes erleben. Ja, wir werden in das verwandelt, was wir lieben. Wir werden Leib Christi. Das Geschehen vollzieht sich in der Messe in Stille, in der Begegnung. Gott, Brot und Menschen werden eins – im Herz der Liebe.

Was für ein Sakrament! Natürlich wird es von jedem jedes Mal anders empfunden – es gibt das Gefühl der Trockenheit, Fremdheit ebenso wie das der Liebe, der Verzückung. Darauf kommt es aber gar nicht so sehr an. Wachs ist Wachs, Holz ist Holz. Aber auch: Leib Christi ist Leib Christi.

Die katholische Tradition unterscheidet zwischen Sakramenten und Sakramentalien. Sakramente nennt man sieben Zeichenhandlungen, in denen sich die Christuswirklichkeit in besonderer Weise verdichtet: Taufe, Firmung, Eucharistie, Versöhnung, Ehe, Weihe zum Priester, Salbung von Kranken.

Es gibt aber auch andere Zeichen der Wirksamkeit und Anwesenheit Christi. Jesus selber deutet es in den sogenannten Ich-bin-Worten des Johannesevangeliums (Joh 4, Joh 8) an: Ich bin das lebendige Wasser. Ich bin der Weg. Ich bin die Wahrheit. Ich bin das Licht der Welt.

Frühsommer 2009: Die einfache Vierzimmerwohnung im Nachbarhaus in Greppen wird von einer tschetschenischen Flüchtlingsfamilie bezogen. Vier Kinder, fünfzehn, zwölf und zehn Jahre alt, dazu ein Säugling. Der Vater hatte als Gegner des Kadyrov-Regimes jahrelang versteckt und getrennt von der Familie gelebt.

Die Familie lebte sich schnell ein. Binnen Jahresfrist konnten die Kinder sehr gut Deutsch. Schulkameraden und Schulkameradinnen der Dorfschule hatten bereits für einen Schultornister gespart und ihn einer der Töchter zum Geburtstag gekauft. Dann erschien unangekündigt, ganz früh eines Morgens, die Polizei, um die Familie zu deportieren: B.s hatten auf ihrer Odyssee in Frankreich Erstasyl beantragt – ein Schengen-Dublin-Fall.

Niemand im Dorf hatte eine Ahnung von der Polizeiaktion. Alle Familienmitglieder weinten. Sie bekamen dreißig Minuten Zeit, um ihre Habe zu packen, soviel in den Kinderwagen ging, und in das Polizeiauto zu befördern. Währenddessen wurde der Vater in Handschellen festgehalten. Ich durfte nur dabeisein, weil ich Seelsorger war. Mir kamen Tränen, ich gab ihnen den Segen Gottes mit auf den Weg und war mir bewusst, dass dies vielleicht die letzte Begegnung mit unseren lieben Nachbarn sein könnte. Ich bat die Polizisten, doch noch zu warten, in Kürze würde die Schule beginnen; so könnten sich die Kinder wenigstens noch von ihren Mitschülern und Mitschülerinnen verabschieden. Der verantwortliche Beamte wies mein Ansinnen zurück; er habe seine Anweisungen. Doch ganz wohl war ihm dabei nicht. Er müsse solche Rückführungen häufiger machen. Hier sehe er, das sei nicht gerecht, die Familie sei in Ordnung und brauche wirklich Asyl und Schutz.

Der anwesende Dolmetscher versicherte den Eltern, dass in Frankreich das Rote Kreuz die Familie in Empfang nehmen würde und Obdach und Nahrung bereithielte. Dann waren sie weg. Trauer und Entsetzen breitete sich im Dorf aus. Nach dem Schock, einige Stunden später, kam Empörung, ja Wut über die Behörden auf:

> Wir bemühen uns, solchen Menschen freundlich und menschenwürdig zu begegnen, wir engagieren uns für ihre Integration, freunden uns an mit ihnen, und die Behörden erlauben uns nicht einmal einen Abschied! Wir wollen nicht, dass mit Menschen so umgegangen wird!

Ein Drittel der Dorfbewohner unterschrieb eine Petition an den Regierungsrat des Kantons Luzern. In den Gärten der Nachbarhäuser wurden Schilder aufgestellt: Bringt uns Familie B. zurück! Am Sonntagabend sollte eine Gemeindeversammlung im größten Raum des Dorfes, in der Wendelinskirche, stattfinden. Von Familie B. kam kein Lebenszeichen mehr, die Chancen auf ein Wiedersehen waren gleich null.

Noch am Tag der Abschiebung waren die Sechs via Zürich-Kloten nach Lyon ausgeflogen worden. Dort, am Flughafen, nahm sie jedoch niemand in Empfang. Kein Rotes Kreuz, kein Essen, Trinken, weder Babynahrung noch Kleider warteten. Nach vierundzwanzig Stunden im Flughafengebäude wurden sie von tschetschenischen Landsleuten aufgelesen, die einen Fahrdienst zur Schweizer Grenze organisierten. Illegal lief die Familie über eine Eisenbahnbrücke in der Nähe von Basel mit ihrem Kinderwagen in die Schweiz zurück – und kam mit Eisenbahn und Bus unbehelligt zurück nach Greppen. Es war Sonntagnachmittag – ich sah sie im Garten sitzen, als wir in der Küche des Pfarrhauses die Dorfversammlung planten.

Er habe keinen anderen Rat gewusst, als zurückzugehen, sagte der Vater. Die Gastfreundschaft der Dorfgemeinschaft habe ihn »zurückgerufen«.

Sofort wurden an diesem Sonntagnachmittag die Mitglieder der tschetschenischen Familie dezentral im Dorf verteilt. Keine Stunde später meldete sich die Polizei, von einem anonymen Denunzianten alarmiert. Die Dorfversammlung in der Kirche am Abend war turbulent. Jede*r, die oder der etwas sagen wollte, kam zu Wort. Dann sprachen wir die Sofortmaßnahmen ab. Um es kurz zu machen: Im folgenden Jahr engagierten sich viele Grepper für Familie B. Briefe an das Staatssekretariat für Migration in Bern wurden geschrieben. Ein Schreiner – im Militär war er Panzergrenadier gewesen – wurde zum Sherlock Holmes; er arbeitete sich in die Biografie der Familie ein und fand heraus, ja, ihre Geschichte ist wahr, ihr Ansuchen um Asyl mehr als gerechtfertigt. Darauf studierte er das Schweizer Asylrecht, um der Familie das Bleiben zu ermöglichen. Schließlich wurde noch ein engagierter Jurist eingeschaltet – der ihnen keine Chancen auf Asyl bescheinigte; sie müssten zurück nach Frankreich.

Das Verfahren zog sich hin. Nach weiteren anderthalb Jahren und Anhörungen sogar in Bern kam plötzlich ein positiver

Asylentscheid. Der trockene Anwalt sprach von einem Wunder, das er noch nie in seiner Tätigkeit erlebt hatte.

Das Wunder der Barmherzigkeit hat Chancen, wenn viele Menschen gemeinsam bereit sind, sich für das Leben zu engagieren. Wir Menschen kommen nackt und arm auf die Welt. Alles Leben ist Geschenk. Tätige Barmherzigkeit und Wahrheit und Aufrichtigkeit im Gebet sind zwei Seiten derselben Wirklichkeit. Kommunion, Gemeinschaft mit Christus, kann in den Gottesdiensten auch anders als mit dem eucharistischen Brot geteilt werden. Die Dankbarkeit im Dorf war groß, Familie B. überwältigt. Sie wollte der Dorfgemeinschaft ihre Dankbarkeit auch zeigen. Es war um die Zeit des traditionellen Erntedankgottesdienstes.

Nun stand in ihrem Garten ein Baum mit besonders schmackhaften Äpfeln. Kurz vor dem Gottesdienst holten sie mit Hilfe einiger Nachbarinnen Äpfel von diesem Baum und schnitten sie in Scheiben. Als die Erntegaben gesegnet wurden, trug die älteste Tochter der Familie B. diese Scheiben auf einem silbernen Tablett in die Kirche. Die Lektorin las dazu einen Vers aus dem Buch der Sprüche vor:

> Wie goldene Äpfel in silbernen Schalen,
> so ist ein Wort, zur richtigen Zeit gesprochen. (Spr 25,11)

Nach der Segnung waren alle Anwesenden eingeladen, nach vorne zu kommen und einen Apfelschnitz zu empfangen – was für eine wunderbare Kommunion!

Schlussgebet

Sich behüten und beschützen

Der Altartisch ist abgeräumt. Die Kommunionschalen werden zum Tabernakel getragen. Die Körbe mit der Kollekte zum

Tisch vor der Sakristei gebracht. Die Gemeinde ist genährt – durch Wort, Gesang, Gebet, durch die Stille, durch Gesten und mit dem Brot, das Christus ist. Die Sehnsucht des Menschenherzens nach Gott scheint für einen Augenblick gestillt. Die Orgel, die den Kommuniongang begleitet hat, schweigt. Es wird still im Kirchenraum.

Ich gestehe, fast jedesmal flackert an dieser Stelle Melancholie in meinem Herzen auf: Es geht auf das Ende der Feier zu. Bald werden wir den Raum verlassen. Die Welt empfängt uns mit ihre Lebendigkeit, ihren Aufgaben und Herausforderungen: Not und Glück von Familienangehörigen und Freunden, Fragen und Feste der Gemeinschaft, Probleme im Quartier, in der Stadt, im Heimatland und der weiten Welt, schmelzende Polkappen, hungernde Kinder und durch Krieg zerstörte Landschaften; aber auch die Schönheit von Mutter Erde mit ihren blauen Ozeanen, grünen Urwäldern, gelben Wüsten und weißen Gletschern erwartet uns draußen. Im Kirchenraum haben wir miteinander Momente der Gottesgegenwart geteilt. Und nun?

Während ich das schreibe, liegt vor mir ein Mantra von Mark Fox und ich spiele die Akkorde dazu auf der Gitarre:

In diesem Augenblick
fängt alles an,
ist alles geschehn,
ist alles geheilt.

Mit dem abschließenden Dankgebet fängt alles auch wieder von vorne an, und der Neuanfang in der Welt verdient eine achtsame und sichere Gestaltung. Pia Gyger wies am Ende jeder Kontemplationswoche darauf hin, wie bedeutsam nach einer solchen Zeit dieser Übergang ist. Denn wir seien dünnhäutiger geworden. Jede Meditationswoche endete nach der Morgenmeditation: An der Schwelle ein einfaches Ritual, ein letztes Mal die Verneigungen, Auflösung der strengen Sitzordnung, alle, die wollten, konnten im Kreis sitzend von ihren Erfahrungen berichten. Pia: »Wir lernen wieder sprechen« – auch wenn vieles von dem, was wir in der Stille erlebt hätten, nicht in Worten vermittelbar sei, selbst den liebsten Angehörigen nicht. Beim Frühstück danach sprachen wir erstmals nach sechs Tagen des Schweigens wieder miteinander.

Ganz so einschneidend ist der Abschied im Gottesdienst nicht. Doch muss ich mir jedesmal innerlich einen Ruck geben, um das abschließende Gebet zu sprechen, stellvertretend für die Gemeinde. Nach all den Erfahrungen des Gottesdienstes betet es aus mir:

Gott,
Quelle und Ziel unseres Lebens,
grundlegende Wirklichkeit
und immerwährendes Geheimnis,
Fülle und Leere,
alles und nichts,
Darin DU,
menschgewordener Christus,
im Menschen, in uns,
nahe, wirksam,
selber Mensch geworden, in uns, auch in mir;
Ruach, Geist, Bewegung, die alles durchwirkt.
Gott,
wir danken dir für alles,
was uns in dieser Feier geschenkt wurde,
das kann ein Musikstück sein, ein Gedanke,
eine Empfindung
es kann auch sein, dass wir nichts spüren,
nichts verstehen.
Dennoch stehen wir anders da,
gewandelt durch deine dreifaltige wirkmächtige Kraft.
Wir danken dir.

Es folgen eine aktuelle Bitte und häufig die Worte, inspiriert von Etty Hillesum:

> Gott,
> du bist das Beste, was wir in uns tragen,
> unser wahrer Friede und unser Glück.
> Wir wollen dich in uns behüten und beschützen,
> wie auch du uns behütest und beschützt,
> jetzt, hier, Atemzug um Atemzug, alle Tage,
> bis in Ewigkeit.
> Amen.

Etty Hillesum, Holländerin, Jahrgang 1914, Tochter assimilierter jüdischer Bürger, studiert in Amsterdam Jura und Slawistik, solange es die deutschen Besatzer erlauben. Über Julius Spier, mit dem sie eine Liebesbeziehung eingeht, lernt sie die jungiansche Analyse, Handlesekunst und Körperarbeit kennen und findet ohne jede religiöse Erziehung zu einem tiefen Gottesglauben, ja, sie entdeckt, dass sie selber für Gottes Gegenwart in ihr und in der Welt verantwortlich ist. Am 12. Juli 1942 schreibt sie das folgende »Sonntagsgebet« in ihr Tagebuch:

> Es sind schlimme Zeiten, mein Gott. Heute Nacht geschah es zum ersten Mal, daß ich mit brennenden Augen schlaflos im Dunkeln lag und viele Bilder menschlichen Leidens an mir vorbeizogen. Ich verspreche dir etwas, Gott, nur eine Kleinigkeit: Ich will meine Sorgen um die Zukunft nicht als beschwerende Gewichte an den jeweiligen Tag hängen, aber dazu braucht man eine gewisse Übung. Jeder Tag ist für sich selbst genug. Ich will dir helfen, Gott, daß du mich nicht verlässt, aber ich kann mich von vornherein für nichts verbürgen. Nur dies eine wird mir immer deutlicher: daß du uns nicht helfen kannst, sondern daß wir dir helfen müssen, und dadurch helfen wir uns letzten Endes selbst. Es ist

> das einzige, auf das es ankommt: ein Stück von dir in uns selbst zu retten, Gott. Und vielleicht können wir mithelfen, dich in den gequälten Herzen der anderen Menschen auferstehen zu lassen.[82]

Etty Hillesum leistet freiwillig Dienst im Durchgangslager Westerborg, wo sie sich den Schwächsten, besonders den Alten, Kranken, Müttern, jungen Frauen und Kindern widmet. Untertauchen, um der drohenden Deportation zu entgehen, kommt für sie nicht infrage, sie wolle das Schicksal ihres Volkes teilen. Im September 1943 wird Etty nach Auschwitz deportiert und dort ermordet. Überlebende schildern sie als leuchtende Persönlichkeit.

Das Beste, was wir in uns tragen, ist Gott. Ihn haben wir gefeiert in der Messe, ihn können wir mitnehmen. Etty Hillesum:

> Wenn ich in einer Ecke des Lagers stehe, die Füße auf deiner Erde, das Gesicht zu deinem Himmel erhoben, dann laufen mir manchmal die Tränen über das Gesicht, entsprungen aus einer inneren Bewegtheit und Dankbarkeit, die nach einem Ausweg sucht. Auch abends, wenn ich im Bett liege und in dir ruhe, mein Gott, rinnen mir manchmal die Tränen der Dankbarkeit übers Gesicht, und das ist mein Gebet [...]. Ich kämpfe nicht gegen dich, mein Gott, mein Leben ist ein großes Zwiegespräch mit dir. Vielleicht werde ich nie eine große Schriftstellerin werden, wie ich es eigentlich vorhabe, aber ich fühle mich tief in dir geborgen, mein Gott. Ich möchte zwar manchmal kleine Weisheiten und vibrierende kleine Geschichten in Worte prägen, aber ich komme immer wieder bald auf ein und dasselbe Wort zurück: Gott, darin ist alles enthalten, und dann brauche ich all das andere nicht mehr zu sagen. Und meine ganze schöpferische Kraft setzt

82 Hillesum: Das denkende Herz, 1985, S. 149.

sich um in die inneren Zwiegespräche mit dir, der Wellenschlag meines Herzens ist hier breiter und zugleich bewegter und ruhiger geworden, und mir ist, als würde mein innerer Reichtum immer größer.[83]

Eine Teilnehmerin formulierte dasselbe einmal in einem treffenden Paradox:

> Wir können nichts mitnehmen und haben doch immer alles dabei.

Nach dem Gebet werden die Ankündigungen für die nächste Woche verlesen. Sie weisen auf Veranstaltungen und Aktivitäten der Pfarrei hin. Wir bilden eine Familie, die über Gottesdienstgemeinschaft und Pfarreigrenzen weit hinaus geht.

Segen und Ausklang

Sich in die Welt tragen lassen

Der Segen, verwandt mit dem lateinischen Wort *signum*, Zeichen, ist eine symbolische Handlung, in der Menschen Anteil an der göttlichen Kraft oder Gnade vermittelt wird. Das lateinische Wort dafür, *benedicere*, bedeutet Gutes sagen, Fülle, Glück, Gesundheit, Wohlergehen, Schutz, Beheimatung zusprechen. Ja, auch Gegenstände, die wir Menschen brauchen, können in diesem Sinn gesegnet werden. Die Segnung geschieht durch Worte und zugleich Gesten wie Handauflegung, Kreuzzeichen, Besprengung mit geweihtem Wasser oder Salbung mit Öl.

Der Lockdown kam einen Tag vor meinem achtundfünfzigsten Geburtstag. Es war ein strahlender Vorfrühlingstag.

83 Ebenda, S. 216ff.

Wir, meine Frau, unsere beiden erwachsenen Söhne und ich, feierten im engsten Kreis bei Kaffee und Kuchen im Garten vor unserer kleinen Pfarrwohnung, ohne Besucher und Gratulantinnen.

Wir schauen uns an, es ist uns wohl beieinander – trotz des Ernstes der Lage. Wir versprechen uns, dass wir – vier Erwachsene – alles tun wollen, um die Herausforderung und die Nähe des Homeoffice zu meistern. Wir wissen nicht, wie lange diese Zeit dauern und was Corona uns abverlangen wird, aber wir sind bereit. Es ist ein feierlicher Augenblick, in dem uns bewusst wird, dass wir nun in besonderer Weise aufeinander angewiesen sind – ein Segen: Wir haben einander Gutes gesagt in einer neuen, schwierigen Situation.

Damals, im Garten, machte ich im Stillen ein Versprechen: Solange der Lockdown währt, werde ich jeden Morgen in der Kirche von 6.15 Uhr bis 7.00 Uhr meditieren und für die Pfarrei, für ihre Mitglieder beten.

Am nächsten Tag, einem Mittwochmorgen, beginne ich – und in der Stille und Einsamkeit spüre ich völlig unerwartet einen Auftrag, sehe deutlich ein Bild vor mir: Im Anschluss an die Meditation werde ich täglich auf dem Kirchplatz stehen, vor einem Plakat, und eine Videobotschaft aufnehmen, eine Ermutigung.

Derlei Rufe sind mir spätestens seit dem »Ja« zum Versöhnungsprojekt für den 9. November 2008 vertraut. Ohne Zögern folge ich. Mein Kollege Roman Ambühl richtet einen Youtube-Kanal ein, meine Frau nimmt die Impulse mit dem Handy auf, sie dauern zwischen vier und sieben Minuten. Der Plakatständer steht den ganzen Tag auf dem Platz, um auch den Pfarreiangehörigen Mut zu machen, die mit den neuen Medien nichts anfangen können. Auf Vorder- und Rückseite finden sie je einen Text aus der christlichen Tradition und unten handschriftlich immer die gleichen Worte mit dem Datum des Tages in Kreuzform:

Nur Mut!
glauben
hoffen
lieben

19	03
20	20

Das Datum zum Zeichen, dass jede Zeit vorbeigeht, auch die Zeit des Lockdown, des strikten *Social Distancing.*

Vierzig Tage geht das so. Jeden Tag um 5.45 Uhr aufstehen, waschen, anziehen, in die Kirche gehen, meditieren und beten, allein. Ohne langes Nachdenken kündigt sich wie von selbst in der Stille an, was ich zu sagen habe an diesem Tag. Um 7.00 Uhr nehme ich den schweren Plakatständer und stelle ihn in die Mitte des Kirchvorplatzes. Nach der Videoaufnahme, dem Hochladen und Versenden des Tagesimpulses über mein Netzwerk wartet die Tagesarbeit: Anrufe, Haushalt, virtuelle Teamsitzungen, Kochen, Putzen – wobei ich innerlich immer schwanger gehe mit dem Thema des folgenden Tages. Am Abend entferne ich die Plakate, trage sie in die Sakristei und ersetze sie durch die Blätter für den kommenden Tag. Vor der Kamera verwende ich nie Teleprompter oder Notizen, spreche nur aus, was sich in der Stille der Johanneskirche zu Worten gefügt hat. Scheinbar mühelos, sagt man mir. Für mich ist es immer eine kleine Geburt mit ungewissem Ausgang. Es arbeitet in mir, manchmal wache ich mitten in der Nacht auf. Ich fühle mich wie ein Seiltänzer ohne Sicherung und Fangnetz: Ich will gottverbunden Gutes sagen und mich dabei selber überraschen.

Erstaunlicherweise werden die täglichen Botschaften von Menschen wahrgenommen, die sonst nicht an den Gottesdiensten teilnehmen. Ein Zuschauer schreibt aus Deutschland, ganz am Ende des Lockdowns, die Impulse würden ihm viel bedeuten, er würde sich aber am Schluss noch einen ausdrücklichen Segen wünschen. Dabei endet jedes Video mit den Worten

Das war der Tagesimpuls aus der stillen Johanneskirche, im Zuger Westen, in der solidarischen Schweiz. Nur Mut! Glauben. Hoffen. Lieben. Am 19. März 2020

und bei der Nennung des jeweiligen Datums bezeichne ich mich – meinen Leib – mit dem Kreuzzeichen.

Nach dem Lockdown ist das tägliche Meditieren in der Kirche geblieben, eine Videobotschaft[84] gibt es sporadisch. Dann spreche ich über ein Zitat, das zur Johannesikone gehängt wird. Am Schluss steht nun der gewünschte ausdrückliche Segen:

Das war der Tagesimpuls aus der Stille der Johanneskirche, im Zuger Westen, in der solidarischen Schweiz. Ich wünsche

einen geistvollen Tag in Christi Liebe mit Gottes Segen	19 20	06 20

Jedes Mal bin ich mir bewusst, dass ich nicht aus eigener Vollmacht spreche. Ich bin den Menschen in Pfarrei und Quartier verantwortlich, den Zuschauerinnen und Zuschauer von außerhalb, und der Sendung verpflichtet, die mein Bischof mir erteilt hat: das Evangelium – die frohe Botschaft par excellence – in die Welt zu tragen.

Jeder Gottesdienst endet mit dem Segen. Er hat zwei Teile, nach der Bitte um Gottes Segen kommt der Segenszuspruch.

Die Segnung der (stehenden) Gemeinde mit zuerst angewinkelten, dann emporgehobenen Armen, bittend und schützend zugleich, ist ein besonders berührender Moment, in dem es einem vorkommen kann, man schaut manchen Menschen direkt ins Herz. Wir sind im Herz der Liebe. Durch die Messfeier

84 Youtube-Kanal der Pfarrei St. Johannes, Zug: https://www.youtube.com/channel/UC7piPg0gq96aA2ISzRHbN7g

sind ihre (und meine) Alltagsfassaden verschwunden. Liebe, Seelenkraft, Bedürftigkeit und Fragilität schauen mich an – der Wunsch nach göttlicher Gnade und Nähe. Was für eine Kraft liegt im Segnen!

Als wir in Zug-St. Johannes den alten Immensee-Missionar, Kirchenmusiker, Tänzer und Liturgiewissenschaftler Walter Wiesli verabschiedeten – zwanzig Jahre lang hatte er in St. Johannes Messe gefeiert und war mit seinem Humor, seinen selbstverfassten Hochgebeten wie ein Vater für die Gemeinde geworden – wandte sich diese ihm zu und überraschte ihn mit einem Segen:

Guter Gott,
du bist mit uns auf unseren Wegen.
Du umfängst unser ganzes Sein.
Dankbar für das segensreiche Wirken von Walter Wiesli hier in unserer Pfarrei bitten wir dich heute um den Segen für ihn, der uns Gläubigen selber so oft deinen Segen zugesprochen hat:

Frauen

Mögest du in deinem Herzen den Reichtum der Begegnungen mit Kindern, Erwachsenen und Greisen bewahren.

Männer

Mögen die Liebe und der Geist, den du uns gebracht hast, durch uns weiterwirken.

Frauen

Möge die Zärtlichkeit des Abba, des väterlich-mütterlichen Gottes, dich weiterhin begleiten und stärken.

Männer

Mögest du im Abschied getröstet sein in Verbundenheit mit Jesus Christus, dem menschgewordenen Wort, dem Freund an deiner Seite.

Kinder

Möge die heilige Geistkraft, Ruach,
dich heiter umwehen und durchdringen.

Alle

Möge in jeder Stunde, in Freud und Leid,
ein tanzender Engel dich begleiten,
Gottes Liebe dich erwärmen,
der Menschgewordene dir zulächeln
und die Geistkraft Gottes dich inspirieren.
So sei gesegnet mit der Kraft Gottes, der Vater wie Mutter ist, mit der Kraft Jesu Christi und mit der Heiligen Geistkraft.
Amen.

Jede und jeder kann segnen. Und Walter Wiesli – sagt der Neunzigjährige selbst – hat der Abschied mit dem Segen der Gemeinde geholfen.

In der biblischen Erzählung von der Erschaffung der Welt taucht am fünften und sechsten Tag – also mit dem Leben – das hebräische Wort für »segnen« auf, *barach*. Gott segnet Mensch und Tier. Der Segen ist mit dem Wunsch nach einer guten Welt mit Zukunft verbunden: »Gott segnete sie und sprach: Seid fruchtbar«. (Gen 1,28)·

Im Buch Numeri wird der aaronitische Segen eingeführt. In Martin Bubers Übersetzung (dem Hebräischen nachempfunden), klingt er so:

Segne dich ER und bewahre dich
Lichte ER sein Antlitz dir zu und sei dir günstig
Hebe ER sein Antlitz dir zu und setze dir Frieden
(Num 6,24)

Der Segen verwandelt die, die ihn empfangen. Er kann auch verloren gehen, individuell und kollektiv. Manchmal muss man um ihn kämpfen: Jakob ringt mit dem Engel um dessen Segen.

Wie oft habe ich Segen empfangen, wie oft weitergeschenkt! Manchmal war das unspektakulär und alltäglich, manchmal wegweisend, Zehrung für eine lange Reise.

Als das erwähnte Projekt »Die Zukunft in goldenen Lettern schreiben« im Werden war, besuchten meine Frau Regula und ich den Bischof, den heutigen Kardinal Kurt Koch. Nachdem wir unsere Ideen vorgestellt und seinen Eindruck und seine Meinung gehört hatten, baten wir um seinen Segen. Den gab er uns. Wie erstaunt – und froh – waren wir aber, als Kurt Koch uns danach bat, auch ihn zu segnen. Immer, wenn ich im bischöflichen Palais in Solothurn zu tun habe, erinnere ich mich daran.

Wie eh und je muss der Segen auch heute manchmal erkämpft werden.

Es war wenige Stunden vor dem Beginn des Rituals »Die Zukunft in goldenen Lettern schreiben« 2008 in Berlin. Meine Mutter und ich hatten uns in unseren Kernschatten verhakt. Kein Ausweg, kein Brückenschlag, keine Versöhnung schien mehr möglich – soviel Tränen und Unerlöstes zwischen uns! Schließlich bat ich sie, unsere Differenzen stehen zu lassen und mich zu segnen: In meiner Not fiel mir nichts anderes ein. Und das war ihr möglich, und damit breitete sich ein Feld des Friedens aus.

Wenn ich bei Gottesdiensten Eltern und Kinder bitte, sich gegenseitig zu segnen, staune ich immer wieder, mit welch heiterem, heiligem Ernst sie den Ritus vollziehen. Die Kraft inniger Liebe wird direkt spürbar.

Ein anderes Beispiel: Sogar im strikten Lockdown, wo selbst Gottesdienste verboten sind, bringt ein Elternpaar ihr Neugeborenes in die Kirche. Ich zünde die Osterkerze an und spreche – mit gebührenden Abstand – ein Segensgebet.

Im Segen steckt eine Macht, die die Welt verändern kann. Jeder unserer Gedanken hat eine Wirkung. Jede Handlung, achtsam und in Liebe vollzogen, trägt Frucht. Vielfach vergessen wir Menschen das.

Segnen hat auch eine kosmische Dimension. Jeden Donnerstagabend am Ende der stillen Meditation in Zug-St. Johannes beten die Teilnehmenden wie folgt:

> Ich segne diesen Tag und danke für mein Leben.
> Ich bitte alle Menschen, die ich verletzt habe,
> mir zu vergeben.
> Ich entschuldige mich vor mir selbst für meine Fehler,
> mir gegenüber und anderen gegenüber.
> Ich entschuldige mich für alle meine Fehler und Vergehen
> an allem Leben.
> Möge die ganze Schöpfung im ganzen Universum
> gesegnet sein mit Erlösung, Freiheit, Frieden, Kraft
> und neuem Leben.
> Möge ich selbst und das ganze Universum
> erfüllt sein von Liebe.
> Ich liebe und segne die Erde, alles Leben
> und die ganze Menschheit.
> Ich liebe, segne und respektiere
> das Sichtbare und das Unsichtbare.
> Voll Freude danke ich für mein Leben,
> für neue Kraft und Gesundheit
> und schenke vollkommenen Segen und Liebe allem Leben.
> Immerdar. Amen.[85]

Universelle Dimensionen schwingen mit in den sinnenhaften Zeichen der katholischen Liturgie, noch im einfachsten sonn- und werktäglichen Gottesdienst:

---

85 Das Segensgebet ist handschriftlich an mich gelangt. Es soll vom amerikanischen Anthropologen und Autor James J. Hurtak stammen.

Bitten wir um Gottes Segen.

Es wird ein letztes Mal still.

Es segne uns,
die Menschen, die uns zugemutet und anvertraut werden,
die Weltgemeinschaft, Mutter Erde, das Universum und alle Wirklichkeit,
der dreifaltige und eine Gott,

– an dieser Stelle zeichnen wir alle uns das Kreuzzeichen auf den Leib –

Vater wie Mutter,
Jesus Christus
im Heiligen Geist.
Amen.

– antwortet die Gemeinde, danach verabschiede ich mich und wünsche einen guten Tag. Fast immer antworten die Menschen mit

Danke, gleichfalls.
Gehet hin in Frieden.

Und die Gemeinde hat das letzte Wort:

Dank sei Gott, dem Herrn.

Die Ministranten, Ministrantinnen und ich, wir stellen uns für einen Moment vor den Altar, mit dem Rücken zur Versammlung. Gemeinsam beugen wir die Knie – »segnen« und »Knie beugen« kommen übrigens im Hebräischen von der gleichen Wortwurzel – und erweisen dem Geschehenen und Christus die Ehre. Ein Ministrant holt das schwere Evangeliar und wir gehen Richtung Eingangstür, von Orgelklängen begleitet, die Kerzen voraus, dann das Evangeliar und ich. Beim Hinausgehen überkommt mich oft eine gewisse Heiterkeit. Ich schaue den Menschen ins Gesicht: Ist da nicht auch ein verständnisvolles Lächeln in ihren Augen? Würde ich ihm Worte gebe, dann würden sie vielleicht lauten: Schön, dass wir alle ein Leib sind, Christi Leib, Schwestern und Brüder, verschieden und doch geeint im Herz der Liebe. Wir betreten den Kirchplatz, spüren die frische Luft auf unserem Gesicht. Die Stadt mit ihren Geräuschen empfängt uns, hinter uns tönt die Orgelmusik.

Wir bilden einen Kreis, führen die Hände zum Herzen, verneigen uns und sagen:

Danke.

Dann begeben sich die Ministranten und Ministrantinnen in die Sakristei. Ich bleibe an der geöffneten Kirchentür stehen.

Gleich werden sie alle kommen.

Wir werden uns einen schönen Sonntag wünschen.

Mit einigen werde ich noch auf dem Platz beisammenstehen und reden.

Ein Wort zu guter Letzt – Christuspriester*in sein

Dieses Buch ist genährt und inspiriert durch mein Miterleben und Vorstehen von Gottesdiensten. In der katholischen Kirche sagen wir Messe. Seit meiner Taufe, also seit mehr als sechzig Jahren, gehöre ich zu dieser christlichen Kirche. Mit Christus, durch ihn und in ihm bin ich getauft. In jedem Taufgottesdienst in St. Johannes-Zug spreche ich Täuflingen bei der Salbung mit dem Chrisamöl zu, dass sie mit, in und durch Christus König*in, Prophet*in und Priester*in sind.

Die Kirche ist – für die Täuflinge und mich – geistliche Heimat. Mit der Taufe werde ich in die Welt gerufen, um meinen persönlichen Lebensweg zu finden. Die Messe, wie ich sie in diesem Buch beschreibe, ist ein verdichteter Übungsweg für alle. Der Weg ruft mich und aktuell über zwei Milliarden Christen und Christinnen, unsere Berufung zu leben. Seit mehr als dreißig Jahren darf ich meine Berufung auch beruflich in der katholischen Kirche leben. Dafür bin ich dankbar.

Schon in der Kindheit hörte ich einen besonderen Ruf zum Priester. Dieser Ruf hat mich punktuell immer wieder erreicht und sich mir mehr und mehr erschlossen. Heute sage ich: Christuspriester sein ist meine Berufung. Sie bildet und trägt mein berufliches Engagement. Diese Berufung zum Priester lebe ich als verheirateter Mann. Für nichtkatholische Ohren mag das Folgende seltsam klingen: Meine katholische Heimat hat mich in diese Berufung hinein getauft, aber nicht geweiht. Bis heute gibt es zwei Kriterien für die Weihe zum Priester: das männliche Geschlecht und ein eheloses, sexuell enthaltsames Leben.

Die einzelnen Kapitel dieses Messbuchs enthalten Ereignisse und Entwicklungen, in denen sich meine priesterliche

Berufung spiegelt. Da in diesem Buch die *Messe* als Ereignis im Zentrum steht, die mich und viele andere zutiefst nährt, habe ich zu dieser Berufung bis jetzt nichts explizit geschrieben. Zu guter Letzt möchte ich nun Einblick geben in meinen Berufungsweg als Christuspriester. Aus Redlichkeit und ebenso aus der tiefen Überzeugung, dass Menschen aller Geschlechter diesen Ruf heute hören.

Erfahrungen auf meinem priesterlichen Berufungsweg

Eine ganz frühe Erinnerung aus der Kindheit: Ich bin mit anderen Kindern im Sandkasten versammelt. Mein Bruder tritt mit dem Nachbarsmädchen feierlich in den begrenzten Raum ein. Sie spielen jetzt ein Hochzeitspaar. Ich segne sie und verkörpere in diesem Augenblick den Priester. Festlich-erhebend ist die Atmosphäre, mitten im Sand leuchtet Transzendenz, göttliche Wandlungskraft. Umstrahlt da nicht helles, göttliches Licht alle Anwesenden, Brautpaar und Priester? Für mich als Kind ist dieses Licht ganz real. Für einen Moment gehe ich ganz darin auf.

Ein zweites Erlebnis, ebenfalls noch aus vorschulischer Zeit: Bei einem Familiengottesdienst im Bund Neudeutschland hebt der Priester die Hostie, die runde Brotscheibe, zur Wandlung. Jetzt ist es still, vollkommen still. Es gibt nur noch STILLE, EINHEIT und LICHT. Ich erlebe einen unbeschreiblich wahren Moment voll Schönheit, Frieden und Glück.

Bis heute lebe ich aus Momenten wie diesem. Verwandtes ereignet sich bis heute. Die Momente sind ein leuchtender Ruf, eine priesterliche Berufungsspur. Sie verlangen nach einer personalen Lebensantwort. Es geht in der Tiefe meiner Seele um Wesensgehorsam. Maria hat ihn mir vorgelebt. Nach der Verkündigung der Geburt von Jesus durch den Engel Gabriel sagt Maria: Ja. Mir geschehe, wie du es gesagt hast.

In der katholischen und anderen christlichen Kirchen leben Frauen und Männer, die zum priesterlichen Dienst berufen sind. In ihrem alltäglichen Tun hören sie den Ruf Gottes. Der Ruf Gottes fordert ihr Ja. Sie antworten mit ihrem Engagement. Einige dieser Männer und Frauen leben ihre priesterliche Berufung schon jetzt in den Reihen meiner Kirche, unabhängig von einer kirchenamtlichen Weihe. Sie werden von ihren Gemeinden darin erkannt.[86] Dazu zähle ich mich.

Neben diesen Frauen und Männern, die ihre priesterliche Berufung auf diese klare, eigene Weise leben, weiß ich um Menschen, die zu dieser Berufung noch nicht ja sagen können. In der katholischen Kirche liegt das schöpferische Potenzial dieser Menschen brach.[87] Individuell, in ihrer einzigartigen Persönlichkeit und im Kollektiv der Gemeinschaft meiner Kirche entsteht eine Blockade: Menschen trauen sich nicht, ihre Berufung, ihre innerste priesterliche Bestimmung zu leben. Sie spalten diese ab oder werden durch kirchliche Strukturen davon getrennt. Sie schenken dem darin liegenden schöpferischen Potential keine Zuwendung. Das abgespaltene Potenzial wendet sich gegen sie. Persönlich und im kirchlichen, strukturellen Kollektiv manifestiert sich diese Blockade in Frustration, Stagnation, Angst, Gewalt.

- Was wäre, wenn Menschen genau das, was sie in ihrer Tiefe erleben und was sie zu besonderen, einzigartigen Menschen macht, als ihre priesterliche Berufung leben würden?
- Was wäre, wenn partnerschaftlich und miteinander Menschen aller Geschlechter sichtbar in der Kirche Jesus Christi ihren Dienst als Christuspriester und Christuspriesterinnen versehen würden?

---

86 Vgl. die Juniainiative in der Schweiz: https://juniainitiative.com.

87 Rath, Philippa (Hg.): »Weil Gott es so will.« Frauen erzählen von ihrer Berufung zur Diakonin und Priesterin, Freiburg 2021.

– Was wäre, wenn in allen Religionen der Welt die Trennung von Geschlecht (Gender) und Macht, von Sexualität und priesterlicher Spiritualität überwunden würde?

Und nun weitere Schritte auf meinem Berufungsweg: Frühkindliche Erlebnisse von priesterlicher Präsenz ziehen mich in die Kirche hinein. Sie führen zur katholischen Kinder- und Jugendarbeit. Hier erlebe ich die Vertiefung der spirituellen Erfahrungen: Spiele, Diskussionen mit überzeugenden (Amts-) Priestern, eigenverantwortliche, selbstorganisierte Gestaltung von Gottesdiensten und musikalischen Happenings.

Mit fünfzehn Jahren stehe ich fasziniert daheim vor dem Bücherregal meines Vaters. Es ist ein Buch von Teilhard de Chardin, das mich magisch anzieht. In den Kapiteln über Konsekration und Christusgebet habe ich das ausführlich beschrieben. »Mensch im Kosmos« lockt mich mit einer grenzenlosen Botschaft: Das Leben auf der Erde bis hin zu den unermesslichen Sternenräumen, von Alpha bis Omega, durchwaltet eine Kraft, die Christuskraft. Sie ist keine psychologische Projektion, sondern die durch und in der Materie wirkende göttliche Energie.

An der Schwelle zur Volljährigkeit engagiere ich mich bewusst außerhalb der Kirche, um dem Drang nach Eigenständigem Folge zu leisten. Ein von uns jungen Menschen gegründeter Verein macht offene Jugendarbeit für Randständige in einem alten »Weißen Haus«. Die von Engagement für die Menschen geprägten Jahre vor dem Abitur entführen mich in eine Zeit ohne Religion. Sie ist geprägt von der Faszination für den Existenzialismus und darin des selbstbewussten Glaubens an die eigene Kraft und Freiheit. Die unvermittelte Begegnung mit einem alkoholabhängigen jungen Mann und nachfolgende Gespräche mit einer bekennenden Atheistin öffnen mir in Nachtgesprächen kurz vor dem Abitur die Augen für die Liebe als die bestimmende Kraft meines Lebens. Die Gespräche lassen mich reifen. Eine unbeabsichtigte Frucht dieser Gespräche ist der religiöse Glaube als ein personaler Ruf, der sich neu offenbart: Liebe ist immer personal, ist Beziehung, ist Ich und Du. Liebe erfahre ich im Gegenüber eines personalen wie transzendenten Gottes. Diese Liebe ist zugleich – mit Rumi – unentwegtes Ineinander. Christus ist Liebe. Christus ruft mir seine Liebe zu. Dieser Ruf bedarf eines Engagements, einer Hingabe und darin einer priesterlichen Antwort.

Den Ruf dieser priesterlichen Hingabe und Berufung zur personalen Christusliebe verkörpern authentische Christen und Christinnen in der Kirche. Mir begegnen Anfang der 1980er Jahre viele glaubwürdige Priestermänner und auch priesterliche Ordensfrauen, die zölibatär leben. Viele sind geprägt durch den Konzilsgeist und Schwung der Synode '75. Die meisten der progressiven, spirituell-offenen suchenden (Amtspriester-)Männer rechnen mit dem Fall des Zölibats in wenigen Jahren. Ich suche die Begegnungen mit ihnen und lerne von ihnen. Und ich erlebe umgekehrt eine merkwürdige Ambivalenz: Als Zivildienstleistender in der für Berufungspastoral zuständigen »Diözesanstelle Berufe der Kirche«, eingegliedert in die damals über fünfhundert Köpfe zählende Verwaltungsbürokratie des Bistums Münster, begegnen mir Redeverbote. Als feinfühliger Mensch spüre ich genau: In dem hierarchischen System Amtskirche existieren klare, ungeschriebene Regeln: Amtspriesterworte gelten mehr. Je höher die hierarchische Stellung, desto größer der Redeanteil. Und aus der Perspektive dieser sprechenden alten Männerkirche gibt es ein Tabu: Menschen, junge Frauen und Männer, die nicht zölibatär leben wollen und dennoch die priesterliche Berufung in sich spüren, werden in ihrem priesterlichen Potenzial zurückgewiesen. Die Zurückweisung äußert sich bis heute als eine seelenlose Nichtbeachtung. Es gibt keine Angebote, die in Exerzitien, Einzelbegleitung oder in öffentlichen Vorträgen auf die Möglichkeit der Kultivierung dieser priesterlichen Christuskraft als persönliche Berufung zielen.

Der Wunsch, die eigene Berufung zu leben, brennt in meiner Seele. Schon zu Beginn des Theologiestudiums ist für mich intellektuell klar: Es zieht mich zu einer verbindlichen Beziehung zu einer Frau, zur Ehe und zugleich zum Priestertum. Die Frage, ob sich dies trennen lässt und was, wenn ja, stärker zieht, ist existenziell. Gut, da geistliche Begleitung zu haben. Dennoch löst die Auseinandersetzung mit zwei Berufungen, die für mich persönlich zusammengehören, sich aber gemäß damaligem und heutigem Kirchenrecht ausschließen, Traurigkeit und Verzweiflung aus. Schmerzlich vermisse ich Menschen, die beide Wege nicht als Entweder-oder sondern als Sowohl-als-auch leben und darüber Auskunft und Weisung geben könnten. Das kirchlich-katholische Angebot damals war und ist bis heute schlichtweg falsch. Meine Integrationsaufgabe in den frühen zwanziger Jahren meines Lebens hätte wohl gerade darin bestanden, sowohl die priesterliche Berufung und die Berufung zu partnerschaftlicher Liebe zu ergründen und sie verbindend leben zu lernen.

Mit Beginn des Theologiestudiums stehe ich vor der Frage: Soll ich mich dem Bewerberkreis der Laientheologen und Laientheologinnen für den Beruf des Pastoralassistenten anschließen? Mich stoßen willkürliche Entscheidungen des kirchlichen Personalamtes ab und die – ungeschriebene – Pflicht, durch devotes Unterordnen einen Platz im Bewerberkreis zu verdienen. Zudem spüre ich, meine Berufung ist es nicht, als Assistent in der Pastoral zu arbeiten. Daneben beschäftigt mich immer stärker eine große Irritation bezüglich der sexuellen Präferenz der offiziellen Priesteramtskandidaten: Mich irritiert, ärgert und beschämt die hohe Zahl von schwulen Priesteramtskandidaten und jungen Priestern, die sich im Unterschied zu Schwulen und Lesben in meinem Freundeskreis darum drücken, sich mit ihrer sexuellen Orientierung auseinanderzusetzen. Es wird glaubhaft berichtet: Viele leben ihre Sexualität halb versteckt, aber inoffiziell geduldet beispielsweise in den in einer Autostunde entfernten Schwulensaunen der großen Städte des Ruhrgebiets. Diese Doppelmoral prägt die katholische Kirche übrigens bis heute: Der katholische Priester, der dafür sorgte, dass meine Kolleginnen und Kollegen am Papstgottesdienst im Juni 2018 in Genf nicht im Altarraum in Erscheinung treten durften, entschuldigte sich wenig später dafür, dass er auf schwulen Seiten für schnellen Sex surfte – er entschuldigte sich nicht dafür, dass er seine priesterlichen Privilegien auf Kosten der Theologinnen und Theologen auslebte, die er nicht einmal wahrnehmen konnte. Die zahllosen Kleriker, die ihre Sexualität hinterhältig verleugnen oder leben, werden schuldig, weil sie die Menschen nicht sehen, sondern nur sich selber und ihr kirchliches Versteck.

Ende der achtziger Jahre initiiere ich in der Mitte meines Theologiestudiums einen Arbeitskreis im Seminar für Laientheologen und Laientheologinnen zur persönlichen Klärung der Frage der Berufung als priesterlicher Theologe. Ein Semester lese ich mit Kommilitonen und Kommilitoninnen die von der deutschen Bischofskonferenz herausgegebenen Dokumente über Laientheologen und Laientheologinnen (Pastoralassistenten und Pastoralassistentinnen) und über Priester. Die Exegese dieser offiziellen Dokumente fördert schon allein rein arithmetisch eine empörende Ungerechtigkeit zutage: Das Amtspriesterdokument verwendet die Worte Jesus, Christus, Gott und Berufung etwa dreimal häufiger als das Dokument für die Laientheologen und Laientheologinnen. Die konsequente Schlussfolgerung unserer Arbeitsgruppe: Immer noch fehlt der Amtskirche für Frauen und Männer, die nichtzölibatär ihre priesterliche Berufung leben, christologische Anerkennung. Das Anstreben des Berufes des Laientheologen entspricht nicht unserer Berufung.

In dieser Zeit wird im deutschen Fernsehen ein populärer Werbespot gezeigt, der die Beseitigung von Mundgeruch verspricht. In einer Animation putzt eine Zahnbürste das Gebiss im Bereich des vorderen Rachens und sorgt dort für Sauberkeit.

Aber der schlechte Atem bleibt bestehen. Als nächstes folgt eine Animation der Wirkung von Mundwasser, dessen Verkauf angepriesen wird. Das Mundwasser dringt bis in den tiefen unteren Bereich des Halses und sorgt für sympathischen Atem. Dieses Bild entspricht meinen Erfahrungen mit der Amtskirche im Umgang mit Berufungen: Oberflächlich, nicht interessiert an geistlicher Tiefe. Doch ahnen es alle: Der Wohlgeruch der Berufung entsteht im Atem des Geistes tief aus dem Inneren, noch tiefer und existenzieller, selbstverständlich, als jedes Mundwasser. Hier sind mir mit fünfundzwanzig Jahren die Grenzen der Analogie bewusst.

Ich entschließe mich, dem Bewerberkreis nicht beizutreten. Es ist ja diese meine Berufung in der Tiefe, die mich immer wieder anspricht und über die ich mit meinem spirituellen Begleiter im Gespräch und Gebet bin. Dennoch ein – schwer erkämpfter – Gewissensentscheid.

Der Ruf in die Schweiz

Glücklicherweise hat der Heilige Geist mit mir Überraschendes vor. Ich lerne die Liebe meines Lebens kennen. Sie ist Theologin, Schweizerin. Wir beschließen, in der Schweiz ein gemeinsames Leben zu führen. Mit der Übersiedlung erfahre ich als Theologe eine Aufnahme mit offenen Armen durch die Amtskirche. An einzelne Sätze aus dem ersten Bewerbungsgespräch 1992, also bereits vor mehr als dreißig Jahren, erinnere ich mich noch heute:

> Ja, Herr Lenfers, Sie werden hier gebraucht. Ja, sicher können Sie mit Ihrer Qualifikation und Ihrem geistlichen Weg für das Bistum Basel arbeiten. Natürlich braucht es auch verheiratete Theologinnen und Theologen als Gemeindeleiter*innen.

Erstmals erlebe ich darüber hinaus ein aktives, differenziertes Interesse an meinen Charismen und Qualitäten. Und ich stelle fest: Ein Redetabu über die priesterliche Berufung von nichtzölibatären Frauen und (nichthomosexuellen) Männern durch die kirchliche Hierarchie ist hier weniger ausgeprägt. Mit dreißig anderen Theologen und Theologinnen, davon drei offiziellen Priesteramtskandidaten, absolviere ich das berufliche Einführungsjahr im Bistum Basel. In meiner überschaubaren sechsköpfigen Intervisionsgruppe wird das Thema priesterliche Berufung intensiv und offen diskutiert.[88] Menschen, die ehelich leben wollen, Singles, Menschen mit homosexueller Orientierung, ein Amtspriesteranwärter stellen in dieser Gruppe berührt und verwundert fest, dass es die tiefe Berufung zum priesterlichen Dienst ist, die uns alle ausnahmslos verbindet. Damit relativiert sich für mich der amtskirchliche Stau in der Diskussion um das Zölibatsgesetz und die Frauenordination. Im Anerkennen, im genauen Anschauen und Kultivieren dieser priesterlichen Berufung liegt für mich die Herausforderung und persönliche Arbeit der kommenden Zeit. Das Gewahr-werden dieser Berufung in der verbindlichen Intervisionsgruppe über Jahre erweist sich als ein enormer Gewinn an Kraft und Eigenständigkeit. In dieser Zeit entsteht die Gewissheit, die eigene priesterliche Berufung in der Kirche leben zu können, unabhängig von den offiziellen Rahmenbedingungen zum Priesteramt. Bestätigung für diese Sichtweise finde ich in den internen Papieren und der praktischen Ausbildung und Begleitung durch Menschen aus dem Kreis des Katharinawerks Basel.

Sonnenklar für mich ist: Solange Frauen die Diakoninnen- und Priesterinnenweihe in meiner katholischen Kirche aufgrund ihres Geschlechts verweigert wird, werde auch ich mich

88 Zur Intervisionspraxis siehe das Kapitel Glaubensbekenntnis.

nicht – trotz intensiven Werbens durch das Personalamt – zum Diakon weihen lassen.

Es folgen inspirierende erste Berufsjahre in der kirchlichen Jugendarbeit und Pfarreipastoral. Vom sogenannten Kirchenvolk werden authentische Seelsorgerinnen und Seelsorger gewünscht. Die priesterliche Berufung ist eine unter anderen Berufungen, die von der Basis gewünscht und anerkannt werden. Manche Theolog*innen sind aus priesterlicher Berufung im Gemeindedienst, andere leben mehr andere Berufungen, wie die diakonische. Die priesterliche Berufung wird vom Volk in den sogenannten Laientheologen und Laientheologinnen[89] erkannt und ihnen zugesprochen. Mein Praxistest dauert ein knappes Jahrzehnt.

Mit knapp vierzig Jahren höre ich in einer stillen Dorfkirche einen Ruf: Du wirst hier mal arbeiten.[90] Ein Jahr später werde ich zum Gemeindeleiter der kleinen katholischen Dorfpfarrei St. Wendelin, Greppen, in der Zentralschweiz gewählt. Zweimal wird mein auf jeweils vier Jahre begrenztes Wahlamt per Akklamation durch die Kirchgemeindeversammlung der stimmberechtigten Bürger*innen bestätigt. Greppen, ein Dorf am Fuß der Rigi mit Blick auf den Vierwaldstättersee und den Pilatus ist mit seinen knapp eintausend Einwohnern und Einwohnerinnen politisch und kirchlich selbstständig. Funktionierende (auch kirchliche) Vereine, Gruppen und soziale Netzwerke tragen das Dorf- und Pfarreileben. Da die Kirchgemeinde keine großen finanziellen Sprünge machen kann, ist mein Pensum als Gemeindeleiter pragmatisch-vernünftig auf 64 % begrenzt. Der Arbeitsvertrag enthält die Vorbereitung und Durchführung der Sonntags- und Werktagsgottesdienste, Taufen, Beerdigungen, Hochzeiten, Betreuung der Vereine, Einzelseelsorge, Religionsunterricht an der Primarschule, Pfarreiblatt, Ministranten-

---

89 Die offizielle Berufsbezeichnung im Bistum Basel ist erst seit 2019 Seelsorger und Seelsorgerin.

90 Siehe Kapitel Gloria.

Ministrantinnenarbeit, Schulpastoral, Erwachsenenbildung, Büroarbeit ... Ich bekomme wie meine Amtspriesterkollegen im Bistum Basel ein freies Wochenende im Monat zugesprochen. Ab dem ersten Tag meiner Tätigkeit in St. Wendelin spüre ich: In der pfarreilichen Wahlkommission wie im Dorf ist Goodwill gegenüber verheirateten Gemeindeleitern. Schon lange wird hier das Engagement von priesterlichen Menschen aller Geschlechter geschätzt. Ja, die Dorfgemeinschaft weiß, dass der Dienst dieser Kinder und Erwachsenen das kirchliche Leben ermöglicht. Nach dem Vorstellungsgespräch eröffnet mir übrigens die Vorsitzende der Wahlkommission, sie wären gerne bereit gewesen, eine Frau zur Wahl als Gemeindeleiterin der Kirchgemeindeversammlung vorzuschlagen.

2002 ziehen wir in das Pfarrhaus ein und wohnen dort als erste Familie – inzwischen sind zwei Söhne zur Welt gekommen – seit Errichtung des Pfarrhauses im Jahre 1636. Gemeindeangehörige, die aus Prinzip die gut erreichbaren Nachbarpfarreien zur sonntäglichen Eucharistiefeier aufsuchen, sind an weniger als einer Hand abzuzählen. Faktisch wächst seit meiner Ankunft im Dorf die Gottesdienstgemeinde.

Mit der Missio und Sendung meines Bischofs Kurt Koch bin ich nun seit 2002 katholischer Gemeindeleiter. Außer an meinem freien Wochenende stehe ich Sonntag für Sonntag dem Gottesdienst vor. Viele Leute sagen spontan Pfarrer zu mir. Ein Dorforiginal bringt es in der ersten Begegnung scherzhaft auf den paradoxen Punkt: So, Sie sind also der Herr Nichtpfarrer. Herzlich willkommen!

Die Leute bedanken sich am Sonntag »für die schöne *Messe*«. Sie sind sich durchaus bewusst, dass sie an einer Kommunion- und nicht Eucharistiefeier teilgenommen haben. Sie anerkennen und erfahren, dass in der schönen *Messe* Gottes Wandlungskraft wirkt. Mit gleichgesinnten Theologen und Theologinnen habe ich ein Hochgebet als Christusgebet formuliert, das die christologische Wandlung im Innern der

Menschen, der Welt und des Kosmos anspricht und feiert.[91] Die Teilhabe am Leib Christi durch den Empfang des geweihten, eucharistischen Brotes ist die Bestätigung und eine traditionelle Form der Materialisierung dieser Wandlung.

In diesen Jahren sitze ich am Sterbebett von Menschen[92] und spende ihnen Trost und Stärkung durch Gebet, Salbung und Handauflegung. In Gesprächen mit Scheidungspaaren, in der schulischen Arbeit und im Kontakt mit den eigenen Kindern erfahre ich, wie wichtig die Verkörperung der verzeihenden Liebe Christi und seine Vergegenwärtigung in Gebet und Kreuzzeichen ist, ohne offiziell die Absolution zu sprechen.

Dankbar erlebe ich, wie kraftvoll priesterliche Frauen aus dem Frauenverein der Liturgie vorstehen und wünsche mir, dass dieses klare Engagement auch von den Vätern und Männern käme. Und ich erinnere mich an meine eigenen Berufungserfahrungen in Kindheit und Jugend, wenn ich mit spielerischem Ernst die Kinder in der Erstkommunionvorbereitung und dem Religionsunterricht motiviere, Menschen, Tiere, Brot und Kerzen zu segnen. Ich taufe die zahlreichen Kinder meiner jungen, kinderreichen Pfarrei und verdrücke dabei Tränen der Rührung. Ich leide unter der Privatisierung des Glaubens und dem Verschwinden von religiöser Praxis in den Familien und im Dorfkollektiv. Ich erfahre große Wertschätzung gegenüber meiner Rolle und Person von reformierter Seite.

Um es auf den Punkt zu bringen: Die Leute schätzen es, dass die Kirche eben noch im Dorf ist. Dass da Tag und Nacht jemand im Notfall ansprechbar ist. Dass jemand schon beim Sterben und Abschiednehmen unterstützend dabei gewesen ist, bevor der letzte Gang zum Friedhof ansteht. Und dass die Vertrauensperson diesen letzten Gang priesterlich begleitet. Am meisten schätzen die Leute der Wendelinspfarrei

---

91 Siehe Kapitel Christusgebet.

92 Siehe Kapitel Kyrie und Evangelium.

und des kleinen Dorfes Greppen aber, so vermute ich, dass ich als priesterlicher Seelsorger einfach da bin, als Betender, Repräsentant der Christuswirklichkeit, jenseits von Gebrauch und Notwendigkeit.

Nach zehn Jahren gesegneter Tätigkeit ist es Zeit weiterzugehen. Erneut höre ich einen »Ruf«[93], der sich ebenfalls mit einer Lichtqualität verbindet. Eigentlich hatten wir als Familie nicht vor aufzubrechen. Doch beim Aufschlagen der Kirchenzeitung lese ich eine Stellenanzeige, die – ich kann es nicht anderes beschreiben – von innen her leuchtet. Ich höre den Ruf: Dieser Stelle musst du nachgehen.

So werde ich 2012 Gemeindeleiter in einem Hochhausquartier im Zuger Westen. Dort vertieft sich meine priesterliche Berufung und wird neu herausgefordert. Die Flüchtlingsarbeit[94] findet Heimat in Kirche und Pfarreizentrum. Ein großes Team braucht und fordert Führung. Seelsorger und Seelsorgerinnen müssen für ihren Dienst ausgebildet werden. Ausgelöst durch Corona schaffen wir einen eigenen Youtube-Kanal. Es entstehen weit über einhundert fünfminütige Videos aus der Stille der Zuger Johanneskirche. Ein wesentliches Augenmerk meiner Führungsaufgabe als Gemeindeleiter und priesterlicher Seelsorge widme ich dem Bewusstmachen, Klären und Fördern der priesterlichen Berufung bei festangestellten und freiwillig engagierten Frauen und Männern.

Christus in allem den Vorrang geben

Mit dem Fokus auf meine priesterliche Berufung habe ich Einblick in mein Leben mit dem priesterlichen Ruf gegeben. Die Leiden unter der kirchenrechtlichen Restriktion zum Weiheamt

93 Siehe Kapitel Gloria.

94 Siehe Kapitel Fürbitten.

haben sich durch die gemeindliche Praxis als Seelsorger und meine persönliche Integrationsarbeit an der eigenen Berufung in den letzten Jahren aufgelöst. Aufgabe und priesterliche Berufung als Seelsorger in der Schweizer Teilkirche erfahre ich zunehmend als Gnadenzeit. Sowohl mein heutiger Bischof Felix Gmür als auch sein Vorgänger Kurt Koch wissen um diese Berufung. Letzterer sprach mich am Ende seines Pastoralbesuchs in Greppen darauf an: Die Leute hätten ihn beim Aperogespräch gebeten: Er, der Bischof, solle mir die Hände auflegen und mich zum Priester weihen. Ich war erstaunt, dass Kurt Koch mir diesen Wunsch meiner Gemeinde so offen kommunizierte. Ich weiß noch, dass ich spontan erwidert habe: Ich bin bereit.

Irritiert bin ich nicht nur in Bezug auf meine Person, dass es von Seiten der Personalverantwortlichen meiner katholischen Kirche keinerlei Reaktion auf den Ruf an Frauen und Männer gibt, Priester*innen zu sein. Selbst in meiner Rolle als Gemeindeleiter und Führungsverantwortlicher in einer Pfarrei gehört es doch zum Selbstverständnis, die Charismen und Fähigkeiten der mir anvertrauten Menschen zu fördern. Dazu bin ich verpflichtet, wenn ich dem Gnadenwirken des heiligen Geistes vertraue. Und ich vertraue diesem Wirken und spreche die unterschiedlichen Charismen an.

Dennoch, positiv angemerkt: Die Praxis in meinem Bistum Basel und in anderen Bistümern der Schweiz hat priesterliche Menschen ermutigt, ihre Berufungen zu entwickeln und diese als priesterliche Seelsorger*innen zu leben. Diese priesterliche Existenz inspiriert an vielen Schweizer Orten das kirchliche Leben. Was bleibt und sich vertieft, ist eine Dankbarkeit, gerufen und berufen zu sein, mit vielen anderen Frauen und Männern priesterlich zu wirken und sich Christus zur Verfügung zu stellen.

Meine Berufungsgeschichte lege ich zu den Berufungserfahrungen von Menschen aller Geschlechter auf allen Kontinenten. Ich versuche sie in fünf Erfahrungskreisen zu bündeln.

1. Die priesterliche Berufung ist weder an Geschlecht oder Lebensstand gebunden. Unabhängig davon, ob sich die offiziellen Zulassungsbedingungen zum Priesteramt in einem Jahr, in zehn, hundert oder in tausend Jahren ändern, gibt es auf individueller Ebene für Frauen und Männer die Pflicht, die Freude und die Zu-Mutung, ihre priesterliche Berufung zu leben. Solche Menschen leben in jeder Gemeinde Jesu Christi.
2. Die Kirchenleitungen in allen Bistümern, auf allen hierarchischen Ebenen bis zur Pfarrei müssen sich diesem Schatz aktiver zuwenden. Unabhängig von den kirchenamtlichen Zulassungsbedingungen braucht es eine Berufungspastoral, die diese Menschen anerkennt, stärkt und ermutigt, ihre Berufung zu vertiefen. Priesterliche Menschen brauchen aktive Anteilnahme durch Gleichgesinnte und spirituelle Begleiter*innen. Alle, priesterlich Berufene und Begleiter*innen, brauchen dazu eine entsprechende Ausbildung. Im Bereich der Schweizer Kirche hat das Säkularinstitut des Katharinawerks in Basel dafür beispielhaft eine Pionierrolle übernommen.[95]
3. Was wäre, wenn sich die Zulassungsbedingungen in der katholischen Kirche innerhalb von wenigen Jahren änderten? Zumindest die Kirche im deutschsprachigen Raum könnte der Weltkirche mit Fug und Recht und selbstbewusst mitteilen: Wir haben hier Frauen und Männer, die einen bewussten Berufungsweg gegangen sind und bereit sind, sich zur Amtspriesterin oder zum Amtspriester in der katholischen Kirche weihen zu lassen.
   Und falls sich die kirchlichen Zulassungsbedingungen zum Amtspriestertum nicht ändern? Ich bin überzeugt, dass diese Menschen weiterhin Wege und Möglichkeiten fin-

95 Vgl. z.B. Gyger: Hört die Stimme des Herzens, 2006.

den, in den Gemeinden Jesu Christi priesterlich zu wirken! Denn: Sie tun es ja bereits.

4. Um priesterliche Berufungen wahrzunehmen, braucht es von der Kirchenleitung her die Bereitschaft zu sehen und sich neu und anders einzulassen. Leitungspersonen auf allen hierachischen Ebenen sollten Gottesdienste von Frauen (sic!) und Männern, die diesen Gottesdiensten in ihrer priesterlichen Berufung vorstehen, besuchen, mit ihnen über ihr priesterliches Engagement in Liturgie und Seelsorge sprechen und dieses mit ihnen gemeinsam theologisch und pastoral reflektieren.
5. Aus globaler Perspektive wäre eine solche Berufungspastoral ein innovativer und nötiger Schritt in der Entwicklung des menschlichen Bewusstseins im einundzwanzigsten Jahrhundert. Die katholische Kirche könnte spirituelle und ethische Impulse setzen für Ergänzung und partnerschaftliches Miteinander von Frauen, Männern und Menschen aller Geschlechter (nicht nur in den Bereichen Sexualität und Macht), für Leben in Fülle und für alltägliche seelsorgliche Arbeit, könnte ihre Aufgabe zu finden in der vielstimmigen Kirche Jesu Christi. Die katholische Kirche wäre dazu in der Lage, weil sie die Schattenerfahrungen der Abspaltung kennt, wenn sie sie wirklich eingestanden, verarbeitet und transformiert hat. Letztlich stehen die ganze Menschheit und alle Religionen spirituell und praktisch vor diesem evolutionären Schritt. Was wäre das für ein Segen, damit heute zu beginnen!

Christus teilt Christus mit Christus

Im Sand, dem Ur-Spielort vieler Kinder, erlebe ich noch vor dem Kindergartenalter meinen ersten, bewussten priesterlichen innerlichen und äusserlichen Bezug. Im Sand, hinuntergebeugt zur Erde, zeichnet Jesus, bevor er sich aufrichtet und der Menge um die Ehebrecherin am Tempelberg seine berühmten Umkehrsätze zuspricht:

> Wer von euch ohne Sünden ist, werfe den ersten Stein. Geh und sündige auch du nicht mehr.

Im Sandstaub der Wüste Gobi feiert Teilhard de Chardin die Messe der Transformation. So erkennt, erforscht und beschreibt Teilhard die Christogenese des Kosmos. Aus dem Staub der Sterne kommen Menschen, Sandstaub war und wird die Menschheit. In theologisch-christlicher Sprache heißt das: Die Menschheit ist inkarnierter Sandstaub, und sie wird in das verwandelt, was sie liebt. Inkarnation heißt Leib Christi sein. Und – mit dem Titel dieses Buches – gesagt: Die Messe ist ein bewährter, tragfähiger und wertvoller Wandlungsweg ins und im Herz dieser Liebe. Damit er erlebbar, erfahrbar, heilsam und menschlich spürbar bleibt, braucht es wie auf allen Übungswegen Menschen, die ihn pflegen und selber intensiv gehen. Für die Messe braucht es priesterlich wirkende Menschen, die das Ritual hüten und realisieren, gratis für alle: Als Geschenk der Kirche für die Welt. Dieses Buch will dazu beitragen, dass die Messe als Wandlungsweg begehbar bleibt und zugänglich ist für jene, die ihn gehen möchten.

Merci

Viele Stimmen sprechen in diesem Messbuch. Herzlich danke ich den Generationen vor mir, die Messe gefeiert haben. Sie öffnen den Raum, in dem ich seit Kindesbeinen das unentwegte Ineinander von Gott und Mensch erleben darf. Dankbar verbunden bin ich meinen Eltern, Erich und Eleonore Lenfers, Kindern und Erwachsenen aus St. Marien und St. Georg Vreden, Studenten und Studentinnen der Hochschulgemeinden in Bonn und Münster, Gläubigen und Übenden in und um die Paulus-Pfarrei Luzern, St. Wendelin Greppen und St. Johannes Zug, sowie dem Kreis der Lehrer und Lehrerinnen via integralis. Kardinal Kurt Koch und Bischof Felix Gmür vertrauen meiner Sendung. Alle ermächtigen mich bis heute, im Feiern der Messe die Einheit in Christus zu verkörpern.

Wesentliche Inspiration schenken Propheten und Prophetinnen des ersten Bundes. Jesus, Maria, ihre Gefährten und Gefährtinnen und Paulus treiben mich an. Augustinus, Hildegard von Bingen und die Mystiker und Mystikerinnen der Beginenbewegung, Meister Eckhart und Johannes Tauler bezeugen die innige Unverfügbarkeit der Gottesbegegnung. Teresa von Àvila begleitet mit dem Feuer ihrer Liebe. Johannes vom Kreuz bringt Leben im »Nada« auf den Punkt. Rumi spricht Worte, die das Herz berühren. Angelus Silesius verbindet Innen und Aussen. Romano Guardini inspiriert Messfeiern in der Muttersprache. Etty Hillesum hält Glaubenstüren in allem Leid offen. Sie zeugt von Fürsorge und Verletzlichkeit, ebenso Maximilian Kolbe, Dietrich Bonhoeffer und Blutzeugen und Blutzeuginnen der Shoa. Karlfried Graf Dürckheim und Maria Hippius beseelen den Alltag als Übung. Der Benediktshof Münster verbindet Gleichgesinnte auf dem Übungsweg. Die Kwan um School of Zen legt Grund für »Nicht-wissen«

und Sitzen in Stille. Martin Buber und Dag Hammarskjöld leben aus der Beziehung zu Gott: DU. Teilhard de Chardin baut Brücken zwischen Naturwissenschaft und Religion. Dorothee Sölle erstreitet die Geselligkeit von Mystik und Politik. Pia Gyger ermächtigt zur radikalen und offenen Christusliebe. Werner Binder und Bernhard Stappel trauen dem Weg der Hingabe an diese Liebe. Die Weggemeinschaft der via integralis ist Heimat. Ich schreibe meinen Dank im Präsens: Alle leben – in mir, merci!

Konkret halfen mir viele Menschen in Gesprächen, mit Nachfragen und Gegenlesen. Ihre Ermutigungen haben mich getragen: Habt Dank!

Hubert Edin markierte und klärte Unverstandenes. Meine Geschwister Julia und Guido Lenfers und via integralis-Freund Francesco Pedrazzini verhalfen zu Klarheit und Verständlichkeit. Meine Söhne Till und Jannis Grünenfelder gaben freundlich Feedback. Anna Gamma ermutigte mich, Sanctus zu verkörpern. Willibald Feinig schärfte mit Geduld, philologischer Kompetenz und theologischer Genauigkeit Details und den großen Bogen. Beatrice Sutter Sabloniers Korrekturen brachten orthografische und bibliographische Richtigkeit. Josef Jansen gestaltete ein erstes Layout. Ihnen allen danke ich aus tiefstem Herzen.

Mein größter Dank gilt Ehefrau, Gefährtin und Liebe meines Lebens Regula Grünenfelder. Sie hat dieses Buch von Anfang bis Ende begleitet. Mit ihrer Intelligenz und Sprachkraft hat sie es ins Leben gehoben. Ihr Verstehen und geduldiges Hineinhören machen es lesbar.

Schliesslich danke ich dem Echter-Verlag für das Vertrauen in dieses Buch.

Ite, missa est.

Literaturauswahl

Angelus Silesius: Cherubinischer Wandersmann, Leutesdorf 1980 (Sammlung christliche Meister 6).

Ausländer, Rose: Und preise die kühlende Liebe der Luft. Gedichte 1983–1987, Frankfurt 1988 (Gesamtausgabe Bd. 7).

Benjamin, Walter: Einbahnstraße. In der Reihe: Werke und Nachlaß. Kritische Gesamtausgabe. Herausgegeben von Detlev Schöttker unter Mitarbeit von Steffen Haug. Berlin 2009 (Bd. 8).

Berendt, Ernst-Joachim: Nada Brahma. Die Welt ist Klang, Reinbek 1986 (rororo Nr. 7949).

Bibel in gerechter Sprache, hrsg. von Ulrike Bail, Frank Crüsemann, Marlene Crüsemann u. a., Gütersloh, 3. Auflage 2007.

Bonhoeffer, Dietrich: Widerstand und Ergebung. Briefe und Aufzeichnungen aus der Haft (hrsg. von Eberhard Bethge), Gütersloh, 12. Auflage 1983 (Gütersloher Taschenbücher Siebenstern; 1).

Bourgeault, Cynthia: Das Herz im Gebet der Sammlung. Non-duales Christentum in Theorie und Praxis, Xanten 2021.

Buber, Martin: Die Erzählungen der Chassidim, Zürich, 11. Auflage 1990 (Manesse Bibliothek der Weltliteratur).

Cardenal, Ernesto: Gesänge des Universums. Cántico Cósmico, Wuppertal 2001.

Der Weg der Meister. Texte von Meister Eckhart, Johannes Tauler, Heinrich Seuse, Angelus Silesius. Ausgewählt von P. Ermin Döll, Dietfurt, 2 Aufl. 1988.

Die Praxis des Zazen in der Kontemplation der via integralis: Flyer (copyright) via integralis. www.viaintegralis.ch

Dürckheim, Karlfried Graf: Meditieren – wozu und wie. Die Wende zum Initiatischen, Freiburg, 3. Auflage 1996 (Herder / Spektrum; Bd. 4158).

Ders.: Vom doppelten Ursprung des Menschen. Als Verheißung, Erfahrung, Auftrag, Freiburg, 2. Auflage 1974 (Herderbücherei; Bd. 480).

Ders.: Von der Erfahrung der Transzendenz, Freiburg 1984.

Gamma, Anna: Schön, wild und weise. Frauen auf dem Weg zu sich selbst und in die Welt, Bielefeld 2015.

Dies.: Wer, wenn nicht ich. Heilung von persönlichen und kollektiven Wunden, Bielefeld 2018.

Glassmann, Bernard: Zeugnis ablegen. Buddhismus als engagiertes Leben, Berlin 2001.

Gunasekaram, Barbara: Vanakkam, kein Weg zurück, Zug 2016.

Dies.: Vanakkam, trotz allem, Zug 2018.

Grün, Anselm: Das große Buch der Evangelien. Jesus – Wege zum Leben, Freiburg 2015.

Grünenfelder, Regula und Bernhard Lenfers Grünenfelder: Erde und Licht. Mit dem Johannesevangelium auf den Spuren unserer Lebenswünsche, Stuttgart 2004 (WerkstattBibel 7).

Gyger, Pia: Hört die Stimme des Herzens. Werdet Priesterinnen und Priester der kosmischen Wandlung. Mit einem Vorwort von Ervin Laszlo, München 2006.

Dies.: Mensch verbinde Erde und Himmel. Christliche Elemente einer kosmischen Spiritualität, Luzern 1993.

Helke, Wolfram: Körper – Seele – Geist wahrnehmen. Die personale Leibtherapie weiterentwickelt in Theorie und Praxis, Trasadingen 2001.

Hesse, Hermann: Die Gedichte, hrsg. und mit einem Nachwort versehen von Volker Michels, Frankfurt 2001 (insel taschenbuch; 2762).

Hildegard von Bingen: »Nun höre und lerne, damit du errötest…«, Freiburg 2008.

Hillesum, Etty: Das denkende Herz. Die Tagebücher von Etty Hillesum 1941–1943, hrsg. und eingeleitet von J. G. Gaarlandt, Reinbek 1985.

Katholisches Gesangbuch der deutschsprachigen Schweiz, 1998.

Kunze, Reiner: Die wunderbaren Jahre. Prosa, Frankfurt 1976 (Fischer Taschenbuch).

Ders.: Gedichte, Frankfurt 2001.

Küstenmacher, Marion / Haberer, Tilman / Küstenmacher, Werner Tiki: Gott 9.0. Wohin unsere Gesellschaft spirituell wachsen wird, Gütersloh, 8. Auflage 2018.

Laubi, Werner: Geschichten zur Bibel – Saul, David, Salomo, 1977.

Meister Eckhart: Deutsche Predigten und Traktate, hrsg. von Josef Quint, München 1977.

Otto, Rudolf: Das Heilige. Über das Irrationale in der Idee des Göttlichen und sein Verhältnis zum Rationalen, München 2004 (Beck'sche Reihe).

Piontek, Heinz: Freies Geleit, Leipzig 1989 (Reihe religiöser Erzählungen; Bd. 64).

Praetorius, Ina: Einander sola gratia sein. Oder: wir sind alle frei in Fürsorgeabhängigkeit, https://www.grundeinkommen.de/26/02/2017/einander-sola-gratia-sein-oder-wir-sind-alle-html (25.10.2023).

Rath, Philippa (Hrsg.): »Weil Gott es so will.« Frauen erzählen von ihrer Berufung zur Diakonin und Priesterin, Freiburg 2021.

Rohr, Richard: Alles trägt den einen Namen. Die Wiederentdeckung des universalen Christus, Gütersloh 2019.

Rilke, Rainer Maria: Das Stunden-Buch, Frankfurt 1972 (insel taschenbuch; 2).

Rosenberg, Marshall B.: Gewaltfreie Kommunikation. Aufrichtig und einfühlsam miteinander sprechen. Neue Wege in der Mediation und im Umgang mit Konflikten, Paderborn 2001.

Rumi: Durchwachte Nacht. Gedichte, zusammengestellt und übersetzt von Christoph Engen, nach den amerikanischen Versionen von Coleman Barks, Freiburg 2013.

Saint-Exupéry, Antoine de: Der kleine Prinz, mit Zeichnungen des Verfassers, Düsseldorf, 71. Auflage 2014.

Schleske, Martin: Der Klang. Vom unerhörten Sinn des Lebens, München, 7. Auflage 2012.

Schmittfull, Hildegard: Ehe Abraham wurde, bin ich. Mystik entdecken mit Zen und biblischen Schlüsselworten, Freiburg 2022.

Sölle, Dorothee: Die Hinreise. Zur religiösen Erfahrung. Texte und Überlegungen, Tübingen 1975, 7. Auflage 1983.

Dies.: Loben ohne Lügen, Berlin 2000.

Dies.: Mystik und Widerstand. »Du stilles Geschrei«, Hamburg 1997.

Steffensky, Fulbert, Wo der Glaube wohnen kann, Stuttgart 2008.

Steindl-Rast, David: 99 Namen Gottes, Innsbruck/Wien 2019.

Teilhard de Chardin, Pierre: Das Herz der Materie, Olten/Freiburg 1990.

Walter, Silja: Gedichte, Zürich 1950 (Die kleinen Bücher der Arche).

Dies.: Gesammelte Werke, Zürich 1972.

Dies.: Voll singenden Feuers. Eine Auswahl aus ihren Werken, zusammengestellt und eingeleitet von Elisabeth Antkowiak, Leipzig 1990.

Wiesel, Elie: Die Nacht. Erinnerung und Zeugnis, Freiburg 2008.

Werlen, Martin: Raus aus dem Schneckenhaus! Nur wer draußen ist, kann drinnen sein, Freiburg/Basel/Wien 2020.

Wolke des Nichtwissens. Der Klassiker der Kontemplation, übersetzt von Willi Massa, Freiburg 2016 (Herder; 6899).